The Undervalued Self

自分を愛せる

うになる

感の

教科書

Restore ... ce,

Tra ... ner Voice That Holds You Ba

and Find Your True Self-Worth

エレイン・N・アーロン 著

片桐恵理子 訳

CCCメディアハウス

はじめに

人は誰しも心の奥底に、自分を過小評価する気持ち、すなわち自分には価値がないと思う部分を抱えている。その気持ちがときどき表面化することもあれば、人によってはそうした気持ちを常に感じている場合もあるかもしれない。自分を疑ったり、恥ずかしいと思ったり、不安になったり、落ち込んでしまったり。自分の価値を正確に評価しなければいけないときにかぎって、こうした感情が正確な評価の邪魔をすることが多い。その結果、心理療法士や自己啓発の専門家にとってなじみのある問題、そして大半の心理的問題の根源である「自尊心の低さ」が生じてしまうのだ。

私たちは、過去数十年にわたって自尊心の改善に取り組んできたが、それでも自分を過小評価する気持ちは依然として私たちのなかに存在し、常に私たちにつきまとって問題を引き起こしている。研究によって明らかになっているように、これは主として、ポジティブ思考や自己肯定感が自尊心の低い人の気分をさらに悪化させることがあるからだ。[1]

もともと私は、「過小評価された自己」について研究するつもりではなかった。だが、この傾向をもつ患者が次々にやってきた。というより、それこそが私の患者たちの共通点だった。他人から比べられているわけではないのに、みずからを他人と比べ、自分の価値を低く見積もってしまうのだ。

私は心理療法士であると同時に、愛と「つながり」の研究、つまり人間が生まれながら持っている、「互いを好きになったり支え合ったりする」傾向の研究に携わる社会心理学者でもある。私の患者たちは、もっとつながり（リンキング＝linking）を求めると同時に、ランクづけ／格付け（ランキング＝ranking）をやめる必要があった。しかしランクづけもまた、つながりとは真逆の効果、つまり支援者ではなくライバルだとみなされる感覚を伴う生来の行動を表すものであることはわかっていた。そこで私は、自尊心の低さの問題を違った角度から考えるようになった。

まず、「自尊心が低い」という言葉には、ランクづけ（低いところから高いところを目指すべきだという批判）が伴う。ここでの本当の問題は、不正確な自己評価、すなわち自分を過小評価してしまうことにある。次に、もし自尊心の低さを改善するのがどうしても難しい場合、そこには他者と比較して簡単に誤った自己評価をくだしてしまうという、何らかの生物学的理由が存在する可能性がある。では、その理由は何なのだろうか？ それがわかれば、自尊心の低さの蔓延（まんえん）を防ぐ助けになるだろうか？

偶然はじめた、大きな仕事

私は、ランクづけを人間の生来の側面だととらえれば、自己評価の低さによってもたらされるさまざまな問題を解決する助けになるのではないか、と考えるようになった。幸いなことに、これまで取り組んできた高感度（high sensitivity）の研究から、生まれもった性質を意識することによって、その性質にうまく適応できることを知っていた。自分を過小評価するケースでは、「ランクづけに伴う葛藤や、敗北感に関連する生来の反射を克服する必要がある」という認識が問題のように思われた。

生来の行動をコントロールするというのは、じつは誰もが日常的にしていることであり、不可能ではない。たとえば、高所、血、蛇、蜘蛛などに対してもともと恐怖を感じる人がいるが、生存に必要な機能として進化を遂げた恐怖心というのは、必要となれば大半の人が制御できる。人はみな、世代をつないでいくために不可欠な、強い性的衝動を生まれながら備えている。しかし私たちは、この衝動を抑えることに驚くほど長けている。ということは、自己を過小評価する傾向もコントロールできるようになるのではないだろうか。

これは大仕事だった。自尊心の低さを説明する旅路のなかで、自分でも知らないうちに、日常の行動の大半——愛とパワーが根底にある部分——について、そしてそれがどのように誤った方向に進むかについて説明する仕事に着手していたからだ。加えて、私はいくつかの複雑なアイディアを明確にし、自分を過小評価する気持ちに本当の意味での効果的な方法があることを示したいと考えていた。表面的なアファメーション（宣言）ではうまくいかないことはわかっていたので、読者が自分の無意識の自動的な反応を認識し、対処できるようにする必要があった。

場合によっては、ふだん意識していないことを意識するだけで十分かもしれないが、なかには、自尊心の低さをきわめて強固にする敗北感やトラウマを経験したことがある人もいるだろう。こうしたケースでは、より深い方法、つまり時間と費用のかかる心理療法のようなものが必要だ。しかし単なる本が、こうした読者の助けになるだろうか？　私はなると信じている。

10年の歳月を経て、大仕事は完了した。私は、自己の過小評価につながる生来的な要因について、不適切な説明であなたの時間を無駄にしないよう、できるだけ科学的に説明するように努めてきたし、あなたが自分の経験を深く知り、それを考慮できるようなアウトラインをつくりあげてきた。また、優秀な心理療法士が用いるような、幾重にも重なった深いアプローチを提供する理由は、ひとりで取り組む場合でも本書を活用すれば可能だと信じているからだ。読者のみなさんのなかには、すでに心理療法を受けている人や、この本をきっかけに心理療法を受けようと思う人がいるかもしれない。一方で、それがかなわない人や、あるいは受ける気がない人も大勢いるに違いない。しかし適切な条件のもとでなら、自分で自分を癒やすことはおおいに可能なので、本書でその方法を提供していこうと思う。

ちなみに私自身、自分を過小評価してしまう人間だ。実際にこの感情は強烈で、人生の大半をこの問題に悩まされてきたと言っても過言ではない。まだ仕事をはじめたばかりのころ、ある授業を行ったときのことだ。授業のあと、生徒数人が私のもとにやってきて、授業の内容はおもしろかったが、私の話し方が非常に聞きづらかったと伝えてきた。彼らいわく、私はまるで、自分自身や、自分の話すことに価値がないと思っているみたいだ、と。ここにいたって私は、自分を過小評価することについて何らかの手を打つ必要に迫られたのだが、幸いなことに、すばらしい助けを得ることができた。そしてその助けは、あなたの助けにもなるはずだ。

本書を読むだけでも、すぐに何らかの効果があると思う。しかし、なかには私のように自己評価の低さを癒やすのに何年もかかる人もいるだろう。私は魔法使いではないし、本書も即効薬ではない。あなたの抱える問題の根が多くて深ければ、自分を過小評価する気持ちをコントロールするにはかなりの努力を要する。しかし、独自のアプローチと入念なガイダンスを備えた本書と一緒なら、あなたのタスクはずっと楽にするはずだ。

本書の使い方

本書は、読むだけでも参考になるが、各章のエクササイズを行えば得るものはさらに多くなる。場合によっては、かなりのメモを取ることになると思うので、本書用にノートを用意するか、パソコンに新たなフォルダーを作成するといい。

また、忍耐も必要だ。本書の内容は濃く、複雑で、奥が深い。たとえるなら、誕生日のケーキを一から焼くようなものだ。各章が材料に相当するが、すべての材料を一度にボウルに投入することはできない。章ごとにきちんと素材を用意し、段階を踏みながら慎重に混ぜ合わせていく。大切な人の誕生日を祝うなら、それは当然の労力だ。

では、本書のレシピは？　第1章と第2章は、ケーキ作りのはじめに混ぜ合わせる、卵とバターである。第1章では、ランクづけとリンク（つながり）の生来的な傾向について説明し、第2章では、ランクづけで直面する敗北感という痛みを避けるために誰もが用いる自己防衛、過小評価された自己の全容を見ないようにするためのプロテクションについて述べていく。

第3章では、第1章と第2章にフレーバーを追加、つまり自分を過小評価する個人的な理由を考えていく。これはもしかすると、傷が深すぎて記憶を封印していたトラウマかもしれない。

ケーキの生地に小麦粉と交互にミルクを加えるように、第4章と第7章では人の優しさ――ランクづけとのバランスを上手に取るために必要な愛あるつながり――というミルクを加えていく。しかしこうしたスキルは、第5章と第6章で学ぶ、過小評価された自己を突き詰めていく作業と交互に行う必要がある。このスキルは、敗北やトラウマに対する生来の防御力を高め、さらなるトラブルから身を守ってくれる一方で、身動きを取れなくすることもあるからだ。

ここまでの7章分の材料を混ぜ合わせたら、次は焼きの工程に移る。各章に含まれる材料について考え、取り組んでいくのだが、そのためには何度も各章を見直すことになる。第8章はケーキの飾りつけだ。学んだことを身近な人に試してみよう。このデコレーションはただ甘いだけではない。ケーキの層をひとまとめにするのに、なくてはならない工程だ。自分を過小評価してしまう原因を癒やすことによって、身近な人との関係性は格段に改善する。そしてこの関係性こそが、過小評価された自己を癒やす最適な場所である。とはいえ第8章では、これらの関係性に対して慎重に、思慮深くアプローチしていく。というのも、そうしないと癒やしとは真逆の現象が起きてしまう可能性――過小評価された自己が身近な人間関係を壊し、そのせいでこの問題がさらに悪化する可能性――があるからだ。

第8章で学んだことをきちんと人生に活かすことができれば、実際に祝福する理由が見えてくる。この先、自分で自分を過小評価していたあなたが、あなたの望み――人間関係であれキャリアであれ――を邪魔することはもはやない。何より、自分自身と、自分をとりまく世界が日々まぶしく感じられるようになるはずだ。

もくじ

第1章

ランキング、リンキング、過小評価された自己

第2章

低いランクを否定するために用いる6つの自己防衛

第3章

自分のランクを低く評価しすぎる過去の理由

第4章

過小評価された自己をリンキングで癒やす

第5章

「無垢」とつながる

第6章　内なる批判者と保護者／迫害者に対処する

第7章　リンキングを通じて人間関係を深める方法

第8章 親密な関係を維持する——過小評価された自己を癒やす最後のステップ

第9章 過小評価された自己からの脱却

THE UNDERVALUED SELF

by Elaine N. Aron, Ph. D.

Japanese translation published by arrangement with Elaine N. Aron
c/o Betsy Amster Literary Enterprises through The English Agency (Japan) Ltd.

第1章

ランキング、リンキング、過小評価された自己

Ranking, Linking, and the Undervalued Self

私たちが日々行っていることの多くは、他人と自分を比較し、敬意、影響力、権力を得るための努力だ。言い換えれば、社会のなかでの自分のランクづけである。と同時に、思いやりや愛を示して他人とつながり、絆（きずな）や安心感も得ている。たとえば、誰かの人生を改善したいと思ったら、このふたつを組み合わせることもある。つながりを築くために自分のランキングを使い、誰かに助言したり子どもたちに教えたりするのだ。ランキングとリンキングは、常に私たちと共にある。

こうした行動を意識していることもあれば、そうでないこともある。いずれにしても、ランキングとリンキングは、自分を過小評価するという問題も含めて、個人的な人間関係や問題の大半にかかわっている。

自分を過小評価するとき、私たちは自分のランキングをかなり低く評価している。できれば

目を向けずにいたい自分の性格の一部――過小評価された自己――を自分と同一視すると、自分には価値がない、恥ずかしいという極端な感情に陥ることが多い。この自己はまったく現実的ではないし、過小評価しているという点で正確ではない。こうした自己に一瞬であれ、一生であれとらわれてしまうと、チャンスを失い、大きな苦しみを味わうことになる。

ランキングが過小評価された自己の原因である一方、バランスの取れたランキングとリンキングは、この問題に対する最適な解決策を提供してくれる。自分がどのように他人をランクづけし、他人とリンクしているかを意識し、自分を過小評価する（大半は無意識的かつ本能的な）理由を深く理解できるようになると、驚くほど簡単に自己にとらわれずにすむようになる。それでも抜け出せない場合は、過小評価された自己を克服するにあたってこの意識がますます重要になってくる。

ランキングやリンキングはあらゆる高等動物の行動に見られるが、研究者がこうした行動を人間の社会的行動を導くふたつの先天的システムとして認識するようになったのは、ごく最近のことだ。「リンキングとランキング」というフレーズは、「愛と権力」という言葉がときとしてもつ幅広さを備えている。

愛は、リンキングと呼ばれる行動の一部であり、ランキングは実際に権力を決定するものだ。「ランキングとリンキング」は、１９８３年、リーアン・アイスラーとデイヴィッド・ロイが政治心理学用語としてはじめて使用した。１９９０年代初頭にもランキングとリンキングの相関関係の重要性がふたたび社会心理学で取り上げられたものの、それ以来、この用語はほとんど使われていない。[1]

ひるがえって、権力と愛に関連したテーマは常に人間と動物の行動に関する研究の主要な焦点になっている。私自身、それらを個別に研究してきた。だが、私のセラピーに通う患者の大半が抱えていた問題に取り組むなかで、私はこのふたつの先天的なつながりに気がついた。身近な人との健全な関係の欠如を引き起こす、自尊心の低さだ。患者は愛やつながりを求めているにもかかわらず、常に他者との関係に権力やランキングを見ていることに、私は気づいたのだ。

ランキングは私たちの生活に不可欠であり、重要な側面さえ持っているが――たとえば、スポーツや友好的な競争、それに仕事や昇進、未来の人生のパートナーを求めて競い合うこともある――それによって社会の見方が変わってしまうと、さまざまな点で自分はダメなんだと思う可能性がある。私たちはどこかの時点で必ず敗北に対処しなければならず、当然ながらそれは自尊心全般に影響を与え、一時的に気分は沈む。つまり人生を競争や比較の連続と考えると、気分の上昇よりも下降が多くて苦しくなる。いつも上位にランクインしている場合、来るべき敗北はなおさらつらく感じるだろう。

もちろん、物事をうまくこなしたり、トップに立ったりすることを避けたいわけではない。しかし、上位のランクを目指すあまり、ランキングのほかの側面が見えなくなることがある。落ち込みのほか、失敗や敗北のあとには、恥ずかしさなどのネガティブな「自己意識感情」が芽生えるが、これは非常に不愉快な感情だ。友人や家族からのサポートは有効ではあるものの、不適切なランクづけをすればするほど、そうした強いつながりは希薄になっていく。

私たちの多くは必要以上にランクづけを行う。これは社会環境のせいもあるが、おもな原因は、トラウマとなるような過去の深刻な敗北にある。このバイアスは、将来の敗北や侮辱を防ぐための警戒心につながり、そのせいでランクが存在しないときにも、いつもランキングを意識することになる。

こうしたトラウマの影響を癒やすには、ランキングとリンキングを完全に理解したうえでツールを用いることが不可欠だ。原因が何であれ、私たちに必要なのは生活のなかでリンキングを増やし、ランキングを減らすことだ。ランキングとリンキングをきちんと認識しないことには、適切なバランスを取ることはできない。

あなたの気分をよくする人は？あなたの気分を害する人は？

本書には、ランキング、リンキング、過小評価された自己が、あなたの人生においてどのように機能するかを理解するためのエクササイズやセルフテストが随所に掲載されている。理解を深めるために記録をつけ、自分なりの答えを書き出しておくと、あとで参照するのに役立つだろう。最初のエクササイズはふたつのリストをつくることだ。

ひとつは、一緒にいるとあなたの気分をよくしてくれる人のリスト、もうひとつは気分を害する人のリストだ（ひとりの人が両方のリストに載ることもある）。名前と名前のあいだにスペースを空け、メモを書き込めるようにしてほしい。

あなたの気分をよくしてくれる人の大半は、あなたとつながり──温かく、親しみのある挨拶を交わしたり、ときどき電話で話したりするつながりから、互いにとって何より大切な愛というつながりまで──を築いている人たちだと気づくだろう。あなたの気分を害する人の大半は──漠然と批判されているという感覚から、優劣を決めることがすべてだと思っているような全面的な競争意識まで──あなたがランクづけされていると感じる人たちだろう。

つながりを築くことで、自分も相手も気持ちよく過ごせる。ランクづけを主とした人間関係は、自分の価値を脅かし、幸せを遠ざける傾向がある。あなたのリストはランキングがいかに不幸に結びつくかを私的な形で示している。

リンキングとランキングのダンス

ランキングは、社会的グループやヒエラルキーにおける自分の立ち位置を指す。権力は高いランクに付随する点でランキングと密接にかかわっている。権力を穏便に言い換えると、他者に対する影響力だが、そこには他者から尊敬されることを含め、さまざまな形がある。

リンキングはランキングに対する生来のバランスである。私たちは他者に惹かれ、他者を楽しみ、できれば彼らのことを知って助けたいと思う。愛は、シンプルにリンキングが増幅されたものだ。

私たちはいつでも、親しみや心配を示したり示されたりするリンキングと、自分の影響力、能力、仕事の手腕、名声、富、友人や味方の質などを通じて他者の尊敬を勝ち取ろうとするランキングの適切なバランスを探っている。また、外見、持ち物、評判のグループの一員であることなどを通じてより高いランクを求める人もいる。

私たちは自分や他人に対してバランスが悪いと感じることがよくあるし、一般的にランクづけをしすぎるように思う。状況によっては、ランキングのことばかり考え、あるいは考えるよう求められる。また、意識的に考えないようにすることもあれば、ランキングなどないと信じたい場合もある。しかしふたり以上のグループでは、たとえ明確でなくとも、ランキングは常に存在する。状況に流されることなく適切なバランスを取るには、意識的に努力することが必要だ。

たとえ意識しなくても、たいていの人は平等意識を保つことでランキングの潜在的な不快感を打ち消そうとする。たとえば、スポーツ競技ではスポーツマンシップに則(のっと)って公正なルールに従うし、ビジネスでは契約を守って誠意を示す。

友人関係においてもランキングに対処する必要がある。私たちは誰がよりお金をたくさんもっていて、誰がより尊敬される仕事をしているかを知っている。しかし、それを比べるのではなく共有してほしい。人のもっているものを数え上げるのではなく、みんなで分け合うのだ。

誰かが褒めてくれたらこちらもすぐに褒め返す。そのうち、親しい友人たちは誰が何を所有しているかを忘れ、単純にそれを必要としている人を優先するようになる。これこそリンキングの本質だ。

リンキングの重要な定義

リンキング――他者に惹かれ、愛情を注ぎ、興味を持ち、可能であれば助けてあげたいと思う生来の傾向。

愛――誰かに強く惹かれ、その人のそばにいたい、その人のことを深く知りたい、相手の要求にできるかぎり応えたい、相手がこちらの要求を満たそうとしてくれることを楽しみたいと思う、リンキングのより凝縮された形。自分のなかに相手を内包しているような状態。

利他主義――今後会う可能性のない人に対する無私の愛。ときとして人類全体へと拡大することもあり、困っている人に対して同情を抱く。

リンキングとランキングは、多くの点で共にダンスを踊っている。ランキングは、ときにリンキングの目標を助けることがある。両親、先生、上司、政治家はランクが高く、それに伴う権力をもっているが、その権力をリンキング、愛、利他主義のために使うのが理想的だ。彼らがこちらの助けになろうとしていることを理解していれば、地位の高い人々がルールをつくったり、会議で私たちのことを話したりしても気にならない。一方で私たちは、他人のニーズに配慮しない権力は虐待的であると考える。また、ランキングは誉め言葉のスパイスとして用いればリンキングに寄与する。「あなたは間違いなく、あのなかでいちばん優秀だった」

　リンキングがランキングに寄与することもある。集団として欲しいものを手に入れるために手を組み、つながりの持続を意図していないときなどだ。また、教授と生徒、雇用主と従業員、看守と囚人が互いの魅力を無視しようとするときなどは、リンキングはランキングの背後に隠れることがある。逆にある人が「他人の利益のために」他人の人生をコントロールするときなどは、ランキングがリンキングの陰に隠れることがある。

　ランキングの一般的かつ厄介な側面は、つながりを求めようとする際に忍び込み、自分を過小評価する引き金になることだ。たとえば友人とランチに出かけ、友人が昇進したといううれしい知らせを聞く。あなたは彼女のために喜ぼうと思い、おそらくはそうするだろう。それと同時に、無意識のうちに彼女と自分を比べ、自分がもう5年も昇進しないことに気づいて惨(みじ)めな気持ちになる。こうなると、ある意味であなたはもはや友人とランチをしていない。過小評価された自己とランチをしていることになる。

ランキングの重要な定義

ランキング――社会的ヒエラルキーのなかで自分の立ち位置を確認、改善し、独立した個人であることや、公平性を求める生来の傾向。

権力――ヒエラルキーにおける自分のランクに応じ、他人に与える影響力。権力は、厳しかったり優しかったり、明白だったり狡猾（こうかつ）だったり、さまざまな方法で物理的、心理的に行使される。

リンキングに寄与する権力――自分の立場や力を使って、自分のニーズだけでなく、他者のニーズも満たす場合。

権力の乱用――完全に利己的な目的のために力を使うこと。

ランキングに寄与するリンキング――自分のランクを上げ、自分や自分にかかわる人の力を高めるためだけに友好関係を結ぶ場合。

全般的な自尊心をもつことに対する生来の傾向

過度のランキングは自己の過小評価に直結すると述べたが、具体的なメカニズムを知ればそうした道を回避する助けになる。社会的動物として私たちは、生存の確率を上げ、幸福に暮らすために集団で暮らすよう進化してきた。

集団は世代から世代へと知識を伝えるため、個人が石の斧やコンピューターを一から発明する必要はない。集団は仲間を守り、彼ら／彼女らが生きるために必要なものを確保し、利己主義を抑制する。集団内で良好な立場を保つための行動を自発的に取れた祖先たちは、そうでない人よりもいい生活を送っていた。

私たちはいまでも、もはや自分にも他人にも役に立たない場合でも、こうした自発的な行動を取ることがある。こうした行動を取らないようにする方法を身につけることは可能だが、まずは、これがどういうことなのかを知る必要があるだろう。

祖先のように、ひとつの集団のなかだけで生活していれば、決められた序列のなかで特定の地位をもつことになる。ランクが高いほど、集団の意思決定に影響力を及ぼす。かりに誰かがあなたに立ち向かい、あなたより高い地位に就こうとしたら、そこには対立が生じる。一方が勝てば、もう一方は引き下がらなければならない。

あなたは危険な過ちを避けるために、自分の総合力、社会的支持、自信、スキル、知性、その他の特性を瞬時に、多くの場合無意識に把握する必要がある。[2] さらに、最近敗北を喫したり、よく負けたりする場合は、自分を過小評価したほうがずっと痛手が少ない。なにしろ、いちばん確実なのは、未来が過去を繰り返すことなのだ。エネルギーを節約して戦いを避けたほうがいい。こうしてあなたの自尊心全般は低いほうへと傾いていく。

とはいえ今日、私たちは多くの集団――家族、友人グループ、同僚、チームメイト――に属している。それぞれの集団内で、さまざまな瞬間にさまざまな資質でランクを決められ、自分で優劣を判断する必要はめったにない。これらの集団内では、どのような状況であれ、その判断にある程度の不正確さを伴うことから、全般的な自尊心をもつという生来の傾向がハンディキャップとなっている。

過小評価された自己に関する定義

全般的な自尊心――特定の競争で必要とされる能力とは関係なく、対峙（たいじ）した際に自分が勝てるという感覚。

敗北反応――負けたときに落ち込んだり恥ずかしさを感じたりする傾向。これにより、競いつづけるより自分のランクの低さを受け入れるようになる。

過小評価された自己——敗北を避けようとする傾向から生まれる性質。過去に敗北の経験が多いほど、この性質は強くなる。ランキングが存在しないときにもそれを見出し、競争相手にならないほど自分を低くランクづけする。

敗北に対する生来の反応

敗北を真剣に受け止め、過小評価された自己に甘んじるという戦略と共に、私たちには「敗北反応」というもうひとつの生得的傾向がある。[3] この反応は動物にも見られる。動物は負けると、がっくりと恥ずかしそうにすごすごと逃げていく。生きることに絶望し、興味を失ってしまったかのように見えるし、実際にその身体にはうつ病の生理学的指標が現れる。また、それまであった熱意が急降下すると、自分のランクはどうでもよくなり、自信も失い、さらなる戦いに身を投じることもなくなる。

あなたも敗北に対して同様の生得的反応をもっている。負けると気分が落ち込むし、エネルギーや熱意や自信を失う。また、恥ずかしいと感じたり、自分の核をなす自己がよくないのだと思ったりする。大負けすると何日も落ち込み、恥ずかしさを覚える。拒絶されたと感じると、恥や落ち込みは内気（shyness）という形を取ることがある。つまり、社会的な批判や敗北をますます恐れるようになるのだ。

派手に打ちのめされたり、頻繁に負けたり、あなたが若くて多感だったりすると、自分は無力で、無価値で、内気で、いつだってやる気がないと感じてしまう。すべては自分がいたらないせいだと思い、慢性的に自分を過小評価するようになる。こうした感情はうつ病の本質であり、これはランクづけで発生する「自己意識」感情[4]の結果であることが多い。

自己意識感情

社会的動物である私たちは、特定の状況下において、他者の前でどうふるまうかを決める自己意識感情を備えている。こうした感情は集団内で自分の居場所を確保し、あるいは再確保するための迅速な行動を促す。プライド、罪悪感、不安、前述した落ち込み、恥などは、全般的な自尊心の見解から生じるため、自己意識感情と呼ばれる。もちろん不安や落ち込みは非社会的な状況でも生じるが、こうした感情は社会的交流の反応として覚えることがほとんどだ。

これらの感情は、個人の気質や育った環境によって異なるものの、誰もがある程度は感じている。多くの場合、順応性があるとは言いがたい。というのも前述したように、もはや私たちはひとつの集団のなかだけで一生を過ごすわけではないからだ。ひょっとしたらあなたはルームメイトと暮らし（たとえふたりでも集団だ）、別の集団内で仕事をし、さらに別のグループでバスケットボールをするかもしれない。そして私たちは、ある集団内で膨らんだ強烈な感情を別の集団へと持ち込む。

こうした感情は家族や幼年期の遊び仲間など、初期の集団に起因することが多い。もしくは、最近あなたが苦い敗北を経験したグループかもしれない。たとえばメールで意中の相手をデートに誘ったら断られ、その後すぐに仕事の面接に行ったものの、自分に自信がもてずうまくいかなかったと思う。その夜、ソフトボールの試合に参加するも、バットを振る気になれずあえなく三振。これ以上失敗をしたくないと思っていたあなたは、無意識に別の場所で経験した敗北の不安を引きずり、その結果、このような結果を招いてしまうのだ。

プライド

プライドは肯定的な自己意識感情であり、高い地位に就いていたり、地位が上がったりしたときに感じるものだ。プライドをもつと、自己価値がキラキラと輝き、ランキングに関する将来の葛藤にも自信がもてるようになる。他人があなたのプライドを目にすれば、ランクはさらに上がり、高いランクを維持できるかもしれない。

しかし、プライドには弊害もある。プライドが全般的な自尊心を高めすぎると、自信過剰に陥り、何かの拍子に一線を越え、あるいは失敗した際にひどい落ち込みや恥ずかしさを覚える可能性がある。実際、プライドが高い人が失敗すると、恥はとくに強烈だ。もうひとつの潜在的な問題は、プライドがあると他者への共感や思いやりが薄れることだ。調査研究によると、プライドが高い人は、自分と上位の人々のあいだに類似性を見出す一方で、自分より下の者や弱い立場の人間とのあいだにほとんど共通点を見出さない。

罪悪感

私たちは自分が何か間違ったことをしたとわかると罪悪感を覚えるが、やってしまったことを元に戻したり、埋め合わせたり、許してもらったり、うまい言い訳をしたり、影響を最小限に抑えたりできる可能性はある。その瞬間は自分を役立たずに感じ、過小評価してしまうかもしれない。しかし、これは必要な反応で、そのおかげでミスを埋め合わせるためにできるかぎりのことをしようと思える。

いったん行動を起こせば、グループはあなたをふたたび受け入れ、あなたが自分を無価値だと感じることもなくなるだろう。罪悪感がたいてい長くつづかないのはそれが行動に関するもので、自分の存在そのものにかかわるものではないからだ。

罪悪感は私たちの祖先にとって非常に重要な感情だった。集団内で強くて狩りのうまい者が自分だけいい肉を確保して罪悪感を抱かなければ、母親や子どもや年配者は飢えてしまっただろう。かくして罪悪感を抱くメンバーのいる集団が生き残り、今日でも、家に電話をしなかったり、結婚式に参列できなかったりすると、その家族のメンバーはたいてい罪悪感を抱く。しかし家族が困っていれば強いメンバーが彼や彼女を守ってくれる。愛が守ってくれなくても、罪悪感が守ってくれるのだ。

不安と内気

不安の多くは、自分が負けるのではないかと心配になったときに生じる。ヘビや竜巻を恐れるのも、ある意味で敗北を恐れているからだ。しかし、もっとも消耗する理不尽な不安は、たいてい社会的なもので、とくにランキング、集団内での自分の立ち位置からくる。自分のランクは下がりそうか？　対立や敗北のリスクにさらされているか？　完全に拒否される可能性がありそうか？

内気は社会的不安の表れのひとつだ。それは、観察されたり批判されたりすることへの恐怖であり、観察や批判はランクダウンにつながる可能性がある。不安も内気も自分を過小評価することで加速し、不安や内気のせいでますます自分を過小評価してしまう。「私は人見知りだから――全然自信がないんです」

不安と内気は、延々と自己を過小評価しつづける。40％の人が、ほとんどの社会的状況で自分は内気だと述べている。[5] 繰り返しになるが、私たちは――敗北を経験したり、批判されたりしたグループからもたらされる――こうした社会的感情を、まだ批判されていないグループに持ち込み、そのせいで理由もなくいつも不安を感じてしまう。しかし、不安や内気は自己実現的な向きがあり、不安そうな人や内気な人は下に見られる傾向がある。こうした社会的感情は外的環境にうまく適応しないのだ。

落ち込み

落ち込みはその多くが敗北に対する反応であると述べてきた（ただし、神経伝達物質の減少を伴うこの現象は、あらゆるストレスフルな経験で生じる可能性があるため、これ以外の状況でも起こりうる)。前述したように、敗北後の落ち込みは、戦いつづけた結果として生じうる肉体的損傷や、ランクの喪失から私たちを守ってくれる。

しかし今日では、順位争いで肉体的損傷を負うリスクは少ない。反対に、落ち込みによって身体や人間関係がダメージを負うリスクは高く、いまではこの反応ははるかに不適応となっている。

自分が落ち込んだときのことを考えてみると、意外にもその大半は敗北感を伴っているのではないだろうか。うつ病や一般的な不安障害は、ストレスの多い日常生活で起こりやすいことが以前からわかっているが、新たな研究によると、とくにうつ病は、屈辱感と関連があるという。[6] また、ストレスや不安に関連するコルチゾール値が高くなるのは、そのストレスや恐怖が他人から否定的な評価を受けている場合だけだった。[7]

とくに幼少期、何度も敗北や別離を経験した人は、慢性的なうつに悩まされることが多い。原因は、ほかの子どもに負けたせいという場合もあるかもしれないが、より深刻なのは、安全につながれるはずの大人とつながれず、敗北感を味わわされた場合だ。このケースでは、大人の高い地位や権力が子どものために使われることはないため、大人が好きなように行動すると、子どもは何度も敗北を味わい、落ち込むことになる。こうした敗北は、生涯にわたり絶望や無価値感を植えつけ、本格的な自尊心の低下につながる。

恥

敗北のあとには、落ち込みと共に恥も必然的に伴うが、これはほかの社会的状況でも生じる。恥とは、核となる己が、無価値で、欠陥品で、よくないと思う感覚で、過小評価された自己をもっとも強固にする感情である。落ち込み同様、この感情も、最下位のランクを受け入れ、そこにとどまり、仲間に入れてもらえただけでよしとしてしまう。

恥は、自己意識感情のなかでもとくに激しい痛みを伴い、脳はそれをまるで身体的痛みのように認識する。[8] 恥をかくのはあまりにつらく、だからこそ恥は集団から追い出されないための最大の防御となる。牛追い棒でぴしゃりと叩かれるような一瞬の恥でさえ、ただちに私たちの背筋を正し、他人の求める行動を取らせる。恥より穏やかで短期的な感情である羞恥心もまた、社会の期待と一致していないという類似の感覚をもたらし、集団と足並みをそろえるよう変化を促す。

祖先がひとつの集団で暮らしていたころは、無駄な争いをしたり、追放の憂き目にあったりしないよう、恥が歯止めをかけていた。しかし複数の集団内で活動する昨今、恥はかえって安全性を低下させている。というのも、あらゆる状況や集団内で自分に価値がないと思うと不安を覚え、自信をなくし、パフォーマンスが低下するからだ。研究によると「うまくやること」に集中している人は、「失敗しないこと」に集中している人よりもいいパフォーマンスをするという。[9] また、いいパフォーマンスをし、気分がよくなると、多くの集団に所属しつづけることができる。

キャロルは試験に落ちて、とても恥ずかしく思う

キャロルはソーシャルワーカーの資格試験に向けて何週間も勉強していた。試験にはエッセイもあったが、キャロルは手首に問題があって文字を書けないため、パソコン上の試験関連のファイルを消したうえでパソコンを使うことを認められていた。

試験の出来には手ごたえを感じていた。しかし1週間後、送られてきた試験結果は100点中21点。キャロルは食べることも眠ることもできないほどの絶望に陥った。何も感じないよう感覚を麻痺させてしまいたかった。恥ずかしすぎて、しばらく誰にもこの件を打ち明けられなかった。

ようやく友人、そして家族に結果を伝えると、気持ちが少し楽になった。自分を信じてくれる人と一緒にいるとほっとした。しかし、ひとりきりだととても耐えられなかった。あんな点数を取るなんて、自分は本当に最低だという痛みと恐怖に襲われる。一緒に試験を受けた仲間内で不合格だったのは彼女だけで、だからこそ、自分は本当に無能なのだと思った。自分はどうしようもなく愚かで、価値のない人間なのだと。

私は彼女のセラピストとして、この女性がとても聡明で、誠実で、何より試験勉強をがんばっていたことを知っていた。その彼女がなぜ、こんなに悪い点数を取ってしまったのだろう？私は彼女に、つらいかもしれないが答案用紙を確認するよう伝えた。

試験委員会から彼女の答案がEメールで送られてきた。エッセイの出だしはよかった。だが、

ほどなく収拾がつかなくなる。キャロルはすぐにその理由に思い当たった。前もって渡されていたディスクに下書きを保存していたのだが、誤って、本来保存すべき最終版を、自分のコンピューターのハードドライブに保存してしまったのだ。委員会はその可能性を考慮してくれた。そして彼女が正式な答案を提出すると、得点は96点になった。

キャロルの経験からわかるのは、落ち込みや恥という敗北反応が、まったく不必要な拷問をもたらす可能性があるということだ。キャロルは資格試験仲間以外にも、少なくとも5つのグループに所属している。友人グループ、家族グループ、仕事グループ、（彼女が情熱を傾ける）ラブラドール・レトリバーの繁殖とショーを行う人々のグループ、そして私と彼女のふたりだけのグループ。

彼女をよく知るセラピストとして私は、彼女にあなたは無価値でも愚かでもないと断言した。5つのグループ内で、彼女のランクはいずれも高い。にもかかわらず、ひとつのグループのテストに「落ちた」彼女は、完全に打ちのめされ、落ち込み、恥ずかしさを感じていた。こうした感情のせいで、彼女はテストに落ちた原因を探るよりも、早々にあきらめ、こんな恥ずかしい結果を出した自分はみんなの仲間にふさわしくないと思い、大切な人たちとの接触を避けたのだった。

キャロルを知っている人なら、今回のテストの点数を理由に彼女を突き放すことなどありえない。しかし実際のところ、人生の大事な局面でこうした失敗に直面すると、私たちはキャロルのような反応をすることがある。だが、こんな反応をする必要があるだろうか？　ランキングとリンキングの生来的な側面の影響を認識できるようになれば、少なくともここまで過剰に反応することはなくなるだろう。

リンキングと愛

リンキングは、多少のマナーで自然と生まれる。「おはよう、元気ですか、いい一日を」。こうした姿勢は、あなたが相手に敵意を抱いてないこと、協力する気があることを示す。この種のつながりは、社会生活の歯車に油を差し、なるべく順位争いせずに共同作業を行えるよう助ける。また、もう少しピンポイントのつながりもあって、たとえば憧れの人に会ったり一緒に過ごしたりして、純粋な喜びが湧き上がる場合などがそうだ。

あなたはその人のことを知りたいし、助けになりたいし、助けてもらいたい。愛とは、他者に対するこうした反応のさらに強烈なバージョンである。

多くの研究が、リンキングは集団の緊張を和らげ、ストレスを減らし、幸福感と長寿をもたらすことを示している。[10] 人が働く唯一の理由は、多くの場合、愛する人々を養い、つながりをもちつづけるためである。そして同僚とのつながりに見出す仲間意識が、仕事で得られる唯一の喜びという場合もある。実際さまざまな研究で、仕事で満足を覚える最大の要因は、職場での社会関係の質だと判明している。[11]

繰り返しになるが、愛は、さらに激しくミステリアスだ。絶望的に執着的な愛にも、情熱的な性愛にも、慈しみ合う伴侶の愛にも、片思いにも、親子の愛にも、友情にも、すべてに対する無償の愛にも、同じ「愛」という言葉を使う。しかし本書で愛を語る際、私は次の意味で使用する。まず、互いを知るふたりのあいだに生じるものであること。これはいきなり強く惹かれ合って始まることが多い。私たちがどうやって特定の相手を選ぶかはまだはっきりとわかっていないが、一度にひとりの人に目を向けるというのは生得的なものであるらしい。[12]

愛が生まれると、相手のことを何もかも知りたい、相手の一部になりたい、自分の一部になってほしい、そして彼や彼女の現実を一緒に楽しみたいという願望が生まれる。まるで相手のニーズが自分のニーズであるかのように、相手のニーズをできるだけ満たしてあげたいと自発的に考え、相手に自分のニーズを満たしてもらうことに居心地のよさを感じる。[13]「できるだけ」と「まるで」というフレーズに注目してほしい。どういうことかというと、ふたりのあいだにはまだ違いが存在し、好みの違いによって衝突する可能性があるということだ。あなたがどこまでで、相手がどこからか、という境界線がはっきりしていて、ここにはランキングが多少なりとも存在する。重なり合う円のように、互いが互いに内包されながらも、別個の存在なのである。[14] このタイプの愛は、ほとんどの場合相互に作用し、与えることと受け取ることの両方を伴う（親子であっても、この相互利益は生涯にわたってつづく）。

最終的に、リンキングと愛は――楽しさ、罪悪感、喜び、悲しみ、いらだち、好奇心など――さまざまな感情をもたらすが、何よりもまず、気分をよくしてくれる。冗談や不満や心配事を言い合いながら、他者とつながっているという喜びを与えてくれる。人生を真に価値あるものにしてくれるのだ。

ジェイク、リンキングと愛に目覚める

ジェイクは頭脳明晰で、コンピューターが得意だったが、人とつながることが苦手だった。ジェイクが私のセラピーを受けに来たのは、最近この地域に引っ越してきたばかりで、新しい友人がなかなかできないためだった。何より、彼は結婚を望んでいたが、デートのたびに不安になった。努力はしているものの、いつも断られるか、こちらから断るはめになるのだ。拒絶したりされたりの積み重ねで、じょじょに出かける機会が減っていく彼を見て、私はジェイクが、ただの不安から落ち込みや恥の感覚に移行しているのではないかと心配になった。それについて話し合うと、こちらが好きになった人が自分を好きになってくれる気がしない、とジェイクは打ち明けた。

ジェイクは同じ建物に住んでいるシェリルのことをよく話題にした。ふたりはある夕方、火災報知器が鳴ったときに出会ったそうで、住民のなかでふたりだけが、バスローブ姿で猫を抱いて外に出たという。それをおもしろがったふたりは、以来、ホールで会うと挨拶を交わすようになる。

数カ月後、ジェイクは私に「シェリルの休暇中に彼女の猫と植物の世話をした」と話してくれた。彼女の猫を自分の猫に引き合わせると、2匹は驚くほど仲良くなったと冗談まで交えて。

またあるときは、ジェイクが起きている気配を耳にしたシェリルが、朝の5時に彼の家までミルクを借りに来たこともあったという。

シェリルがジェイクを階段で呼び止め、そのまま1時間ほど話し込んだエピソードも聞かせてくれた。私は彼に、この出会いを楽しんでいるようで何よりだと伝えたが、ジェイクは、これは「そういうこと」ではないと言い、さらに「お互いを利用しているだけ」とまで考えているようだった。彼は、実際に起きているリンキングではなく、ランキングを見ていたのだ。

それでも数カ月後、彼は彼女のことを「友人のシェリル」と呼ぶようになり、ようやくリンキングを見出しはじめる。私はさらにこの関係を後押ししようと、その年の暮れごろ、シェリルに魅力を感じるかどうかジェイクに尋ねてみた。

ジェイクは「彼女はぼくのことをそんなふうに考えていないし、いろんな人とデートしてるよ」と言った。

私は尋ねた。「それって、あなたが彼女のことを『そんなふうに』考えて、せっかくの関係をだいなしにしてしまうことを恐れているってこと?」

ジェイクは不機嫌そうにうなずいた。私は彼に、彼のなかで育ちはじめたつながりを、ランキングが邪魔していることを理解してもらいたかった。

ある日、ジェイクが一転して恍惚とした表情で現れた。ビルの管理人と話しているときに、シェリルがそばを通りかかったという。すると管理人がジェイクにそっと耳打ちをした。「彼女がこのビルでいちばん気に入っているところは、ジェイクがいることだって隣人に話していたよ」と。実際、シェリルはジェイクに恋をしていたという。私にこの話をするジェイクを見て、私は、ようやく彼は自分が恋に落ちることを許したのだなと思った。

１年後、ジェイクとシェリルは結婚し、もちろん、ビルの管理人も結婚式に招待された。

ランキングと権力

多くの人にとって、ランキングや、ランクの高い者がもつ権力の話題は、リンキングや愛に比べてさほど魅力的に映らない。それでも、リンキングとランキングはいずれも私たちと共にあり、適切に用いれば、ランキングも楽しむことができる。ランキングと権力は、私たちの独立したい、目立ちたい、分け前を得たい、注目されたい、尊敬されたい、影響力をもちたいという欲望を満たしてくれる。人は誰しもこうした生得的な欲望をもち、それを満たすことで、生理学的に測定可能な喜びがもたらされる。[15]

ランクが高ければ、影響力や権力も大きくなる。権力はきわめて広範囲に及ぶ。[16] 権力をもっているのは、自分で獲得したり、与えられたりして特定の地位にいるからだが、それはほかの人より身体的に強かったり、人より知識が豊富だったり、一緒にいると居心地がよかったりするからだ。

もちろん、権力やランクは変わる。誰かに挑み、挑まれて、勝ったり負けたりすることもあれば、誰かの力で昇格したり降格したりすることもあるだろう。グループによっては、ランクがとても柔軟で、状況によって獲得できたり、それに値したりするため、頻繁に変わることもある。ランクが落ちてしまうのは、ランクを獲得するスキルが低いからという場合もある。

たとえばランクの低い人に何かをさせようとして失敗すると、自分のランクも下がってしまう。[17]かりに成功したとしても、厳しい方法をとらざるを得なければ、ランクは下がるかもしれない。ある高校で、数人の生徒が問題を起こしてばかりいるクラスの担任が、クラス全員に罰として多めに宿題を課した。そして教師は、ようやく「適正な」ランクを取り戻し、ふたたび主導権を握れたと感じる。しかし教師の実際のランクは、上がるどころか下がってしまう。こんな方法でしか荒れたクラスを管理できなかったからだ。

ランキングは一般的にリンキングほどいい感情を生まないものの、自分のランクを知ることで、自分の上にいるのは誰かということをいちいち知らされる不快感からは解放される。毎日出社し、そのたびに責任者が誰かを確認することから一日が始まるところを想像してみてほしい。スポーツであれば、実際にランキングは大きな喜びの源になる。

私たちはたちどころに順位が変わるスリルを味わうために、嬉々として戦略を練っては犠牲を払い、ファンのほうも自分のことのようにそれを楽しむ。なかには、ギャンブル、リスクのある投資、デートなどでも同様に高揚する人がいる。「スコアはどうだった?」「何に賭けた?」「今日の売り銘柄は?」「彼女はいま誰と付き合ってるの?」

リンキングのためのランキング

権力を味わいたいという自然な欲求にもかかわらず、多くの人々は権力をもったり、求めたりすることに居心地の悪さを覚える。基本的に利他的で、協力的な人ほど権力を避ける。これらの人が権力を得たり、与えられたりすると、利己的ではなく、利他的になることが多い[18]。自分の地位を、知り合いでもそうでなくても、他者のリンキングのために使おうと考えるのだ。実際この傾向は、子育て、教育、管理、相談、指導などの役割を担っている大半の人に当てはまる。

おそらくどの種族より、人間は驚くほど多くの時間を費やしてシンプルに愛し合っている。自分の時間やエネルギー、果ては人生までも捧げるほどに。身内でもなければ、自分を助けてくれる人物でもないのに、彼ら／彼女らを助けるために、自分のリソースや、自分の地位がもつ影響力を使っている人をよく見かける。

現在、こうした無償の愛については科学的に説明が可能だ[19]。利他的なメンバーが多い集団は、往々にして生存率が高いことが判明したのだ。罪悪感の話のときにも述べたが、昔は利他的な行動、つまり他者の生存を助ける行動は、肉を分けてあげることだった。

今日集団が生き残るには、仕事ではチームワーク、家庭では家族に尽くすことである。利他主義は、遺伝的に受け継がれることもあれば、道徳的価値として文化的に受け継がれることもあるが、いずれにしても生存を助けてくれる。たかり屋やランクばかり気にする人間で構成された集団は、次の世代に引き継がれる可能性が低い。

大半の集団には、利他的なタイプと利己的なタイプが混在している。つまり、利他的な人が自分勝手な人間をコントロールできる集団がもっとも生存の確率が高い。何百年ものあいだ、集団全体の福祉を高めていく過程で、大多数の人々は少数の自分勝手な人間を制御しようと努力してきた。[20]

とはいえ、利他主義は必ずしも各自の集団内にとどまる必要はない。弱い立場の人々を優先し、思いやれる能力は、他人の気持ちを汲み取る共感能力に基づいている。地球の裏側にいる人の気持ちでさえ想像することができるこの能力は、誰に対しても発揮することが可能だ。もちろん、ランキングも広範囲に適用される。私たちは、会ったこともない人に優越感を覚えることがあるし、実際、自分たちのグループがほかのグループよりも優れていると考えることが、世界の大半の問題につながっている。

しかしメディアのおかげで、世界で起こっている出来事を身近に知られるようになった昨今、お互いがお互いを自分たちの集団の一員とみなすよう、共感が後押ししていると信じたい。

濫用される権力

ランクづけに伴う権力が、リンキングや利他主義といった文化的傾向によって抑制されないと、それは害を及ぼすものとなる。権力者は、他者のニーズを考慮しない目標を追い求め、自分でも気づかないうちに相手を支配してしまう。ランキングは生得的な反応であるため、こうした権力を濫用する可能性は誰にでもある。

たとえば、複数の実験によると、たまたまある席を与えられ、これから来る人が自分よりも下座に座るとなった場合、すでに席についている人物は、誰に簡単なタスクを割り当てるかなど、これからやってくる人にとってよからぬことを考えるという。[21]

他者を顧みない権力は、往々にして過酷な方法で行使される。嘲笑(ちょうしょう)、不正、身体的脅威、けがを負わせることさえある。しかし最悪のケースは、相手が「優しい」方法を用いたとき――思いどおりにするために甘言を弄したり、相手に恥をかかせて感情を無視させたりするような「合理的」な議論を展開したときに生じる。

「つまらない利己心は捨てなさい」。権力を乱用する者は、本当は自分のためなのに「君のためだ」と言って、あなたにつながりを見出させようとするかもしれない。[22] 暴君の常套手段は、自分だけが外の脅威を追い払えると市民に信じ込ませ、市民らが外敵に注意を向けているあいだに、自分とその取り巻きが権力を享受するというものだ。

どんな形であれ、権力の濫用は純粋な利己主義であり、莫大な被害をもたらす。しかもそれが復讐や勝利への一時的な欲望ではなく、冷血なものだとしたら、それはもはや悪である。

なぜ人は権力に狂ってしまうのか？　ひょっとしたら遺伝的にサイコパスの傾向があるのかもしれない。もしこの傾向が幼少期に見られたら、極端なケースはのぞいて、育児や教育を上手に行うことでこの傾向は抑えられるだろう。[23]

また、権力を濫用する人は、親から「愛を与えるなんて軟弱で、危険だ」と学んでいることが多く、権力がリンキングのない空虚さを埋めている。もしくは、きょうだいのあいだで嫉妬を抑えることを学ばず、一方が他方を支配するようになり、その結果、虐待的な権力がお互いにつきまとうようになる。学校では、教師がいじめを制御しないと悲劇が生じる。被害者は、自分が力を得たら復讐してやろうと思いつめるあまり、銃を持ち出すなど、行きすぎた行為に及んでしまうのだ。

状況によっては、ほとんどの人が虐待的な行動を取ることがある。意地の悪いリーダーが、下の者が自分に従わなかったり、同じように自分より下の者をいじめなかったりしたら仲間外れにするという威圧感や恐怖を利用する場合だ。これは大虐殺の事例や、看守が囚人を手荒く扱うことが奨励されている刑務所内などで発生する。権力の適切な使用を訴える通常の規範が消えると、人々は突如として悪事を働けるようになるのだが、これはある種、集団内でのつながりを失うことを恐れるためでもある。[24]

ランキングのためのリンキング

リンキングは、ランクづけのために建設的に利用されることもある。たとえば経営陣に対する自分のランクを上げたくて、同僚との連帯を宣言したり、組合に加入したりする場合もあるだろう。あるいはふたりの人間が力を合わせて試験勉強に取り組むかもしれない。互いの知識を惜しみなく共有しながら、試験が始まれば、個別に実力を発揮できるようがんばるのだ。

よくも悪くも、リンキングが権力のために使われる場合を見極められるようになるのは、非常に重要なことだ。善意の目的で利用する場合、目的が達成されたら、そのつながりが弱まったり消えたりすることを覚悟しておいたほうがいい。悲しいことに思えるかもしれないが、これはとても自然なことだ。一方、そのつながりが相手の自分勝手な目的のためなら、相手の企みを見抜き、見せかけのリンクを拒絶してほしい。

個人的境界線

自分のランクは自分のものであり、自分が何者であるかによって決められ、他者とは別個のものである。それぞれに異なる態度、好み、所有物があり、スケジュールや仕事があり、パーソナルスペースをもっている。要するに私たちは、境界線をもっていて、それはそのままにしておきたい。ランクが高いほど、他人の態度、好み、スケジュール、要求に左右されることなく、自分の境界線を維持することができる。自分を過小評価している人は、必然的に境界線を守るのが難しくなる。

自分のランクが低いほど、あるいは低いと思っているほど、ランクの高い人はあなたの境界線を無視して、自分の思いどおりに影響を及ぼしてくる。彼らに時間や労力を求められたら、あなたは与えなければいけないと思うだろう。彼らに敬意を払わなければと感じ、しかし相手は必ずしもその必要はない。向こうはあなたを直視するが、あなたは目を伏せなければと思う。

怒りは、自分の境界や望みが侵されたときに覚える感情だ。自分を過小評価している人は、怒りを表せば自分の境界や望みは尊重されるかもしれないのに、ほとんど表さない。怒りを覚えると不快な場合もあるし、すべてを吐き出すと逆効果になることも多い。それでも、うまく使えば効果的なこともたくさんある。

怒りを示せば、相手に守るべきルールに従うよう促せる。大切な人に傷つけられた際には、それを知らせることができる。さらには、誰かと対立したときに自分の主張を助け、結果、関係者全員にとっていい解決策をもたらす。ただし、あなたのランクがものすごく低ければ、たいていその要求は無視されるので怒りを表しても意味はない。それどころか、不適切な状況や、効果が期待できないときに怒りや要求を示せば、あなたのランクはさらに下がる可能性がある。

メリッサ、職場でランキングと権力に目覚める

大学を卒業したばかりのメリッサは、職場のある状況にとても腹を立てていた。彼女の席のそばにはコピー機が設置されており、その音の大きさと、コピー機の周囲で必然的にくり広げられるおしゃべりで頭がおかしくなりそうだったのだ。メリッサは文句を言いたがったが、以前、友人の同僚が似たような状況で苦情を申し立てたところ、何も変わらなかったばかりか、次の勤務評価で苦情を申し立てたことについて言及されていた。メリッサは、自分の会社が社

員をないがしろにしていることにショックと怒りを覚えた。

私は彼女に、ビジネスはそもそも競争であることをやんわりと伝えた。メリッサとその友人が働いている会社は、彼女に対し、彼女のすばらしい家族のようには思いやりを示してくれないだろう。というより、会社はやるべきことに着目し、優秀な従業員の幸せと生産性を維持するために必要なことだけを行う。私が聞いた話によると、彼女は期待された従業員のひとりだったが、友人のほうはそうではないらしかった。

私は自分を過小評価しがちなメリッサに、同僚のなかでの自分の地位の高さを強調しつつ、最近の業績を交えて要求を伝えればいい結果が得られるのではないかと提案した。そして、現在のレベルで仕事の質を保つにはかなりの集中力を要し、ミスのない仕事をするためにはコピー機を移動させるのが最善だと伝えるよう指南した。

上司と話したメリッサは、その後静かな場所に移動になり、高いランクに伴う権力を彼女は嬉々として実感したのだった。

リンキングはランキングに勝る

ランキングや権力は日常において重要な要素であり、多くの状況で権勢をふるうことは間違いないが、最終的には、生物学的、感情的、精神的に重要なリンキングがランキングに勝る。

社会的動物の大きな利点は、絆を深め、互いを守り、子を育て、食料を見つけ、病気やけがから回復し、遊びや訓練を行い、物事をじっくり考えることである。前述したように、利他主義は「適者生存」より、生きるうえで重要な意味をもつことがある。

周りを見回してみてほしい。私たちは共同体で生活し、物をつくり、みずからを統治するために協力し合っている。究極のリンキングともいえる現象は、電子メール、チャットルーム、ブログ、友人同士のネットワーク、出会い系サービス、自由なアイディア交換などを行えるインターネットかもしれない。インターネットはいろいろな意味で競争の激しい場所だが、その本質がランキングではなく、リンキングであることは否定できない。

私たちの日々の努力も、たいていは自分のためだけでなく、愛する人や、あるいは知らない人のためだったりする。他者への愛はあらゆるランキングを超越する。スピリチュアルなところでは、無償の愛はすべての偉大な宗教の中心に存在し、他者への施しは自分への施しであると説いている。自分の要求を第一に考えるランキングが幸福への道だと説く宗教は存在しないし、そういう哲学もほとんどない。

ランキングに参加し、つながることの価値

いまやあなたは、ランキングやリンキングをいたるところで目にしているのではないだろうか。たしかにそれらはあらゆる場所に存在し、グループのメンバーは無意識に各自のランクを理解し、誰と誰がつながっているかを認識している。

しかし、過小評価された自己を癒やすには、ランキングとリンキングを意識する必要がある。このふたつがどのように絡み合っているかを理解することで、どちらがどの状況で作用しているのかわかるようになるだろう。誰かがいずれかのモードで話しているように見えて、じつはもう一方のモードで話している場合、存在しないランキング（またはリンキング）を見るのではなく、その状況に気づくことが重要だ。このふたつが無関係だと思うと、ランキングとリンキング、どちらを選ぶにしても選択肢がはるかに少なくなってしまう。

ランキングとリンキングの両方の可能性を心に留めておくには多少の努力がいる。というのも、私たちはこのふたつを、別々の状況で作用する別個の力とみなす傾向があるからだ。私たちはキャリアアップのために、職場でのランキングや権力の問題を解決しようとするが、実際の問題はリンクの欠如や、他者からのリンクの申し出を見落としていることかもしれない。仕事以外で目を向けるべきは、身近な人間関係の改善や友人をつくることだが、特定の関係性の問題は、自分のランクの低さ――魅力がない、頭が悪い、意見を言えない、相手に支配されていると感じる――にあるのかもしれない。

リンキングやランキングの扱いはかなり微妙である。相手をコントロールするために「愛してる」と言うこともあれば、愛を表現するために「言うとおりにして」と言うこともある。また脳内でランキングやリンキングを行うことも多く、これがとくに自己の過小評価へとつながる。

多くの場合、私たちは無意識のうちに恐怖を繰り返し想像し、過去の経験や、不十分な情報に基づいて、自分の価値に関するさまざまな誤った思い込みを信じてしまっているように思える。些細(ささい)なことであれ、重大なことであれ、ランキングや権力を重視するタイミングを間違えると、人とのつながりや、自分の可能性を最大限に活かすこと、成功することなど、人生で大切なことをだいなしにしてしまう可能性がある。

人は誰かとつながるように、愛するようにできている。そして適切な影響力を持ち、競争に喜びを感じ、権力を与えられると居心地がよくなるようにできている。何より人は、その場で最適なものを選択するようにできているため、人生におけるランキングやリンキングを正確に認識するすべを身につけることは、過小評価された自己がもたらす問題を正すための最初の一歩である。

学んだことを実践する

ランキングとリンキングが、過小評価された自己の基盤をいかに形づくっているかを学んだところで、次はこのふたつにアプローチする方法を見ていこう。次のリストを読み、当てはまるものにチェックをつけてほしい。

リンキング

□ 人が心の奥深くに抱えている感情を表現する手助けができる。

□ ギフトや親切な行為でよく好きな人を驚かせる。
□ 人が自意識過剰にならない方法を知っている。
□ 誰かに助けてもらったり、面倒を見てもらったりするのはとても簡単だ。
□ より親密な人間関係を育む方法を知っている。
□ 口論を止める方法を知っている。
□ 人と会うときは、お互いに好意を抱くことを期待している。
□ 自分だけが食べ物をもっていたら、相手に分けてあげるか、人前では食べないようにする。
□ 私の人生には、深く、打ち解けた、率直な会話をできる人が何人かいる。
□ 人と話をするときは、それが適切であれば、相手の目を見てほほ笑むようにしている。
□ 意見が合わなかったり、好きじゃなかったりする相手でも、その人の考えや気持ちを理解しようとする。
□ 気分が落ち込んだら、特定の人を頼って気持ちを楽にすることができる。

ランキング

□ 何かをはじめる際、失敗を恐れていない。
□ 誰かが自分のために権力を行使していたら、それをはっきりと感じ取ることができる。
□ 物事がうまくいくと、自分を心から誇らしく思う。
□ 大事なときに失敗して自分はどうしようもないと感じても、本当に価値がないとは思っていない。

□大事なときに失敗しても、人一倍落ち込むということはない。

□失敗して落ち込んでも、それを乗り越える方法がある。

□誰かが何かいいことを言ってくれたり、してくれたりしたら、たいてい、それが心からのものなのか、見返りを求めた言動なのかがわかる。

□批判を謙虚に受け止めることができる。

□知らない人たちのなかでも、いいアイディアがあれば発言できる。

□人前で話すことができる。

□パフォーマンスや競技に臨む際、準備がしっかりできていれば自信をもって臨める。

□きちんと主張して自分の境界線を守ることができる。

□こちらに害が及ぶ可能性を考えもせずに利用しようとする人がいたら、すぐに看破できる。

□権力の濫用を防ぐために同盟を組むことができる。

□ダメージを受ける前に、ひどい扱いから距離を置くことができる。

いずれのリストでも、チェックした項目が少ないほど、本書から学ぶことは多いだろう。両方のチェック項目を比べて数に偏りがあれば、ランキングとリンキングのアンバランスを修正するのにも役に立つ。

適切な仲間を選ぶ

幸いなことに、先天的な傾向であれ後天的な傾向であれ、たとえ敗北時の反応であっても、改善の余地はある。目薬をさすときに瞬きをこらえるように、自分の意思で自己意識感情を柔軟に制御できるようになるし、そのための方法をこれから紹介する。

本書を読みながら記録しているノートを開き、この章の最初につくったリスト——あなたの気分をよくする人と害する人のリスト——を見返してほしい。その際、連絡先リストやアドレス帳を見て、書き忘れた人を追加してもいい。それから気分をよくする人のリストを何かで覆う。いまあなたは、気分を害する人、すなわちあなたにランキングを意識させる人だけを目にしている。自分のテンションが下がったのがわかるだろうか。

次に、気分を害する人のリストを覆い、リンク、すなわちつながりを感じる人だけを見てみよう。自分のテンションが上がり、自信がみなぎるのがわかるだろうか。これは生来の反応をシフトさせることで——この場合は、あなたと一緒にいる人、もしくはあなたが頭のなかで考えている人をシフトさせることで——意識的にシフトさせる方法のひとつである。

さらによく見る

ふたつのリストの各名前の横か下に、これらの関係がランキングかリンキングかを書き留めよう。ランキングの関係のなかに虐待的だと感じるものはあるだろうか？　あるいはその人物は、あなたのためを思って権力を用いているだろうか？　リンキングの関係のなかに愛のレベルに達しているものはいくつあるだろう？　リンキングの関係内でランクづけがなされているものは？　ランキングの関係内でリンキングがあるものは？　あなたの目標は、人間関係の表面下にあるランキングやリンキングを見分けられるようになることだ。

リンクは気分が上がり、ランクは気分が下がるという通常パターン以外の事例を考えてみよう。たとえば、

1 気分をよくするリストのなかで、ランキング関係にある人はいるだろうか？　それはなぜだろう？　ランクの高い人は、あなたを褒め、あなたの仕事ぶりを正確に報告するだけであなたの気分をよくしてくれる。あなたはそれが永続的な友情ではなく、お互いがより高いランクを得るためだけの行為だとわかっていても、自分の得になる同盟を楽しむ可能性がある。もしくは自分が上位のランクにいて、相手の敬意や、自分のもつ権力や影響力を楽しんでいるのかもしれない。

2 気分を害するリストのなかに、いいリンキング関係を築いていたと思ったのに、じつはランキングの関係にあったと判明した人物はいるだろうか？　たとえばその相手は、あなたにたびたび劣等感、恥、無力さを感じさせるだろうか？　あるいは一緒にいるところちらが

優越感や退屈を覚え、相手の考えや信念に敬意を払えず、楽しくないと感じるだろうか？

3 両方のリストに載っている人物、あなたの気分をよくも悪くもする人はいるだろうか？　それはその人物がリンキングを築くためにランキングを用いているから？　あるいはランキングのためにリンキングを利用しているから？

4 あなたの愛する人に目を向けよう。おそらく彼らは、気分をよくするリストに載っているだろう。しかし、相手が必要とする以上に、自分は相手を必要としたり愛したりしているのではないかと不安になって、彼らと自分を比べてはいないだろうか？

5 気分をよくするリストの人たちとのリンクを強めたい？　その方法は？　今日にでもできる？

6 気分を害するリストの人たちとのランキング関係を見てみよう。あなたに対して権力を濫用している人物はいるだろうか？　自分がリストの人物より上位にいる場合、なぜその人物はあなたの気分を害するのか？　あなたの立場は責任が重すぎるから？　相手が頼りすぎるから？　そもそも権力をもつことが好きじゃないから？

適切なグループを選ぶ

家族、クラブ、チーム、社会的グループ、同僚など、あなたの属するグループのリストをつくってほしい。その際、友人や人生のパートナーなど、ふたり以上のグループも含むこと。また、高校時代の同級生といった過去の重要なグループや、組織、世代、民族グループなど、メンバーをよく知らないグループを含めてもいい。

つまり「あなたが自分をどう見ているか」に強い影響を与えたグループを列挙してほしいのだ。そしてあなたの気分をよくするグループに下線を引き、今日のあなたの全般的な自尊心にもっとも影響を与えたグループを丸で囲む。その影響がネガティブなものなら、いま現在、あなたの気分をいちばんよくしてくれるグループに意識を向けてみる。

典型的な一日のなかでランキングとリンキングを見極める

昨日のことを思い出してほしい。印象的なやりとりをいくつか選んで、それぞれどの程度リンキングとランキングを感じたか、大まかなパーセンテージで表してみよう。具体的な数字でなくてもかまわないが、それぞれのやりとりのなかで、どの程度リンキングやランキングを感じたかを表現すること。また、それがランキングの状況なら、自分を過小評価したかどうかも併せて考えてみる。

たとえば朝起きて、同居人に挨拶をしたときに、90%のリンクを感じるとする。いつだってこれはいい一日の始まりだ。ベッドから出てすぐ、相手に「ひどい顔」だと思われる心配を少しもしていないなら、100%のリンクを感じるかもしれない。不安があれば過小評価につながるかもしれない。しかし相手もそこそこひどい顔をしている。

次に、車で会社へ向かう際、ほかの運転手に対する競争心や対立する気持ちが湧き上がり、ランキング率80%ほどまで上昇する。だが、必死に車線変更を試みる人のためにあなたはスピードを落としてあげたり、逆に誰かに道を譲ってもらったりする。自分に対する過小評価はなし。

会社で（あなたには何の非もないが）上司のお気に入りのポジションをあなたに奪われて傷ついている同僚と挨拶を交わす。ランキング率70%。いまではあなたのほうがランクは高いが、多少の罪悪感と恥ずかしさもあり、あなたは自分を過小評価する。

上司と打ち合わせをする。ふたりの仲はすこぶるいいので（ただし相手は上司なので）ランキング率50%、リンキング率50%。この上司といるとき、あなたは自分を過小評価していない。

クライアントと楽しく話をする。リンキング率60%。ただしこの顧客を失うわけにはいかないため、実際よりも大げさに相手に共感する。ランキング率40%。しかしあなたは成功を感じ、自分を過小評価する気持ちはない。

親しい友人とランチをする。リンキング率90%。食後に多少気まずい思いをしなければ100%だったかもしれない。ふたりは毎回順番に支払いをするのだが、あなたは前回どちらが払ったかを思い出せず、相手から「あなたはいつも都合よく忘れるね」と冗談を言われたのだ。彼女に会うと、恥ずかしい思いをすることが多い。もしかしてこの関係は、自分が思うよりランキングの要素が強いのだろうか。彼女は何かとあなたが自分を過小評価するきっかけを与えてくる。

仕事後にジムに行ったあなたは、自分がその場でもっとも不健康で、場違いな人間のように感じる。１００％のランキングを感じ、自分を過小評価していることを自覚する。

第2章

低いランクを否定するために用いる6つの自己防衛

The Six Self-Protections We Use to Deny Low Rank

ランキングモードに陥り、自分を無価値だと思うほど過小評価しても、それに気づくのは必ずしも容易ではない。恥ずかしさを覚えないよう、無意識のうちに自分を守っているからだ。社会的敗北に伴う羞恥心は、前章で説明したように、身体的苦痛を記録する領域と同じ脳内領域に記録される。拒絶されたり失敗したりしたら「痛い」と言うのも、その痛みを感じないための手段をもっているのも不思議はない。自分がいつ、どの程度、自分を過小評価しているかを知るには、まず目隠しを外す必要がある。

私たちは、おもに6つの自己防衛機制を備えている。最小化、非難、非競争、がんばりすぎ、誇張、投影だ。こうした自己防衛により、ときとして自分の最悪の感情に気づかないでいられたり、避けたりすることができる。しかしこれらのメカニズムは、本来自己防衛によって遠ざけるべき敗北反応やネガティブな自己意識感情と同じぐらい、多くの問題を引き起こす可能性がある。たとえば自分のミスをまったく非のない相手のせいにしても、いっとき気分が慰められるだけで、その後必ずと言っていいほど自分に返ってくる。

ふだん私たちは、自己防衛をしていることに気づいていない。そもそも気づいていたら機能しないだろう。自己防衛は自分のランクを騙(だま)し、あるいは他人のそれを騙そうとする。「私？別に無力じゃないし、恥ずかしくもない」

しかしこうした自己防衛は、あなたが自身を過小評価した状況を覆い隠しているので、無力という感情を自覚し、取り除く前に、その覆いを外さなければならない。そうすれば、自己防衛をしている自分を意識するだけでなく、自己防衛をしている他人にも気づけるようになるだろう。これに気づけば、自分のランクを高く見せようとしている人を非難したり、劣等感を覚えたりすることはなくなり、他者の過小評価された自己を背負い込むこともなくなるだろう。

自分の自己防衛を評価する

ふだん、ランキングから自分を守るべく発展させた6つの自己防衛を意識することはないため、次のようなガイドラインを作成し、リストの質問に答えてみてほしい。

- どれほど不合理で不快な視点であっても、現在、あるいは過去のどこかの時点で当てはまったものには「はい」と記すこと。

- 「いいえ」と記した人は、たとえ認めたくなくても、それが本当かどうか時間をかけて考えてみる。ここでの目標は、ふだん意識したくないことを意識することである。
- 各質問は独立した質問とみなすこと。前の答えと矛盾していると感じても気にする必要はない。それよりも、これは過小評価された自己を含め、自分のすべてを知る機会だと考えてほしい。あなたが有するさまざまな側面は異なる自己防衛を用いている。
- 判断を保留する。当てはまると思っても、「それは行動に移さずに考えただけ」、もしくは「行動に移したが、その行動はその場では理解できるものだった」かもしれない。
- プライバシーを確保したければ、答えは本書ではなくほかの紙に書く。ただし答えの紙は、あとで見返せるように手元に置いておくこと。

1 みんな自分のことしか考えていないと思う。
2 心のなかでは、人を信じてはいけないとわかっている。
3 よくできたと言われてもピンとこない。
4 いつか強盗やレイプや殺人に遭遇する可能性は高いと思う。

5 半分に切ったものを分け合うとき、どちらが大きいか気になって仕方がない。
6 自分勝手、弱虫、怠け者、過度の依存など、自分がしないよう気をつけていることを他人がすると腹が立って仕方がない。
7 自分の行動や発言に対して罪悪感や羞恥を覚えるより、大したことじゃないと考えて忘れるようにしている。
8 どちらかと言えば自分を幸せにするよりも、他人を幸せにすることに残りの人生を費やしたほうがいいと思う。
9 無力に感じる。
10 私が出世できないのは不公平な扱いのせいだ。
11 人は愛し合っているときでさえ、おそらくは互いを利用し合っている。
12 わたしの敵は邪悪だ。
13 大事なことに失敗しても、どうでもいいふりをする。
14 わけもなく、心の底から人を嫌っている自分がいる。
15 しょっちゅう自分に失望するが、改善しようと努力する。
16 どれほど他人に迷惑をかけられても、自分が完璧だったら愛で応じるはずだ。
17 失敗したときは、運が悪かったと思うようにしている。
18 みんなが率直に意見を言えば、人よりいい扱いを受けるべき人間がいると認めるだろう。
19 これまで大半の場面で二番手とみなされてきた。

20 仕事が忙しくて、自分の健康管理にまで手が回らない。
21 大半の人は、ひどく失望していると思う。
22 日頃から人にはできるだけ迷惑をかけたくないと思っている。
23 運転中、誰かが自分の前に割り込もうとするととても気になる。
24 争いを避けるためならできるかぎりのことをする。
25 誰かをそれほど傷つけないのであれば、ルールを破ることも厭わない。
26 何かで勝てないと思うと、すべてがどうでもいい、ばかげたことだと考える。
27「あなたは人に利用されている」と他人から言われることがある。
28 何かのグループや組織の一員であるとき、「政治」に関心をもつことを拒否している。
29 誰かについて、自分が完全に間違っていたことは一度や二度ではない。
30 人は何事も大げさに考えすぎだと思う。
31 世界には悪い人が大勢いると思う。
32 自分を証明できるまで、自分のキャリアを歩みつづける。
33 相手とのつながりを維持しようと思ったら、相手を感心させつづけなければならない。

この評価項目の大半は、自分が過小評価されていると感じたり、実際に過小評価されたりするのを避けるために私たちがしていることを示すものだ。**1**、**2**、**5**、**11**、**18**、**19**は、あなたが人生哲学としてランキングをどの程度重視しているかを示している。

一般的に、これらの項目に当てはまる人は、ほかの項目も当てはまることが多い。項目のなかには、自己防衛というより、単なる現実に近いと思うものもあるかもしれない。

たとえばあなたは「みんな自分のことしか考えていない」と思っているかもしれないが、これはごく一般的な憶測だ。もちろん、なかには自分のことしか考えていない人もいるだろう。しかし当たり前のようにこう考えること自体、自己防衛が働いている合図である。

ランキングを見出したり、自己防衛を用いたりすることについて話すとき、そこに「ふつう」はない。ランキングや自己防衛は誰でも経験することだ。あなたがやるべきはそれを認め、自分のなかにそれを見ることである。もっといえば、真摯に、正直になることだ。

現時点のあなたの「スコア」を見て、「あなたは正常じゃないので恥じてほしい」と言うのは公平ではないし、過小評価された自己にとってもいいことではない。次のガイドラインを参考に、あなたがもっとも依存している自己防衛策を確認しよう。

7、**13**、**17**、**26**、**30**に「はい」と答えた人は、おそらく「最小化」の自己防衛を用いている。

1、**2**、**4**、**9**、**10**、**19**に「はい」と答えた人は、おそらく「非難」の自己防衛を用いている。

8、**16**、**22**、**24**、**27**、**28**に「はい」と答えた人は、おそらく「非競争」の自己防衛を用いている。

3、**15**、**20**、**32**、**33**に「はい」と答えた人は、おそらく「がんばりすぎ」の自己防衛を用いている。

1、**11**、**18**、**21**、**23**、**25**に「はい」と答えた人は、おそらく「誇張」の自己防衛を用いている（1と11は他人のランキングを反映している）。

6、**12**、**14**、**29**、**31**に「はい」と答えた人は、おそらく「投影」の自己防衛を用いている。

6つの自己防衛

私たちはみな、6つの自己防衛――最小化、非難、非競争、がんばりすぎ、誇張、投影――を用いることがある。しかし自己防衛を認識し、使用頻度を減らせば、もっと穏やかで平和な生活を送ることができるだろう。

先ほどのリストで「はい」と答えた項目が18個以上あった人は、自分を守る必要性を強く感じていて、どこにでもランキングを見出している可能性が高く、頻繁に、もしくは常に自分を過小評価しているかもしれない。

最初は無防備に感じるかもしれないが、自己防衛をできるだけ用いないようにすることで（これから学んでいくように）人間関係を深める能力を向上させ、他者と比べることで引き起こされる不安――自己防衛を用いて得ようとしてきたあらゆる結果――を手放せるようになる。

６つの自己防衛

最小化　ネガティブな状況で自分の役割を拒否したり、軽視したりする、もしくはポジティブな状況で自分にかかる期待を拒否したり、軽視すること。

非難　失敗を説明するために、実際はそうではないのに、不公平さを盾に他人を責めること。

非競争　競争に興味がない、もしくは競争に気づいてもいないふりをして、どうにかしてつながりを築こうとすること。

がんばりすぎ　高いランクを得るためにがんばりつづけても満足できない状態。

誇張　自分がいちばん、もしくはそう見なされるべきだと感じ、注目を浴びるためならほとんど何でもすること。

投影　自分の欠点を否定する一方で、その欠点を他人に見出すこと（ただし実際には相手のなかにその欠点は存在しない）。

最小化という自己防衛

最小化や否定は、防御と聞いてたいていの人が想像するものの本質だと言っていい。たとえば、今日のテニスの試合で調子が悪かったのは、日中の仕事が忙しかったせいだと説明する人がいたとする。悪いスコアはどうしようもないが、私たちは自分の役割を最小化したり「今日は本気じゃなかった」と言って自分の努力を最小化したりする。あるいは試合の重要性を最小化し、「そもそも、そんなにテニスに興味がないから」と言って試合に関心がなかったふりをする場合もある。

自分の役割を最小化するもうひとつの方法は、さらに大きな役割を偶然や運命のせいにすることだ。「今日はついてなかった」もしくは水泳の試験に落ちたあとに「別にライフガードになるつもりはないし」と言う。

さらには、前もって得意ではないことを宣言しておく方法もある。「ゴルフのパットは苦手だけど、とにかくやってみよう」「基本的に人見知りだけど、とりあえずパーティーには参加します」。これで私たちにかかる期待は小さくなる。かりに失敗しても相手は納得するし、こちらの誇張でなかったことをわかってくれる。だが、これは、潜在的な羞恥の原因のひとつになる。

最小化の問題点は、それがあまりに容易かつ一般的であることから、誰もが自己防衛として認識しており、そのせいで、あなたの口調もどうしても防御的になってしまうことだ。これはあなたがランキングモードに入っている合図でもある。

たとえば、友人と泳ぎに出かけ、水着姿の友人にあなたが言う。「水着、似合ってるね。私は去年のほうが似合ってたかな。ちょっと太ったから。定期的に泳げば元に戻ると思うけど」。たしかに事実かもしれない。しかし、そもそも誰が比較しただろう？　こういう意識が頭をもたげたら、過小評価された自己があなたを乗っ取り、恥を避けようとしている証拠である。

職場における最小化

スチュワートは何年も同じポジションで働いている。自分の仕事に精通しているし、昇進に必要なコースもすべて受講している。しかし、昇進のための資格試験は一度も受けたことがなく、本人はどうでもいいと言っている。「少しばかり多く稼いで、いまより難しい仕事をするために」高い評価を目指して必死に働く同僚たちを見て、滑稽（こっけい）に感じている。

じつは、スチュワートには学習障害があり、時間制限のあるテストでいい点数を取れたためしがなかった。子どものころは誰もその障害を認識しておらず、彼はいつまで経ってもテストの成績が上がらないのでいつしかがんばることをやめてしまった。

しかし、実際にはスチュワートが非常に賢いことに気づいた数人の教師たちが、彼の障害が問題にならない分野への進路をサポートしてくれた。それでもやはりスチュワートは、時間制限のある筆記試験を受けて恥をかくような状況には二度と陥りたくなかった。それをするぐらいなら、給料が安いままでもかまわない。スチュワートは幼いころに味わった、恥をかく恐怖から自分を守るために最小化をつづけていたのだ。

人間関係における最小化

クラウディアは、何年もロンからこう言われつづけていた。「もう少し節制すればいいのに」。ロンは、彼女にもう少し痩せて、おしゃれをしてほしいと思っていたし、ふたりで協力して家をきれいにしておきたいと思っていた。クラウディアは、ロンの望みの裏にある問題をできるだけ最小化していた。「私はおいしいものが好きだし、どうせ自制心もない。だからっていつも買い物ばかりしているわけじゃない」

ロンのほうも、そうした自分の悩みを最小化することがあった。「まあ、クラウディアだから仕方ない。彼女は一日中鏡の前に立って見た目を気にするタイプじゃないし、週末だって家の片づけよりもやることがある」

クラウディアは自分に摂食障害があることを知っていて、自分で自分を制御できないことを深く恥じていた。体重が多いせいで、自分を魅力的に見せることにも意味を見出せない。彼女のそうした絶望は、その後の人生にも影響を及ぼすが、それでも彼女はその悩みを常に最小化していた。両親はアルコール依存症で、自分たちの依存症を冗談のように扱っていた。つまりクラウディアは、最小化するすべをその道の専門家から学んできたのだ。

やがてロンは転職し、出張が増えた。別の町にいた大学時代の友人を訪ねたロンは、そこでクラウディアとは異なるタイプの女性に出会う。スー・エレンは魅力的な女性で、彼女の暮らしぶりもまた魅力的だった。さらに彼女はまじめで、思慮深く、夫選びを間違えたことなど、みずからの失敗まで語ってくれた。スー・エレンは現在独身だ。

ロンは、彼女のような人と一緒になれば、自分の人生に新たな可能性が生まれるのではないかと思った。しかしそう思うだけでもクラウディアを裏切った気がして嫌だった。ロンは、自分が家庭にどれだけ不満を抱いているかを知るのが怖かったし、かといってこのままの関係がこの先ずっとつづいていくのも怖かった。出張から戻るとすぐ、ロンは自分の気持ちをクラウディアに打ち明け、カップルカウンセリングに行こうと誘った。

だが、クラウディアは笑い飛ばした。「ふたりで？　私たち、そういうタイプじゃないでしょう」

ロンが説得しても、これまでどおり「最小化された反応」しか返ってこなかった。ロンは終わりを悟った。

皮肉なことに、ロンが去るとクラウディアは変わった。自分の弱さを軽視できなくなり、助けを求めたのだ。そして意外にも、憧れていた人物になるのは、クラウディアが考えていたほど難しいことではなかった。

最小化のサイン

無意識の思い込み　「ランキングや自分の努力を些細なことにしておけば、ランクが低くても傷つかない」

よくある発言　「今日は本気じゃなかった――ただの練習だ」「忙しすぎて集中できなかった」「どうしてみんな、こんなことをまともに取り合うんだろう」「ここのところ本当に不運つづきだ」

その他のサイン

- 自分のパフォーマンについて語る際、天気や寝不足を言い訳に使う。
- あなたに起こる出来事が、さも運に左右されているように考えたり、話したりする。
- 自分の嫌いなところや、自分の身近な人の嫌なところを無視しようとする。
- 心の奥底では大切だとわかっているのに、それを否定する。
- 問題があることがわかっているのに、それを否定する。

非難という自己防衛

「私が転んだのは彼女が足を引っかけたせいだ」「私が負けたのは何かしらの不正があったせいだ」。もちろん、本当に誰かが足を引っかけたり不正をしたりすることはある。それに、誤って自分を責めるより、相手を責めたほうが正しい場合もある。しかしその非難がいつも間違っているなら、それは自己防衛かもしれない。

非難の自己防衛は、自分でも知らぬうちに、自分のなかのリンキングがランキングへと切り替わる際に引き起こされることが多い。たとえばあなたは、親しい友人の引っ越しを手伝おうと申し出る。しかしその途中で、相手の準備不足に気づく。荷物は梱包されていないし、大きなものを動かす人員もいない。

あなたは軽くいらだつ。この段階で、腰を落ち着けて友人と話し、自分の限界を伝えればいいのに、ただ、友人に利用されたと感じてしまう。あなたは過小評価されていると感じ、ここでランキングがリンキングに取って代わる。あなたは友人が自分に命令してもいいと思っているに違いないと思い込む。ランクの上の者が下の者にするように。ここまでわかりやすく考えるかどうかはさておき、あなたは利用されたと感じ、それを許してしまった自分を恥じる可能性がある。

あなたは愛のない、自分勝手な、器の小さな友人にはなりたくないと思うものの、自分がまさにそういう人間であるように感じてしまう。この状況で自分を守るには、相手の友人を責めるしかない。彼女から——罪悪感の告白や謝罪など——正義を引き出すことで、自分を過小評価する気持ちを止められる。しかしそうなると、今度は友人のランクが下がってしまう。この非難という自己防衛は、友情には何の役にも立たない。

どんな理由であれ、突然自分に嫌気がさしたときに、たしかなターゲットがいれば、自分を恥から守るために非難の自己防衛を用いることができる。私はこれを「恥のボール」と呼んでいる。私たちは恥の接近を感知すると、すぐさま誰かに投げつけようとする。「あなたのせいだよ。私は悪くない」「問題は私じゃなくて、あなたにある」「たしかに私もやったけど、あなたはいつもしているじゃない」。こういう心理状態になると、「恥のボール」を下に置こうという考えが浮かばなくなる。恥に対する恐怖はそれほどに大きいのだ。

過去に非難が正当化された場合

過去に正当化された経験があると、非難は慢性化する恐れがある。たとえば偏見にひどく傷ついたことがあれば、自分に偏見をもっているグループの一員と会っても、リンクなど期待しないし、ランキングを避けることも難しいだろう。実際、その疑念はもっともだ。しかしこの不信感のせいで、あらゆる状況をランキングのレンズを通じて見るようになり、そうするとふつうの生活を送るのがひどく困難になっていく。誰もが自分に敵対しているように見えるせいで、がんばっても無意味だと感じるのだ。その結果、あなたは仲間外れになる。そして誰かが手を差し伸べたり、友情を申し出たりしても、それを拒否し、きっと下心があるはずだと非難することで、自分を守らなければと思ってしまう。

偏見を受けている場合、あなたはかなり下位にランクづけされていることになる。ランキングとリンキングを現実的な視点で見るには、そこに偏見があったこと、そしてそのせいでひどく傷ついたことを認めなければならない。そうしなければ、偏見にまつわるネガティブな自意識や、矮小化された全般的な自尊心に押しつぶされてしまうだろう。過小評価された自己にほとんど気づくこともなく。やがて非難の自己防衛を積極的かつ機械的に発動し、存在しない場所にランキングを見出すことが多くなる。

偏見を認めると、罪悪感、不安、憂うつ、恥など、あらゆるネガティブな感情を抱くと同時に、押しつけられた低いランクに対する怒りを抱くことになる。しかしこの認識は、ダメージを修復し、リンクを受け入れるために差し当たり必要な作業である。偏見やその影響の程度を完全に認めるには、通常、集団意識の向上、すなわち、あなたの経験を理解してくれる人とのつながりが必要になる。集団のなかにいれば、怒りなど、ネガティブな感情を素直に表すために必要な安心感を得ることができる。偏見を経験した人がよく用いる自己防衛には、ほかにも非競争や誇張がある。[1]

職場における非難や偏見

アフリカ系アメリカ人の同性愛者であるモーデは、非難の自己防衛に気をつけなければいけないことを認めている。もちろん、彼女は非難されるいわれのある人を非難したいと思っているし、結論が出る前の段階で、全世界が有罪であるかのようにふるまうのは慎もうと思っていた。

彼女が経験した、白人からの人種偏見や、白人黒人両方からの性的指向に関する偏見は、人生をかけて取り組むべき主要なテーマだ。大学生のころ、モーデは、サブリミナル・キューに対する人々の無意識の反応を利用して偏見を明らかにした社会心理学者たちに魅了された。学者たちはアメリカ在住の――アフリカ系アメリカ人も含む――ほとんどすべての人が、アフリカ系アメリカ人に対して偏見をもっていることを明らかにした。[2] 女性に対する偏見についても同様の結果が得られており、たとえばある講義録を読んだ学生たちは、その講義を行ったのが女性だとわかると、女子生徒、男子生徒ともに低い評価をくだしている。[3]

モーデは、この研究に携わっている教授のもとで大学院課程を学びたいと希望した。しかし、大学院に入ってほどなく「学部長はレズビアンを嫌っているから性的指向は隠したほうがいい」という内容の匿名の警告文を受け取る。彼女は応募書類のなかで、自分が同性愛者であることを打ち明けていた。学部にはマイノリティー枠がある。ひょっとして自分が受かったのは、学校側の気に入らない、この性的指向のおかげだったのだろうか。いまさらながら、学部長から小さなサインが出ていたのを思い出す。彼女の参加したイベントに来なかったこと、あの目つき、声のトーン。

モーデは怒り心頭に発し、何日もかけてどうふるまうべきか考えた。彼女には、いつも冗談を言い合う仲のいい友人がふたりいたが、彼女たちがどうかしたのかと尋ねても、モーデは何も言わなかった。この白人女性ふたりは、むきになるモーデをからかい、しつこく真相を問いただしたが、モーデはますます頑(かたく)なに口をつぐんだ。

やがてモーデは、我慢の限界に達した。学部長のオフィスに乗り込み、いますぐ彼に会いたいと要求。学部長のアシスタントが断ると、モーデは彼女を殴ると脅した。そしてオフィスに入るや、例の警告文を机にたたきつけた。「説明してください。じゃなきゃ、国中の心理学部にあなたのことを言いふらします」。幸いにも、学部長はモーデを無視し、そのメモに目を通した。
「誰がこんなものを？」学部長は尋ねた。
モーデは、わからないと認めた。その瞬間、彼女は学部長がいつも愛想よく、とても親切に接してくれたことを思い出した。なぜ自分は学部長の善意より、匿名の手紙を信じてしまったのだろう？

背後の開いた戸口から、ふたりの友人の声が聞こえてきた。「あなたがついにキレたって聞いて追いかけてきたんだけど」。ふたりは、冗談のつもりでその手紙を書いたことを認めた。

モーデはふたたび怒りを覚えた。そして今回は、責めるべき対象は明らかだった。いかにモーデが自信に溢（あふ）れていようと、有色人種や同性愛者に対して芯の部分で偏見を抱き、相手を辱（はずかし）めておきながらそれを大したことではないとみなす白人たち。しかしこの白人の友人ふたりに悪意はなく、くだらない手紙の真相や彼女たちの揶揄（やゆ）や疑念を見抜けなかった自分にも責任があると彼女は思った。

私たちの言い方で言えば、モーデの自分に対する過小評価はあまりに甚（はなは）だしく、恥に対する自己防衛がなければ——そのなかのひとつが非難だったわけだが——おそらく彼女は、いま自分が手にしているものを手に入れられなかったのだろう。実際彼女は、白人のなかでも堂々と自分の立場を勝ち取り、だからこそ白人の友人たちも、ほかの仲間同様、彼女は強く、明るく、自信に満ちた、へこたれない女性だと考えた。本来なら、彼女自身、自分でそのことに気づき、非難を控えるべきだったのだ。

モーデは偏見の研究に貢献し、いまや著名になった。彼女の講義は人気を博し、講座に参加したいと願う人々は後を絶たない。しかし彼女は、いまでもふとした瞬間に湧き上がってくる非難の自己防衛と戦っているという。

過去の過ちが家庭で起きた場合

もしかしたら家庭内で経験した偏見が、あなたに非難の自己防衛を取らせているのかもしれない。ドンは両親の期待を大きく裏切っていた。というのも、両親の目には彼が名門一家の一員にふわさしい身体的能力も学力も備えていないように見えたからだ。実際、彼の両親は「おまえは隠し子に違いない」などと軽口を叩いていた。

ドンは、子どもがするように自分の「欠点」を責め、当然のように失敗を予想しながら人生を歩んでいった。しかし大学に進学すると、こうした思いはほとんど意識にのぼらなかった。むしろ、自分のことを誰も知らない場所で、新たに仕切り直す機会だと考えた。

入学当初は張り切って勉学に励み、実際に頭がよかったこともあって、いくつかの分野で優秀な成績を収めた。しかし、完璧な成績を取れないと決まって押し寄せる、自分は無価値だという感覚を取りのぞくことはできなかった。こうした感情を抑えるために、ドンは非難の自己防衛を用いて「あの先生は最初から僕のことを嫌っていた」と言い聞かせるようになる。

そして反抗心から、ドンは課題の前提に問題を見つけては（しかも彼は問題を発見するのが得意だった）、真剣に課題に取り組むことを放棄した。あるいは自分の作品は教授が理解できないほど「独創的」なのだとうそぶいた。自分の優位性を示すために講義をさぼり、遅刻をした。こうした自滅的行為でドンは教師陣を失望させたが、彼らがつけた必然的な評価の低さは、ドンの主張を実証しただけだった。

当初、友人はドンに同情していた。教師の肩をもつのはクールじゃないし、ドンが実際に賢いことはわかっていたからだ。だが、やがて友人たちは何かがおかしいことに気づく。彼らはそのうちあまりドンと一緒に過ごさなくなった。不幸にも、ドンは最大の恐怖——誰も教えてくれないし、愛してくれない——に直面するより、友人を責めたほうが簡単だと気づいた。彼は非難の自己防衛を中心に自分の人生を築いているのだった。

非難の自己防衛のサイン

無意識の思い込み　「私の失敗は私のせいではなく、誰かが不公平に扱ったせいだ。だから私に価値がないわけじゃない」

よくある発言　「誰かが私の失敗を願っている」「みんな私を嫌っている」「みんなが私に嘘をついたり、見下したり、体裁を悪くしようとしたりする」「運がない」

その他のサイン

- 他人によく「あなたは自分をかわいそうだと思っている」と指摘されたり、事実を歪めているのではないかと疑念をもたれたりする。

- 不当な扱いを受けていると感じ、何度も友情にピリオドを打ったり仕事を変えたりしている。
- 相手がそういうつもりじゃないとわかったうえで、相手が自分を不当に扱っていると責めている自分に気づき罪悪感を覚えることがある。
- 受動的攻撃性を発揮し、自分を不当に扱っていると感じる相手の欲求を妨害するためにちょっとした嫌がらせをする。
- 「被害者」と呼ばれることを毛嫌いしている（もしくは進んで受け入れている）。

非競争という自己防衛

非競争の自己防衛を用いると、私たちは無意識のうちに力の存在そのものを否定しようとする。悲惨な敗北という可能性をもたらす、ランキング問題全般を恐れているからだ。この自己防衛は、宗教や道徳的決定から共通の利益のために自分の欲求より他者の欲求を優先するということではない。それは自己防衛ではなく利他的な価値観だ。それに人々を喜ばせるために低いランクを受け入れるのは、それ自体ランキングを受け入れていることを示唆するので非競争には当てはまらない。むしろ非競争の自己防衛は、ランキングを見ないというより、自分がそれを超越していると思うことだ。

もしこの自己防衛策を用いているなら、あなたはきっとこんなことを言うだろう。「そんなことに点数なんてつけるの？　私ならしないな」「ここが平和なのは私のおかげだね」「ほかの人がどう思おうと関係ない」「名声なんていらない。ただ役に立ちたいだけ」

しかし、この自己防衛でランキングを否定しようとすると、他人からは単に低いランクに甘んじる人だと思われる可能性がある。そうなると、仕事を押しつけられたり、雑用をさせられたり、アイディアを無視されたりするかもしれない。また別の問題として、非競争の自己防衛を用いることで、実際にそれが仕事であっても、他者に対して権力を行使することを躊躇する可能性がある。あなたのリーダーシップが足りないばかりに、あなたが力になろうとしている人々のあいだでさまざまな虐待や争いが起こるかもしれないのだ。

非競争の自己防衛を用いる人が権力を与えられたら

ランキングを否定することで暗黙のうちに低いランクを受け入れている人は、権力を与えられると大変だ。ウェストンの挑戦を紹介しよう。かわいい息子、バドの父親になったウェストンは、自分が無価値であるという感覚から少し解放された。しかし12歳になった息子が父親をけなし、一緒にいるところを目撃されるのを嫌がり、欲しいものを手に入れるためになりふりかまわず攻撃してくる、ということに対しては、心の準備ができていなかった。

バドは毎晩、明け方まで帰らず、ウェストンは息子の行き先を知らなかった。バドに割り振られていた家の仕事は、ウェストンがこっそりやっていた。息子にやらせることができない自分を、妻に知られるのが恥ずかしかったのだ。バドの反抗的な態度は何も生まなかった。

ウェストンは、これは「子ども主体の」子育てで、バドが率直な感情を表し、自分で選択できるようにしているのだと言う。実際のところ、研究によると、過度に放任主義の子育ては、独裁的なスタイルと同じぐらい子どもに悪影響を与える。最善なのは、現実的な制限を設け、子どもが理解できる形で心配や愛を示し、説明するという、シンプルで思いやりのある権威タイプだ。

しかしウェストンは対立を、息子にひどいことを言われるのを恐れるあまり、非競争の自己防衛を用いたのだった。いずれバドはウェストンの言うことをまったく聞かなくなるかもしれない。それでもウェストンは敗北の恐怖に向き合って行動を起こすことができずにいる。そして彼の非競争の自己防衛は、息子に大きな害を及ぼしているのだった。

極端な非競争の自己防衛

「陽気なシャロン」（55歳）は、31歳のときから同じ会社、同じ上司のもとで働いている。彼女はことあるごとに会社の仲間は家族のようなものだと言い、誰かと評価を比べたり、気にしたりすることはいっさいなかった。上司の秘書として、ビジネスを成功させるべく上司と同じぐらい精力的に働いた。夜や週末に働くのは楽しみでさえあったという。家にひとりでいるよりもましだから、と。

しかしやがて上司が会社を売却、莫大な利益を得てハワイでリタイア生活に入る。上司は彼女にボーナスを渡し、新たなオーナーに彼女のことを強く推薦した。彼女は上司の寛大さに感謝し、欲のない自分を誇らしく思った。彼女が唯一欲しいものは自分の家で、彼女はその頭金を貯めていた。

しかし新たなオーナーはリストラを決行、シャロンは好戦的な新CEOと折り合いが合わず、その第一陣に入れられた。この変化は誰にとっても痛ましいものだったが、混乱のさなか、シャロンの窮状にとりわけ目を向ける者はいなかった。シャロンはみんなと連絡を取り合うことを約束したが、家族のいる彼らはきっと忙しく、連絡が来ることはないだろうと思った。シャロンの人生におけるひとつの章が終わりを告げた。

シャロンはそこから1年半、仕事を見つけることができず、失業手当と貯金で暮らしていた。そのうちようやく仕事先が見つかったものの、給料は以前の3分の1。経済的に不安だった彼女は、結局家をあきらめざるを得なかった。シャロンはどんな組織でも、とくにビジネスではランキングは重要な要素であり、ランクを上げなければ自分が苦しむことになるという事実を無視して、自分以外のみんなに気を配りつづけたのだった。

非競争の自己防衛のサイン

無意識の思い込み　「私は価値がないから競争にはいっさいかかわらないほうがいい。私が競う意思がないことを示さないかぎり、誰も私を必要としてくれないし、一緒にいてくれない」

よくある発言　「私はただ、人を幸せにするのが好きなだけ」「比較はしない」「勝てなくてもかまわない」「あなたの望みどおりにする」

その他のサイン

- 友人とのあいだに「批判はしないし、批判されるのも迷惑」という不文律がある。
- 悪いことをしている人は、何も言わなくてもそのうち痛い目を見るはずだと信じたい。
- 他人にどう見られようと関係ないと主張する。
- 何年も経ってから、リーダーに追従していた、あるいは自分のことを気にかけていなかった人物にコントロールされていたと気づく。
- 本当はしたくないのに、相手を喜ばせるために定期的にセックスをする。

がんばりすぎという自己防衛

がんばりすぎの自己防衛を用いる人は、自分が褒められているときはダメな人間だという感覚がなくなる、という経験をしたことのある人だ。通常、この自己防衛は人生の早い段階で採用され、生涯の大半にわたって用いられるが、ときとして一時的に使用されることもある。たとえば、恋人に振られたあなたは、まだ次の関係をはじめる準備ができていないと知りながら、自分の魅力を証明するためだけに躍起になってデートをする。

この自己防衛は、幼少期に両親や教師に向けて発動されることが多い。家庭や学校で問題があると、子どもは慢性的な敗北感にさいなまれ、落ち込みや恥を覚える。しかし、自分の人を喜ばせる能力に先生が感謝すれば、それが自己防衛を刺激する。先生たちはしばしば一所懸命がんばることを奨励し、好ましくさえ思い、自分たちが子どもに何をしているのか気づかない。子どもたちは等身大の自分に満足できず、自分の価値を証明しようと奮闘しながら成長していく。

ほかにも、ハンディキャップをもっていたり、マイノリティーの一員だったり、何らかの欠点があると感じていたりすると、こうした自己防衛が働くことがある。この痛みは、学問、音楽、スポーツ、コンピューターなど、あなたの得意な分野で期待以上の成果を上げることで和らぐ。この自己防衛があれば、あなたは自分を証明し、力を取り戻せると感じる。敗北ではなく勝利を味わえるのだ。

問題はこうした修正が一時的なものでしかないことだ。あなたの自尊心全般を正確に把握することにはつながらない。あなたは自分のすることでしか価値を見出されず、がんばるのをやめたら価値がなくなってしまうと考える。そして文字どおり、過労死するほどがんばりつづけてしまうのだ。

当然ながら、周囲にがんばりすぎたと言われても、それがいつも自己防衛だとはかぎらない。自分のやっていることが好きで、夢中になっている可能性もある。がんばりすぎの自己防衛が作動しているかどうかは、自分を大切にしたり、休みを取ったり、大切な人のそばにいたりする能力が阻害されていないかどうかで判断するといい。

きょうだいとがんばりすぎの自己防衛

しばしば見落とされがちなきょうだい間のライバル関係は、両親が扱いを誤ると一方が生涯にわたって敗北感を味わう可能性がある。

チェルシーとキャメロンは二卵性双生児で、5人きょうだいの末っ子だ。どの双子でもそうだが、子宮のなかにいてさえ、どちらか一方のほうが大きくて支配的だ。ふたりの場合はチェルシーだった。彼女はいつもかわいく、協調性があって、外向的だと思われていた。一方で大人しいほうのキャメロンは、姉のもとへ遊びに来た少女たちについて回り、思春期を迎えるまでぽっちゃりしていた。両親はふたりを公平に扱うように心がけていたが、キャメロンが自分を過小評価しないためには、平等以上の扱いが必要だった。

中学に上がると、ある数学の先生がキャメロンの才能に気づき、褒めてくれた。キャメロンはこの先生の評価をおおいに気に入り、先生を喜ばすために日夜勉学に励んだ。卒業時には、もう先生に会えないと思って泣いた。

高校では、キャメロンは周囲の目に苦しんだ。「かわいくて、おもしろくて、社交的な」姉と比較されることが多く、ますます内向的になっていった。しかし、ここでも科学や数学の教師の励ましに救いを見出した。キャメロンはとくに化学が得意で、大学でもこの分野を専攻しようと決意する。自分は結婚できないのではないかとひそかに危惧していた彼女は、自分の面倒は自分で見られるようになりたいと願い、化学工学を学んで教授職に就く。一方のチェルシーはリベラルアーツ（一般教養教育課程）を卒業し、セミプロの俳優の道を歩みはじめていた。チェルシーが結婚してふたりの子どもをもうけると、独身のキャメロンは羨望を抑えきれなかった。化学工学も、彼女を同僚や友人としか見ていない男性たちも、何もかもが突然嫌になった。そして学生たちに、地元の水道水に含まれる有害物質を調べてほしいと頼まれたのをきっかけに、環境活動家になろうと決意する。心の奥で、姉のように「ただの母親」になるより、環境保全のために戦うほうが重要だと考えたのだ。

彼女は引き受けた調査に一心に打ち込み、その大胆さ、健康リスクを厭わない活動、無私の姿勢に、周囲は畏敬の念を抱く。睡眠時間は数時間あれば十分だった。やがて画期的な功績が認められ、複数の賞を受賞するが、そのころには慢性的なストレス関連疾患に悩まされていた。

姉はといえば、著名な絵本作家になり、低所得学生向けの学校でボランティアを行っていた。何のつながりにも気づかぬまま、キャメロンは大企業と戦った自分の経験を本にまとめることにした。チェルシーが教育向上のために全米で活躍するようになると、キャメロンは環境保護活動家として公職選挙に立候補する。

例のごとく、チェルシーが幸福のバランスを保ちながら活動する一方で、キャメロンは、さまざまな疾患に悩まされながらも献身的に働く人物として知られていた。キャメロンは周囲から「何事にも懸命に取り組む人物」だと評された。しかしこの姉妹を子どものころから知っている人なら、キャメロンが人生を通じて、姉の半分でも優秀であることを証明しなければならなかったことこそ「大変」だったに違いない、と言うはずだ。

がんばりすぎの自己防衛のサイン

無意識の思い込み　「一生懸命やれば誰かが愛してくれるし、私のことをダメな人間だとは言わないし、これ以上自分が無価値だと思わなくてすむ」

よくある発言　「あなたが望むならやるし、方法は見つける」「私はこの仕事に人生を捧げている。ほかのことは二の次だ」「フェイスリフトをしたら（痩せたら／博士号を取ったら）自分をもっと好きになれると思う」「たくさんのことを成し遂げたと言われるけど、私からしたら大したことではない」

その他のサイン

- どんなに成功しても自分をすごいと思えない。
- 周りから専門家と思われても自分では偽物のように感じる。
- 他人から批評されたり、自分と類似のプロジェクトに取り組む人がいたりすると驚くほどの苛烈さで相手や相手の仕事を攻撃する。
- 仕事ばかりで友人や家族と過ごす時間が足りないと不満を言われる。
- 仕事をしていないと落ち着かないが、仕事をしているとたいていい気分がいい。

誇張という自己防衛

誇張の自己防衛は、がんばりすぎの自己防衛のように、恥の及ばない領域に到達しようとがんばるのではなく、あなたを直接丘の上の城に連れていってくれる。あなたは人より魅力的で、賢くて、いい教育を受けていて、史上最高のセールスパーソンで、自分が選んだ丘の上では、競争相手より上で、無価値だと感じるリスクもない。非難の自己防衛をおもに用いていたドンは、自分を指導者にも理解されないほど創造的だとみなしており、これは誇張の自己防衛も併用していたと言える。

特定の分野や一般的な場で、自分のことを露骨に誇張するナルシストに出会うことがあるが、それは（なかには本当にそうだと思っている人もいるかもしれないが）たいてい自己防衛である。ただ、この自己防衛はわかりにくく、ときとして誰もが使っている。

研究によると、失敗の危機にさらされると知らず知らずのうちに自分の価値を上方修正する人がいるという[4]。自分を疑ったり、過小評価したりする兆候が現れるような状況に陥ると、即座に恥ずかしさに襲われる可能性がある。敗北から身を守るには、自分のランクを誇張し、その誇張を自分で信じるしかない。

ほかの自己防衛では少し露骨だと感じると、私たちは誇張の自己防衛を用いることがある。たとえば、職場で上司やお偉いさんとカードゲームをして、あなたが大負けしたとする。しかしいつものように釈明すると――今日はついてなかった、勝ちにこだわっていない、オンラインでポーカーを習ってるから次は勝つ――かえって印象が悪くなるのではないかと不安になる。しかし自分の地位を取り戻すために（たとえ真実とはかけ離れていても）何か言わなければと思う。「まあ、売上が絶好調だから、負け分を支払っても問題はないですよ」

ここでも、自己防衛のように聞こえる発言が、じつはそうでないことがある。自慢話は誇張ではなく、健全なプライドや広報活動の場合があるのだ。単純に上司や恋人や両親に自分の成功を伝えたいだけかもしれない。「そう、会社でいちばんになったんだ」。しかしそれ以外は、純粋な防御である。

たとえばこの場合はどっちだろう？「そちらはＭＢＡをお持ちかもしれませんが、私はこの仕事を30年しています」。これは賢い言い方かもしれないが、もしかすると学歴に対する強い劣等感を隠しているのかもしれない。

誇張の自己防衛を用いるとき、私たちは実際の業績やスコアでは居心地が悪い。等身大の自分を恥じる気持ちがあるからだ。私たちを癒やしてくれるのは、他者がこちらに抱く好印象、いやむしろ、自分の価値のなさをうまく隠せたという気持ちなのだ。私たちはお金を稼ぐだけでなく、その富を示さなければいけないし、本をよく読むだけでなく、その知識をひけらかさなければいけない。大半の同年代より痩せている必要があるだけでなく、気おくれするようなイベントで特定のドレスを着るために、３日間断食しなければいけない。

この自己防衛のもうひとつの兆候は、自分のランクを引き上げることだ。たとえばあなたが何かの委員長だったり、何かの受賞者だったりして、何かの拍子に誰かに卑屈さを感じた場合、過小評価された自己が、些細な会話にも自分の優れた経歴を滑り込ませようとする。あるいは何かの際に自分が無能だと感じると、自分の肩書に言及する。

「たしかに私はこの国に来たばかりですし、あなたのような経験はありませんが、それでも医者ですし、この病気はどこの国でも同じに見えます」

また、他人に感心してもらうために何かを購入することもある。高級車や豪邸を所有し、ぜいたくな休暇に出かけ、血統書つきの犬を散歩させる。魅力的でありつづけるため、あるいはスポーツで勝ちつづけるために、少しでも後れを取ったら破滅だと言わんばかりに必死に戦う。また強い不安を感じると、みんなが確実に注目してくれるよう、派手な行動を取ったり突飛な冗談を言ったりする。

こうした事例では、誇張の自己防衛は、過小評価された自己という強烈な呪縛に陥った際に湧き上がる不安、恥、落ち込み、敗北感といった感情を避けるために、優越感を高める役割を果たす。

子育てにおける誇張の自己防衛

他者のために尽力しているように見えても、私たちの無意識が、自分を恥から守るために高いランクを維持しようと意図しているなら、長期的に見てあまりいいことではないだろう。たとえば自分の優位性を保つために、もう助けを必要としていない人にしつこく手を貸そうとするかもしれない。そしてその人のちょっとした失敗に心を痛め、完璧にできなかったことへの言い訳を考えるはめになる。これはとくに、自分を過小評価し、敗北や恥を避けるために理想の両親像や完璧な子どもをつくりあげようとする親にとってリスクが大きい。

息子がリトルリーグで目をかけられなかったり、娘がSATテスト（大学進学適性試験）で低い点を取ったり、幼いわが子のトイレトレーニングをはじめるのが遅かったら恥ずかしいと思うだろうか？

可能なかぎり最高の親（従業員でもチームメンバーでも）になろうと努力するのは悪いことではない。自分の子どもを誇りに思い、賞賛を求めることも問題はない。子育ては大変な仕事だし、それに従事する両親は褒められてしかるべきだ。ただし、子どもの利益を犠牲にするとなると問題が生じる。たとえば子どもに人気者であってほしい母親は、わが子のひどく内向的な性質をないものとして扱おうとするかもしれない。

マリリンとスティーブは大学院で出会った。結婚してすぐに子どもができたため、ふたりの専門分野でスティーブが順調に結果を出す一方、マリリンは博士号取得を待たなければならなかった。少女時代に受けた性差別や生来の競争心が、「ただの母親」としての無価値感に拍車をかけた。マリリンはしばしば物思いに沈むようになる。しかし芯の強い女性である彼女は、そうした感情を振り払い、娘のダレンがどんな分野であれ、彼女の選んだ道で活躍できるよう娘の世話に全精力を注ぐ。

ランキングに特化した子育てで、ダレンは4歳になるころには、本読み、体操、歌、水泳で優れた才能を発揮、そつがなく、何でもうまくこなした。しかし幼稚園入園の1カ月後、ほかの親や先生たちから、ダレンが威張ってほかの女の子を泣かせているという苦情が入った。これを聞いたマリリンは、娘を非難した人たちに負けたような気持ちになり、ふたたびふさぎ込んだ。彼女が子育てをがんばったのは、他者にダレンが高いランクにいると認識されることで、（少なくともいまのところ）自分の選んだ職業で何のランクも得られていないむなしさを補うためだったのだ。

職場における誇張の自己防衛

組織のトップという地位は、レイに高いランクと巨大な権力を与えた。しかし、下の者が急速に台頭してくることを極度に恐れたレイは、不安な気持ちを押し殺して真のリーダーシップを発揮し、みんなの利益になるよう有望な若手を導く代わりに、自分をひどく誇張するようになった。その結果、周囲の者たちはレイの自信を疑い、彼を信じられなくなっていく。

レイは優れたアイディアを批判したり、敬意を勝ち取りつつある人たちの悪口を言ったりするだけでなく、自分の過去の栄光を自慢してばかりいた。レイに必要なのは、誇張せずとも、自分の本当の知恵や経験が彼の求める影響力を与えつづけてくれると信じることだ。

誇張の自己防衛のサイン

無意識の思い込み　「自分には価値がないという気持ちを隠すため、自分が優秀であることを自分にも他人にも証明しなければならない」

よくある発言　「私と同じレベルの人や、私を退屈させない人を探すのは難しい」「どうも私は、人が知らないことを知っているらしい」「みんなたいてい私の頼みを断らない」「最高を望むなら私を支持したほうがいい」

その他のサイン

- スリムな体型、若さ、たくましい体つきに執着し、こうした基準を満たす人とだけ出会いたいと思う。
- 自分の業績を誇張し、他人のそれを矮小化する。
- 脅威を感じると地位の高さや権力をふりかざす。
- 誰かがうっかりあなたを貶める(おとし)ようなことをしたら、その相手との友情を終わらせることを考える。
- 優越感のせいで、愛すべき人に対する愛情がまったく足りていない。

投影という自己防衛

投影の自己防衛は、極端ではあるがごく一般的だ。心理学者が「防御的投影（defensive projection）」と呼ぶものは、認識するのは難しいが、やめるのはたやすい。この自己防衛は、無価値という感情を自分のなかに見出す代わりに他者のなかに見出す。私たちの心は、こうした芸当を驚くほど巧みにやってのける。

単に「気取った人が嫌い」というだけなら、おそらくあなた自身が少しばかりお高くとまっているサインかもしれない。しかし、どこにいても目についてしまうほどこのタイプが嫌で嫌で仕方がないという場合、以前、自分が高飛車なふるまいをして、他人にひどく恥をかかされたことがあるのかもしれない。だから気取り屋をまるで罪人のごとく扱い、自分は絶対にそんな罪は犯さないと言い聞かせる必要があるのだ。

また「彼女がこんなに批判的だなんて信じられない」と言うときは、あなた自身、明らかに批判的になっている。嫌悪しすぎて目についてしまう自分の性質を知ったうえで、それを常に他人のなかにしか見出せない。自分に魅力がないことを気にしていて、それでも気にしたくないと思っていると、「あの人たちは見栄っ張りだ。見た目のことしか考えていない」というせりふが口をつくかもしれない。

自分が投影しているかどうかは、とくに嫌いな人――嫌悪感を不合理に強く感じる人々――について、正直に（自分やほかの人がひどい扱いを受けたこと以外の理由を）考えてみるといい。そしてその人物のもっとも嫌いな点、傲慢さ、無力さ、卑劣さ、貪欲さ、嫉妬深さ、騙されやすさといった性格やふるまいをひとつ思い浮かべ、その憎むべき性質を正直に見つめてみる。それは自分のなかにある許せない性質、少しでもそれを認めると羞恥を覚えるものではないだろうか？

理性的に考えれば、あなたも含めて、そうしたふるまいから完全に自由になれる人はいないことはわかるだろう。しかしあなたは、その行動を取ると、ひどく嫌な気持ちになることを知ってしまったのだ。

また、恥や無価値感といった感情を強く抱くと、自分の優れた特性を他者に反映することもある。こんなポジティブな性質が自分にあるはずはない、と思うからだ。他人のことは幸せそう、幸運だ、才能があると思えても、自分のことは同じように見られない。たとえ相手がこちらが思うほど幸運だと感じていなくても、だ。

パートナー候補を拒否する場合の投影の自己防衛

6人きょうだいの長女であるロザンヌは強い女性だった。父親は開発途上国出身のたたき上げの野心家で、ロザンヌが5歳のとき、家族を連れてアメリカにやってきた。母親は控えめで、病弱で、ふさぎがち、いつも子どもたちに圧倒され、好きでもない国に適応するのに苦労していた。そのためロザンヌは、早くからさまざまなことを引き受けていた。何事も父の指示どおりにこなし、そんな自分の役目に誇りをもっていた。

ロザンヌが高校3年生のとき、父親が祖国に赴任することになった。父の強い希望で、ロザンヌは家族と一緒に帰郷しなかった。父親は、娘がアメリカにとどまり、できるかぎりの恩恵を受けることを望んだのだ。翌年の高校生活は悲惨だった。ロザンヌは家族が恋しかったし、父がロザンヌの世話を頼んだ家族から疎外されているように感じた。その次の年はさらに悲惨だった。見知らぬ街にある大学の奨学金を受けるか、祖国へ帰るかの選択を迫られたのだ。

ロザンヌは奨学金を受けた。そして大学卒業後は、市民権を獲得してすばらしい会社に就職、父親と同じように職場でめきめきと頭角を現していった。彼女が私のもとを訪れたのは、そのころだった。彼女は交際を望んでいた。だが、何をやってもうまくいかないという。男性からの誘いは多かったものの、誰も彼女を喜ばすことはできなかった。誰もが彼女のお金で暮らしたいだけの怠け者に見えたし、あるいは重すぎるのだという。

あるときロザンヌは、いつもと同じ理由で拒絶しようとしていた男性の夢を見た。高校3年生の彼女が彼に出会うという夢だ。その夢の話を私に語ったとき、ロザンヌははじめて、悲しみ、不安、孤独に打ちひしがれた、ひとりぼっちの夜を思い出した。家族と離れてひとりになったことでロザンヌの心に恐怖が芽生え、自分は自立したタフな人間なんだという思いを揺るがした。ロザンヌはいまでも切実に誰かに守られていたかったのだ。

しかしそうなると、自分はまるで母親のようになってしまう。父はいつも誰かを必要とするのは弱いからだと言っていた。だから彼女は、自分の欲望を出会った男性に投影し、相手が世話をされたいと思っているのではないかと疑ったのだ。

ロザンヌがそうであったように、私たちが軽蔑し投影する性質は、その多くが、私たちの性質のなかで両親が嫌悪していたものだったり、両親の性質のなかで私たちが嫌悪していたものだったりする。今回の場合、ロザンヌは母親の弱さを軽蔑していたが、かりにロザンヌがそれを見せようものなら、父親はきっと軽蔑したに違いない。

職場における投影

バートは貧しい家庭で育った。教師は、彼のだらしのない外見を知能が低いせいだと考え、大学進学のためのコースを一度も勧めなかった。そこでバートは、車の修理にエネルギーを注いだ。ガジェットを考え出すのが好きだった彼は、ブレーキ・ライニング（摩擦材）を簡単に交換できる独創的な道具を思いつく。興味を示してくれた司書の助けを借り、特許を申請。また、別の実業家の女性が借りてくれた資金を元手に、道具の製造を開始した。それから数年、強い野心と自分を証明したいという欲望のおかげで、バートは従業員数百名を抱える会社を経営するまでになった。

バートは不公平を嫌う。誰にでもチャンスを与える自分を誇りに思っていた。しかし従業員は、彼のことをまったく公平だと思っていなかった。たとえ「ふつうの人」を雇っても、彼らが会社を乗っ取ろうとしている兆候に常に目を光らせ、「自分をアピールしすぎる人材」の昇進を認めなかったからだ。実際彼こそが、これまでずっと人を押しのけ、奪取してき張本人だった。子どものころの不公平なランキングや、リンキングの希薄さのせいで、彼は人より先んじることに執着するようになっていた。周囲の冷酷な野心を見つめる一方、そうした性質を嫌うあまり、自分のそれを認めることがどうしてもできないのだった。

投影の自己防衛のサイン

無意識の思い込み　「恥や無価値感を覚えるのは耐えられない。自分にはとりわけひどい部分があるから、それを排除しなければいけない。なのに、それらに悩まされる。どこにいても、周囲の人のなかにその兆候が見えてしまう」

よくある発言　「なぜかわからないけど、あの人すごく嫌い」「あなたの発言にはまったく動揺していない。動揺しているのはあなたのほうだ」「私は乗っ取るつもりはないけど（ただし無意識のうちにそう思っている）、あの人たちには気をつけたほうがいい……いい人のふりして、いきなり全部を仕切りはじめるかも」

その他のサイン

- 受け入れがたいふるまいを他者のなかに見出すが、自分のそれにはまず気づかない。
- 他人はすべてがよく、自分はすべてが悪く見える（自分のいい性質を他者のなかに見出している）。
- 他人が批判的すぎるといって文句を言うが、自分も同じことをしているという事実は無視する。
- 誰かを不誠実だ、自分勝手だと思っても、その見方がまったく根拠のないものだと気づく。
- 悪いことは他人のせいにして自分のせいにはしない。

学んだことを実践する

この章では、あなたがどんな自己防衛を用いる傾向があるかを評価してきた。自己防衛について詳しく学んだところで、本章の最初で行った自己評価に戻り、「いいえ」と答えた項目のなかにじつは「はい」だったものがいくつあるかを確認してみよう。

これで、自分がどんな状況で自己防衛を用い、今後どうすればそれを使わずにすむかを探る準備ができた。本書を読み進めれば、自己防衛を発動せずともうまく折り合いをつけられるようになるし、自分を過小評価する傾向も減少していくだろう。とはいえ、その傾向はいますぐにでも減らしていける。自己防衛を放棄すると、他者との競争が減り、つながりが増える。まずは自分のこれまでの行動を確認し、どうすれば異なる対応ができるかを想像してみよう。

自己防衛を用いる場面を認識する

6つの自己防衛――最小化、非難、非競争、がんばりすぎ、誇張、投影――を、ノートの各ページに書きつけてほしい。それが済んだら、第1章で作成した、あなたの気分をよくする人と害する人のリストをふり返り、この1週間でリストに載っている人に対し、自分がそれぞれの自己防衛を発動した場面を具体的に3つ書き出してみよう。

恥ずかしいと思ったり、それを避けようとした瞬間を思い出したりするのが難しいこともあるかもしれない（忘れることも別の自己防衛だが、覚えていないことを評価するのは困難だ）。思い出すまでこのエクササイズをつづけ、先週1週間で3つの場面が思い出せなければ、さらに過去にさかのぼってもいい。

ただし、大したことじゃないと言って最小化したり、不当な扱いを受けたからと非難したり、競争から逃げるより無視することを選択したり、無理をしてがんばったり、劣等感を覚えないよう大げさに自分の能力を吹聴したり、自分の問題ではなく相手の問題だと言って見ないふりをしたりすることなく、自己防衛が働いた場面をきちんと書き出すこと。

自己防衛を用いずに達成できることを思い浮かべる

このエクササイズは非常に重要だ。自分が特定の人間関係のなかでどう自己防衛を用いてきたかを確認できるし、それらを使わないことでもたらされるポジティブな感情を想像することで、自己防衛を用いなくてもすむ方法を考える訓練になるからだ。先ほど書き出した18の事柄（6つの自己防衛×3）に関する次の質問に答え、あなたが違う対応をした場合を想像してみよう。

- あなたの自己防衛に対して相手はどのように反応しただろう？
- 別の言い方をするとしたらあなたは何と言っただろう？　失敗や悪い人間になる恐怖を少

しでも正直に打ち明けていたら？

●その場合、相手はどう考え、どう答えただろう？

たとえば、同僚と一緒にやるはずだったプロジェクトをあなたひとりで進めてしまい、それが相手にばれたとする。あなたは周囲の人から能力を過小評価されていると感じていて、同僚がいなくても仕事ができることを証明したかった。あなたは彼女がそれを嫌がることをわかっていたので、彼女にばれて恥ずかしく思う。あなたは、自分か彼女か、あるいはその両方が、あなたをけなさざるを得ない状況に陥った。

彼女が怒り出す前に、そしておそらくは自分が恥ずかしく思う前に、あなたは言う。「そんなに気にするとは思わなかったから」。あなたは最小化の自己防衛を用いて大したことではないと言ってのける。あるいは「こんなことを気にするなんて信じられない」とほのめかせば非難の自己防衛になる。

さて、ここであなたがやるべきは、彼女の気持ちを推し量り、前述の質問に答えながら、別の言い方を考えてみることだ。

●**あなたの言葉を受けて相手はどう思っただろう？**　彼女は私の言い訳を信じなかった。

●**ほかの言い方をするとしたら？**　「ごめんなさい。あなたが気にするのはわかっていたけど、あなたの手を借りずに、自分ひとりでやれるとこをみんなに見せたかった。勝手に進めて本当にごめんなさい。あなたと一緒に仕事をするチャンスと引き換えに、自分をよく見せようとしてしまった」

● **もし右のように言ったら、相手はどう考え、どう受け止めただろう？** 気まずい瞬間にここまで正直になれた私に感銘を受ける。当然彼女も腹を立てるが、こちらが間違いを認め、心から悔いたのでそれほど怒りを引きずらないですむし、少なくとも、自分のミスを隠すために嘘を重ね、私が後ろめたく思う理由は増えない。

自己防衛の発動がいかに過小評価された自己を隠すのか

自己防衛の頻度を減らすことは、あなたにとって重要な目標である。しかし本章のおもな目的は、あなたの用いている自己防衛を特定し、その視点から眺めることで、あなたが過小評価された自己にどれほど支配されているかを見極めることだ。これらのことをふり返り、書き出してみてほしい。

自分の予想以上に自己防衛を発動させていただろうか？　どれほど頻繁にランキングモードに陥り、敗北や恥を避けようとしていたかわかっただろうか？　まだよくわからないと思っても、いまのところはそれでいい。

第3章
自分のランクを低く評価しすぎる過去の理由

Reasons from Our Past for Ranking Ourselves Too Low

過小評価された自己の目を通じて世界を見ていると実感することもあれば、自己防衛を発動した自分の目を通じて世界を見ていると思うこともあるだろう。そしてこれからは、後者の頻度が増えていくかもしれない。その特徴は、概して自分をダメな人間だと思っていることだ。自分に対して「私は負け犬で、何の価値もない」と言いつつ、しかしあなたはこれが不合理であることを知っている。

過小評価された自己に完全に支配されると、外的な出来事によって自分の視点が変わり、自分をひどく、あるいは劇的に過小評価していたことに気づくまで私たちは混沌とした状況を見通すことができない。誰かとランチに出かけ、相手を全然楽しませることができず、おそらく二度と誘われないだろうと思ったことはないだろうか。しかし翌日には、また近いうちにご一緒しましょうという真摯なメッセージが届く。私の言う変化とは、たとえばそういうことだ。

すぐにでも変化を促すには、自分を過小評価する個人的な理由を明らかにする必要がある。恥ずかしい、価値がないと感じる気持ちの原因を特定すれば、その引き金となるものもわかり、自分を過小評価してしまう傾向から脱しやすくなるだろう。また、特定の過去をふり返ることで自分を無価値だと責める気持ちも薄れていく。

過小評価を促すふたつの要因

すでに第1章で、第一の要因――自己を過小評価するのはある程度生来の傾向、（敗北や恥を覚える状況を回避するために）自分を過小評価したほうがましだという全般的な自尊心、敗北に対する生来の反応および、強い社会的感情に起因すると述べた。しかしこれらの傾向は、実際に経験した個人的な敗北によってのみ喚起され、これが第二の要因となる。

敗北の経験が多いほど、あなたが本書を使って自分の過去を探る重要性は増す。この章ではその方法を学んでいく。その過程で、あらゆるタイプのトラウマ（圧倒的で、耐えられそうもない感情へとつながる経験）が、なぜこれほど深く自己の過小評価に影響を与えるのかがわかるだろう。

自分を低く評価するという生来の傾向に対処するのは困難だが、過去のトラウマがこの過小評価を強固にしている場合、その傾向は慢性化し、結果的に大きな犠牲をもたらす。たとえば職場のグループ内で発言しないのは、過去に恥をかいた経験から、自分はみんなほど優秀じゃないと思ったほうが安全だと考えているからかもしれない。だから、会社の問題を解決するための独創的なアイディアが浮かんでも、あなたは口をつぐんでいる。

一方で、あなたは批判的な父親のもとで育ち、些細なミスをしたりちょっと言い返したりするだけで激怒されたことがあったとする。幼く、両親を畏れていたあなたにとって、父親の怒りは耐えがたいものだった。つまり、あなたが本当に恐れているのは、くだらない意見を言ってしまうことよりも、誰かに、とくに父親に似た上司に自分の意見を潰されることなのだ。しかし自分のアイディアを口に出さなければ、誰かが似たような、けれどあなたのそれより劣る意見を出して称賛を浴びることになるだろう。

このふたつの要素、生来の傾向と過去の経験は、何度も私たちを打ちのめす。あなたは最初のデートで、とくに相手がハンサムだと、いつも気後れしてしまうかもしれない。自分に自信がなさすぎて彼に興味をもってもらえないと思うのだ。加えて、信頼していた恋人が最近自分のもとを去り、別の人のもとへと行ってしまった。だからデートの相手が自分と同じように無口だと、あなたは彼に嫌われていると思う。しかしあとになって、彼に興味がないのはあなただと思われていたことが判明する。

あるいは上司があなたの企画を改善するためのアドバイスをくれる。彼は――あなたではなく――あなたの仕事が能力に見合っていないと考えたのだ。あなたは苦心してこの評価を自分の価値に対するものではなく、単に変更を加えてはどうかという提案として受け入れようと試みる。だが小学６年生のときに、クラスみんなの前で担任から課題を酷評された経験のせいで、あなたはいまだに自分の仕事を最低だと思っている。

そこで企画を修正して目を通すが、自分のどうしようもなさが目につき、最初からやり直すはめになる。あなたの企画の大半を評価していた上司は、この事態に頭を抱える。そして次の査定で「批判に過剰に反応する」と告げられ、昇進は見送ったほうがいいと思われてしまう。

これらふたつの要素——自己を過小評価する生来の傾向と、過去のひどい敗北の経験——があなたのなかで作用している場合、慢性的に自分を過小評価し、うまくいくかもしれない機会や人間関係をことごとく拒否する事態に陥り、やがてうつや不安症を発症する可能性がある。

過小評価された自己が引き起こすこれらの結果は、スキルが錆びつくまでチャンスを断りつづけることにつながり、やがてその自信のなさがはた目にも明らかになって、他者からも下に見られるという自己実現的予言にもなりうる。自分で下した評価の低さが現実になってしまうのだ。

こうした損失を回避し、治療を開始するには、負けそうになると自分を過小評価する本能をより強固にしてきた、過去のトラウマを特定することが不可欠だ。しかしまずは、あなたがどの程度自分を過小評価しているかを見てみよう。自己防衛について学んだいまなら、その裏に隠された感情に気づきやすくなっているため、より効果的な評価ができるだろう。

自分をどの程度過小評価しているか？

評価を行う前に次のガイドラインを確認してほしい。

- どれほど理不尽で不快な内容であっても、これまで当てはまったことがある、あるいはそういう見解を抱いたことがある場合は「S」と記すこと。Sは状態（state）の略である。
- 当てはまる頻度が多い場合は「T」と記すこと。Tは特徴（trait）の略である。
- 各項目についてじっくり考えながら、過去の自己防衛をふり返り、それが自分に当てはまるか否かを確認する。ただし一読して当てはまると思ったら、気に入らなくても答えを変えないこと。
- 各質問には独立した質問として答えること。前の答えと矛盾していると感じても気にしなくてよい。
- プライバシーを確保したければ、答えを本書ではなくほかの紙に書くといい。ただし答えの紙は、あとで見返せるように手元に置いておくこと。

1 人に自分のことを好きだと言われても信じられない。
2 人と対面するとき下を向いたり目をそらしたりする。
3 他人はそんなことを考えていないとわかっていても、自分は誰がより優れているか――美人で、金持ちで、明るくて、いいアイディアを持っていて、いい車を持っているか――を考えてしまう。

4 何をおいても他人を喜ばせ、幸せにしなければならない。
5 客観的には対等に見られているとわかっていても、自分が劣っているように感じる。
6 批判されても、その原因を考えることはほとんどない。一日がだいなしになってしまう。
7 いいアイディアだと思っても口に出すのが怖い。
8 下を向き、肩を丸めている。
9 レストランでは、誰もが不快に思うことでも文句を言いづらい。
10 自分が偽物のように感じる。
11 自分が任命されたリーダーであっても、(両親や教師といった)生来のリーダーであっても、尊敬を得るのに苦労すると思う。
12「困ったことになった」と言われると、すぐに自分に原因があるのでは、あるいは責められるのではないかと不安になる。
13 困難な状況で自分がどう立ち向かえばよかったのか、あとになるまでわからない。
14 はじめる前から負けを考えている。
15 客観的に怯える理由がないのに、職を失うのではないかと不安になる。
16 自信が足りないと言われる。
17 人と会っても、相手は自分に興味がないと思う。
18 自分がいちばんだとわかっていても、親友やパートナーに嫉妬したり不安になったりする。
19 自分の発言、外見、家族、過去、付き合っている相手について、すぐに恥ずかしいと思ってしまう。

20 セックスをするおもな理由は、拒否して相手に嫌われるのが怖いからだ。

21 誰かに何かをやめてほしくても、直接本人は言えない。

22 必要なものを頼むのに躊躇する。

スコア

状態を示す「S」と、特徴を示す「T」の数をそれぞれ合計する。「正常なスコア」というものはないが、「S」が10個以上、「T」が2個以上あるなら、あなたは自分をかなり過小評価していると言えるだろう。

低いランクと過小評価された自己の原因となるトラウマ

身体的にひどいけがを負ったという場合、深い切り傷、骨折、内臓の損傷など、身体が何らかの形で完全体を失ったということだ。一方、身体の傷と共に（あるいは身体は傷つかなくても）心も傷つくことがある。それは心が打ちのめされたときだけでなく、現実的に耐えられなくなったときにも起こる。過度のストレスと、これ以上ストレスを防げないという無力感によって、心が全体性を失い、「崩れたり」「壊れたり」「ばらばらになったり」するのだ。
脳はこうした変化を通じて、大半は可逆性であるものの、けがを負ったような状態になる。トラウマには突発的に発生する急性のものと、時間をかけて蝕む慢性のものがある。
大半のトラウマは他人とかかわりがある。誰かに見捨てられたり、負けたり、傷つけられたり、拒否されたり。あるいは身体的なけがを負っている状況なら、相手が助けてくれなかった、助けが十分でなかったと感じる。その結果、ほとんどのトラウマは落ち込みや恥など敗北に対する生来の反応を引き起こし、自尊心全般を低下させてしまう。

あるトラウマが、全体を見ることができないほどつらい経験を伴っていると、私たちは心を壊し、解離するほかなくなる。そうなると、その出来事を丸ごと意識から切り離してまったく記憶のない状態になるか、もしくはトラウマに関する感情と記憶を分離し、出来事だけは覚えているがそこには何の感情も伴わない、という状態になるかもしれない。

一方で、私たちは「理由もなく」慢性的な不安やうつなど、心の動揺を感じることもある。そのせいで自分でも驚くような行動を取ってしまうが、これは自分の現在の行動と過去のトラウマのつながりがわからないためだ。

トラウマによって心の一部が壊れる一方、そうと気づかないうちにほかの部分が仕事を引き継いでいるので、私たちは試練を乗り越え、将来似たような経験を避けることができる。この「ほかの部分」とは、自尊心全般を引き下げ、落ち込みや恥の状態にとどまらせる、前述した生来の反応のことだ。

この反応は、現在を予測する最善の方法は過去だと仮定し、私たちを自己防衛に走らせる。これにより、私たちはうつになったり、意識的であれ無意識的であれ、自分のランクを低く評価したりするのだが、これはすべてさらなる社会的トラウマを避けるためである。

ぜひとも覚えておいてほしいのは、トラウマによる低ランクを受け入れるかどうかの判断は、たいてい無意識のうちの行われているということだ。常に意識にのぼらせておくにはあまりに痛ましく、だからこそ、知らないうちに誰に会っても自分のランクのほうが低いと思い込んでいる可能性がある。

過去のトラウマについて――解離のせいでその出来事を完全に認識していないとしても――知るのが重要な理由はここにある。あなたの人生におけるトラウマの量と種類を認識することで、過小評価された自己を癒やすための次なるステップにつながるのだ。

幼少期のランクとトラウマ体験

子どものころによほど大切にされていたのでなければ、子どものあなたは通常の大人よりはるかに多くのトラウマにさらされていたはずだ。なぜか？　肉体的に小さいからだ。いまではふつうに避けられる状況も、当時はそれができないのがふつうだった。身体が大きく、はるかにランクの高い人々に囲まれていたあなたは、多くの敗北を経験し、敗北を恐れて避けてきた。

次々と起こる出来事は、あなたにとって新しく、潜在的に恐ろしいものだった。

さらに、自意識がまだ発達段階にある子どもの心は、トラウマとなる出来事に対して解離を起こしやすい。その出来事を経験した年齢が低いほど、大人が敗北のトラウマ感情から逃れるために用いるような自己防衛や、その他の対処法は少なくなる。たとえばいま、あなたが誰かからひどい仕打ちを受けても、「自分のせいだから仕方ない」と思う感情は抑えられるだろう。しかしひどい仕打ちを受けた子どもは、徹底的に打ちのめされ、無力感にさいなまれ、自分に非があると感じ、解離せざるを得なくなる。

多くの家庭では乳児のランクは高い。新生児を中心に生活が回る場合もあるし、母親のいちばんの関心は赤ん坊にある。しかし乳児は、自分の置かれた立場を違う角度から見ているかもしれない。どんなに献身的な両親でも、予防接種の際には（医師や看護師に）わが子を拘束させる。その状況はどれほど残酷だろう？　私の知り合いの男性に、愛する母親が立っている横で子ども嫌いな小児科医に乱暴に押さえつけられ、はじめての予防接種を打たれたという人がいるが、彼はいまでも医者を避けている。

幼少期に権力を濫用されるとトラウマになるが、子どものころのトラウマのほとんどは、面倒を見てくれるはずの大人が実際にはあなたに無力感を植えつけるという、権力の濫用にある。たとえば5歳のときにあなたの家が火事で焼け落ち、「こんなことが起こりうるのだ」というあなたの恐怖や、「昨日まであったものをすべて失ってしまった」という途方もない喪失感に両親がすぐに対処してくれなければ、あなたは耐えがたい――トラウマの――感情を抱え、見捨てられたような気持ちになるだろう。

これは、大人からすると権力の濫用には思えない。というのも、そこに子どものニーズを無視する意図はなかったからだ。しかし子どもにしてみれば、大きな人が自分を守ってくれたかどうかに尽きる。

子どもにとって生来の反応にかかわるとくに大きなトラウマは、面倒を見てくれるはずの人との別れである。保護者から引き離された子どもは、まず抗議し（大きな声で泣く）、次に絶望し（身体を丸めてしくしく泣く）、やがて解離し、何事もなかったかのようにふるまう（ただしうつ病の兆候はのぞく）[1]。彼らは敗北を経験したのだ。敗北反応は彼らのエネルギーを節約するが、落ち込みと恥の感覚を残す。

敗北に伴う一時的な羞恥に加え、子どもが誰ともつながりをもっていなかったり、両親が離別や罰を与えたことについて後悔していなかったりすると、子どもは自分の核となる部分で愛されていないのだと感じるようになる。本当に責めるべき対象（大人）ではなく自分を責めてしまうという、この生得的とおぼしい傾向は、あなたが自分をうまく守る手立てを見つけるまで、あなたの行動を変えてしまう可能性が高い。

子どものころのあなたは、大人にとっては些末に思える別離などのトラウマに対しても、きわめて無防備だったことを心に留めておいてほしい。たとえば両親に、何かのおしおきでしばらく部屋に閉じ込められたとする。私たちは誰もが本能的に社会的孤立を恐れているので、これは恐ろしい状況だ。あなたは牢屋に閉じ込められたも同然に思う。自分にこれを止める力は？　ほとんどない。ランクが低すぎるのだ。

また、親はそうと気づかないうちに、子どもをからかったり、恥をかかせたり、ばかにしたりすることがある。子どものころに自分がからかわれたり、恥をかかされたりしたことがあると、この傾向はとくに強くなる。ほかにも親が強烈な力で、子どもに「競って勝たなくては」と思わせることがあり、そうすると子どもは常に不安を覚え、失敗したら見捨てられるという恐怖を抱えてしまう。もちろん、親が育児放棄したり、子どもを身体的に虐待したりすることもある。

子ども時代のトラウマをふり返る際は、心理的なトラウマは子どもの外側ではなく、内側で起こっていることを覚えておいてほしい。たとえばあなたが2歳のときに母親が2～3週間入院することになったら、いまのあなたにとっては大したことではないかもしれないが、当時のあなたにとっては一大事だったかもしれない。それは母親が入院しているあいだ、どの適度安心を得られていたかによって変わってくる。

同じように、火事で家が焼け落ちても、しっかり支えを得られていればトラウマにならないかもしれないし、一方で風船が破裂しただけでも悪夢になる可能性はある。

年齢が低いほど何らかの苦痛を伴う出来事はトラウマになる可能性が高い。4歳未満の子どもは、大人のような対処法や強い自我がないため、とくに傷つきやすい。4歳から12歳ぐらいまでは、もう少し成長すれば対処できるかもしれない経験に、まだ強く影響される。とくに両親がきょうだいや友達からいつもあなたを守ってくれるわけではない場合はその可能性が高い。

年齢に関係なく、ストレスフルな出来事があった際、両親や周囲の人からどれだけサポートがあったかも大きく影響する。母親が入院しても大好きなおばあちゃんが一緒にいてくれれば、父親が病院に通い詰め、あなたひとりで不安を抱えていても、ずいぶん救われるだろう。

加えて最初のトラウマのあとに同じことが繰り返されたり、新たなトラウマが重なったりすると、その苦痛は倍以上になる。なぜなら最初のトラウマですでにあなたは傷つきやすくなっていて、次のトラウマの影響を受けやすくなっているからだ。母親が入院し、さらに父親まで手が離せなくなると、あなたはふたりを失っただけでなく、誰からも守ってもらえないという感覚にさいなまれ、それが大きなトラウマとなってしまう。

最後に、トラウマのなかには子どもの心に鮮明な印象を残すものがあり、そうなるとほかのトラウマがいくつあろうと関係ない。それはたとえば、母親が入院し、そのまま亡くなってしまったことかもしれない。繰り返しになるが、あなたにとって人生を変えるほどのトラウマでも、別の人にとってはそうではないかもしれない。もちろん自分のトラウマを誇張すべきではないが、しかし一般的に人は、トラウマを否定し、過小評価する。

あなたの子ども時代のトラウマは、おそらくその大半が他者の行動に起因していると思われるが、このエクササイズは他者を非難するためのものではない。また責任を放棄するためのものでもない。あなたに過去の出来事に対する責任はないが、過小評価された自己を癒やす責任はあるのだ。そしてそのためには、過去のトラウマを思い出す必要がある。過去の出来事を非難したり、自分を憐れんだりするためでなく、現在の問題を修正するために。

次の子ども時代と大人になってからのトラウマのリストを見ながら、まずは自分に起こった出来事を確認し、リストに載っていないものがあれば追加してほしい。また当時の自分の年齢、サポートレベル、ストレスレベルを考慮すること。リストに書かれていることがそのままあなたのトラウマ体験と同じだとはかぎらないし、些細に思える体験でも大きなトラウマになっている可能性がある。その出来事が、あなた個人にどう影響したかを考えてみよう。

よくある子ども時代のトラウマ

- 恐怖や絶望にさいなまれ、いじめっ子を避けて生活しなくてはならないほど、頻繁にいじめられた
- 教室や運動場で恥をかかされた
- 友達になりたいと思っていた人から仲間外れにされた
- 留年した
- 数日間かそれ以上、遊び相手がいなかった
- 一緒にいるのが恥ずかしいと思う子が唯一の「友達」だった
- きょうだいに支配されていた
- 理不尽に厳しい両親だった
- 両親に厳しく非難された

- 捨てられると脅された――「泣きやまないと孤児院に連れていくぞ」
- 太っていたり、痩せていたり、ニキビがひどかったり、あるいはほかのことが原因で自分には魅力がないと思っていた
- 誰にも相談できなかったことに罪悪感を覚えている
- 10代のころ、交際に関して異常な問題を抱えていた

一般的ではなく、より深刻な子ども時代のトラウマ

- 両親やきょうだいが亡くなったり、重傷を負ったりしたことがある
- 自分や家族が命にかかわる病気や深刻な慢性疾患を患っていた
- 家族のなかに精神疾患、アルコール依存症、薬物依存症の人がいた
- 極度の貧困時代を経験したことがある、もしくは子ども時代を通じてストレスフルな貧困状態がつづいていた
- 頻繁に引っ越しをした、あるいは立ち退き、火事、自然災害などで家を失ったことがある
- あなたや家族が暴力犯罪の被害者になったことがある
- あからさまでもそれとなくでも差別を感じていた
- 家族によるネグレクト、身体的虐待、頻繁な言葉の暴力、性的虐待を受けたことがある、もしくは気づいていた

- 親が離婚した、もしくは親や保護者がいなかった
- 自分が両親に望まれて生まれた子どもではなかったと知っていた
- 自分の性格——活発すぎる、内気すぎる——のせいで、両親に好かれていないことを知っていた
- いつも親の精神的なケアをしなければならなかった
- 外見や、子どもとしてのふつうのふるまいに関して家族からよく批判された
- 10代のころはとくに大変で、薬やアルコールに溺(おぼ)れ、自殺をしたいと思ったことがある

子ども時代のトラウマを表にする

子ども時代のトラウマに関するふたつのリストを使って、こうしたトラウマや、その他のトラウマとなった出来事を思い出してほしい。ただし、いじめられたことであれ、家を焼失したことであれ、ひとつのトラウマが状況によってさまざまな影響を及ぼすことを忘れないように。

たとえばオードリーは5歳のとき、クリスマスツリーに火がついて家が焼け落ちてしまった。当時オードリーは不在だったが、両親は言葉を選んで慎重にその知らせを娘に伝え、恐怖や喪失感に対処できるよう力を貸した。祖父母が向かいに住んでいたので、オードリー一家は家の建て直しが終わるまでそこに身を寄せることになった。オードリーはこの経験を「冒険」として記憶している。昔と同じ、いやそれよりもすてきな家が、灰のなかから立ち上がってくるようすを見るのがとくに好きだったという。

メルの表

1	2	3	4	5	6	7	8
子ども時代のトラウマ	４歳未満	12歳未満	ほとんど／まったく助けがなかった	２回以上発生	同時に複数発生	人生を左右する／甚大な影響	落ち込み／羞恥を感じた
自宅が火事		✓	✓			✓	✓
父親が身を隠す		✓	✓		✓	✓	✓
母親の解雇		✓	✓		✓	✓	✓
学校をやめる		✓	✓	✓	✓	✓✓	✓
周囲に敬遠される		✓	✓	✓	✓	✓✓	✓

メルの家も火事になったが、彼女の経験は、人生を左右する幼少期のトラウマがさらなるトラウマを誘発し、落ち込みや羞恥を引き起こすいい例だろう。１９５４年、アラバマ州。白人至上主義団体「クー・クラックス・クラン（ＫＫＫ）」がメルの家に火をつけた。その年に（黒人である）メルの父親が投票に行こうとしたからだ。その結果、父親は身を隠さざるを得なくなり、母親は解雇された。

まだ11歳だったメルは、下のきょうだいを養うために学校をやめて働かざるをえなくなる。彼女の家族とかかわることを恐れて敬遠する者もいた。メルの衣服がみすぼらしくなり、勉強が遅れるにつれて、彼女とかつての友人たちとの溝は広がっていった。大人になり、やがて大学を卒業したメルは、自分を恥じるのではなく、父親の勇気を誇りに思うべきだと理解してもなお、慢性的に自分を過小評価している。

メルの表を参考に、巻末の付録Ⅱ「子ども時代のトラウマチャート」を埋めてみよう。最初の列にトラウマ体験を書き込み、それが4歳未満に起こった出来事であれば2列目にチェックを入れ、12歳になる前に起こった出来事なら3列目にチェックを入れる（2歳のときの出来事なら、4歳よりも12歳よりも前なので、両方にチェックを入れる。両方にチェックがある場合、より幼いときの出来事ということになり重みが増す）。

このトラウマ体験を癒やすための助けをほとんど、あるいはまったく得られなかった場合は4列目にチェックを入れる。同じトラウマ体験が2回以上繰り返された場合は5列目にチェックを。複数のトラウマ体験が同時に起こった場合は6列目にチェックを入れる。7列目は、そのトラウマから受けた影響の程度を示す。影響が大きいと感じたら、自分を無価値だと思う感情の背後にある決定的な出来事としてチェックマークをふたつ入れてもよい。また7列目に関しては、「よくある」子ども時代のトラウマ体験であっても躊躇せずチェックしてほしい。どの出来事も人によって与える影響力は異なる。そのトラウマのせいで数日以上落ち込んだり、恥を感じたりしたら8列目にチェックを入れる。

大人になってからのランクとトラウマ体験

個人のトラウマの歴史は、当然子ども時代にとどまらない。大人になっても多くのトラウマがあるし、その大半はたいていランキングに関するものだ。

たとえば、過度に競争を重んじ、ハラスメントやいじめを助長しやすい環境を生み出す職場がある。そういう職場環境にはもう慣れっこだと思っても、長いあいだ権力を濫用された経験は、たいていの場合トラウマとなる。その影響を受けていないと思うなら、おそらくそうした感情を自分から切り離しているのだろう。競争相手と一緒に狭いケージに入れられた動物は、負けると、当然ながら、強いストレスを感じて気落ちする。[2]権力を濫用されている状況で逃げられなかったり勝てなかったりするなら、あなたにも同じ影響が及んでいる。

子どもにとってストレスフルな出来事をトラウマに変える要因は、大人の場合も同じである——年齢、トラウマの数、トラウマの繰り返し、サポートの度合い。大人の場合、年齢よりも純真さのレベルのほうが重要だ。幼少期に愛情の欠如や、ランクの低さをそれほど感じなかった人は、大人になってはじめて権力の濫用といったトラウマ体験をすることになる。それが職場であれその他の人間関係であれ、その影響は、時折垣間見える世間の荒波に慣れている場合より深刻になるだろう。

一度にいくつものトラウマを体験したり、同じトラウマが繰り返されたりすると、同様に影響は大きくなる。大人の生活は子ども時代のそれよりも複雑であることから、大人になってからのトラウマはとくに波及効果が大きい。

たとえば長くつづいた関係に死別や離婚で終止符が打たれると、悲しみがうつにつながり、周囲に「乗り越えられない」理由を理解してもらえないかもしれない。また、職場でのパフォーマンスが低下し、プロフェッショナルとしての自分に嫌悪感を抱く可能性もある。さらには仕事を失い、経済的危機に陥り、人生をうまく組み立てられないことを恥じる場合もある。

社会的なサポートがあるかどうかで、その出来事がどれほどのトラウマになるかが決まることは多い。サポートがあれば、災難を通じて、周囲の人がどれほど自分を気にかけてくれるかを知る機会にもなりうる。しかし、とくに長いあいだ危機的状況にいると、いちばん必要なときに社会的支援が受けられない可能性もある。そうなると、もともとのトラウマよりさらに深く傷つき、深刻なうつや羞恥、将来に対する恐怖を感じてしまうかもしれない。

よくある大人のトラウマ

- 親友や恋人に裏切られる
- 親しかった人が遠くへ行ってしまう
- デートや職探しで何度も断られる
- 離婚する
- 深刻な慢性疾患を患う
- 職を失う、もしくは解雇される
- 差し押さえや不本意な引っ越しで家を出るはめになる、もしくは長期療養施設への入居を余儀なくされる
- 倒産、もしくは何年も多額の負債を抱えている

- 仕事上もしくは個人的に重大な失敗や、評判の失墜に苦しむ
- 重い病気と診断される
- 両親やきょうだいに、いまもばかにされたり拒絶されたりしている
- 自分が中毒になる、もしくは愛する人が中毒になる
- 言葉、身体的、性的嫌がらせを受ける
- 大切な人が深刻な病気を患ったり、亡くなったりする

一般的ではなく、より深刻な大人のトラウマ

- 政治犯になる、もしくはテロの被害者になる
- 紛争地域で暮らしている
- 重大犯罪の被害者になる、もしくは身近な人が被害者になる
- 他人の死を目(ま)の当たりにする、もしくは自分の死期が迫っている
- 逮捕、もしくは投獄される
- 重大な訴訟の被告になる
- 残酷な噂話(うわさばなし)や誹謗中傷の対象になる、もしくは永遠に評判を損なう
- 見た目が損なわれたり、障害を負ったりする
- 事故、火事、その他の惨事を自分自身、もしくは他者に対して引き起こす

大人になってからのトラウマを表にする

大人になってからのトラウマもまた、自己の過小評価につながる場合がある。大人の場合、ひとつの嫌な出来事が別の嫌な出来事へと、とくに簡単につながっていく。たとえば、子どもを失ったストレスで結婚生活が破綻することがある。トラウマとなるのは、その際のすさみ方がひどい場合だ。

サムはソフトウェア会社で契約社員として働いている。仕事は好きだし、うまくこなしている自信もあり、いずれ正規で雇ってほしいと思っている。24歳になった彼は、昔よりはるかにたくさん稼いでいた。そこで叔母の死後、わずかな遺産を受け取ると、分譲マンションを購入。また、とても魅力的な女性と交際を開始し、彼女との結婚を考えていた。

サムは上司の教えどおり、業務改善のための質問をするようにしていた。サムの上司が病気で休んでいたときのことだ。サムは納期に間に合わせるため、上司の上司であるテッド（サムにとてもよくしてくれていた人物）に電話した。テッドはサムの質問に答えてくれたが、のちにサムは、この質問のせいでテッドにひとりで仕事ができない無能な人間だと思われたことを知る。

サムが期待していた正社員採用の枠が空くと、たまたまテッドの友人だったほかの同僚に先を越され、それどころか、サムは契約の終了を告げられてしまう。自分に対する非難も、上司が軽薄な言い分で友人を昇進させるのもまったく公平ではなかったので、サムはショックを受ける。サムは一連の出来事は自分のせいではないと言い聞かせながら、自分を過小評価する気持ちを抑えていた。ところが追い打ちをかけるように、直属の上司はサムの肩をもたず、サムはこのポジションにふさわしくないというテッドの主張に同意したことを知らされる。

サムの自分に対する気持ちは大きく揺らいだ。自分の行動を何度もふり返り、あらゆるポイントで自分の非を見出した。さらに悪いことに、失業しても住宅ローンの支払いがある。魅力的な彼女は突然彼に興味を失い、呆然自失のサムは赤信号を無視して深刻な自動車事故を起こしてしまった。

けがから回復し、仕事に応募したサムは、しかし何度も断られた。やがてローンの支払いのため、実家に助けを求めた電話をかけたが、無神経な父親は典型的な言葉を投げつけた。「だから言っただろう。契約社員なんて使い捨てだって。そうなったらもうほかの会社は『なんでこいつは正規で雇われなかったのか』っていぶかって雇ってくれないぞ」

結局サムは別の仕事を見つけたものの、はじめての家と、はじめて結婚したいと思った女性を引き留めるには遅かった。この一連のトラウマ経験は、サムにこのあと何年も挫折感を味わわせることになる。サムはセラピーで解決するまで、たとえ周りに知られていなくても、こうした喪失に苦しんだ経験を恥じて、内に秘めつづけてきた。この間、恋愛のチャンスも昇進のチャンスも何度か断ってきたという。

これからあなたは、子ども時代のトラウマを表にしたように、大人になってからのトラウマ

サムの表

1	2	3	4	5	6	7
大人のトラウマ	「世間知らず」のころに起こった	２回以上発生	同時に複数発生	ほとんど／まったく助けがなかった	人生を左右する／波及効果	敗北感／羞恥を感じた
失業	✓			✓	✓✓	✓
失恋	✓		✓	✓	✓	✓
家を手放す	✓		✓	✓	✓	✓
いまも家族にばかにされる		✓	✓	✓		✓✓
大きな自動車事故を起こす	✓✓		✓✓	✓✓	✓✓	✓✓

の表を作成する。繰り返すが、このエクササイズは誰かを非難したり、責任を放棄したりするためのものではない。むしろ過小評価された自己を癒やすための責任を全うするための道程の一部である。

大人になってからの「よくあるトラウマ」と「一般的ではないトラウマ」リストの両方を参考にしてこれまでのトラウマ体験を思い出し、リストにないものは追加していってほしい。それから巻末の付録Ⅱ「大人になってからのトラウマチャート」の1列目に、あなたのトラウマ体験を書き込んでいく。

その出来事が成人してすぐ、比較的世間知らずなころに起こった場合は2列目にチェックを入れる。そのトラウマ体験が2回以上起こった場合は3列目にチェックを。複数のトラウマが同時に起こった場合は4列目にチェックを入れる。

トラウマを負った当時、社会的支援がなかった、もしくは誰にも言えないと感じた、もしくは誰も助けにならなかった場合は5列目にチェックを入れる。

そのトラウマが「一般的ではない」場合、もしくは自分を過小評価したり、波及効果で別のトラウマを引き起こしたりするほど強烈なトラウマだった場合は6列目にチェックを。そのトラウマのせいでひどく落ち込んだり、恥ずかしさを感じたりした場合は7列目にチェックを入れる。


選んだ項目が「一般的ではなく、より深刻な大人のトラウマ」リストにあるもの、あるいはあなたがそのリストに追加したものなら、強調のために、すでにチェックを入れた6列目の横にふたつめのチェックを入れてほしい。ここではより深刻なトラウマを見極めていくことになるが、リストはその参考になるだろう。

表のサムの事例では、トラウマ体験は「よくあるトラウマ」の「家族に繰り返し嘲笑されたこと」と、「職を失ったこと」だが、ここから「自動車事故を起こす」という「一般的ではなく、より深刻な大人のトラウマ」へと波及してく。

トラウマ体験が自己の過小評価につながる理由

敗北や失敗を伴うトラウマが全般的な無価値感につながる理由は第1章で説明したとおりだ。しかし、どの程度の虐待の体験であっても影響は避けられない。強盗にあったり、レイプされたり、飲酒運転の車に轢(ひ)かれたりしたら全面的に相手が悪いと思うだろうし、問題を抱えているのは自分ではなく相手のほうだとわかるだろう。

しかし実際は、戦争で捕虜になった人が言うように、無力感を味わうと、たとえ自分ではどうしようもなかったとしても落ち込みや羞恥という同様の敗北感にさいなまれることになる。この場合の敗北反応は、おそらく捕虜が反撃するのを抑え、命を救うのに寄与する。しかし無力感を味わうと「もう少しうまく対処できたはずだ」と感じるかもしれない。こうした感情もまた（今後の教訓にしようと思う点では有意義だが）自分を卑下し、自分を過小評価することにつながっていく。

水害、事故、病気などでも、無力感や挫折感にさいなまれ、落ち込みや恥、自分の価値を全般的に下げるといった生来の敗北反応につながることがある。自分を責めることで多くの保険に加入し、あるいは健康的なライフスタイルを送れば、将来をきちんとコントロールできるかもしれないという感覚を抱かせるのだ。[3]

しかし、それには代償が伴う。いまの状況を「引き起こして」しまったという恥に対処しなければならない。そして、たとえ自分には本当にどうしようもなかったことでも、「不運だった」「罰が当たった」と恥じ入り、みんなに同情されていると感じたり、自分は「運のいい」人と違う扱いを受けていると感じたりする可能性がある。

また、トラウマを経験するとすぐに自分を過小評価してしまうのには特定の理由があるかもしれない。先ほどの表でチェックマークが多かった人は、すでに過去のトラウマで自分を過小評価しやすくなっている。そこに「偏見」、「繊細」、「幼少期の不安」といった３つの要素が加わると、ますます傷つきやすくなる。

偏見にまつわる特殊な問題

人種、民族などの偏見は、自尊心に大きな影響を与える。人生の早い段階でそうした偏見を経験しているならなおさらだ。この場合、おそらく子どもは両親が偏見にさらされる場面にも遭遇しているだろう。

私たちは誰しも、集団から疎外されることをひどく気にかけ、除外されると羞恥を覚える。そのため、偏見に見られるような権力の濫用はとくに陰湿だと言える。偏見は、それ自体が腹立たしいうえに、悲しみ、不安、落ち込みといったネガティブな感情を増大させる。マイノリティーの人々は、自分たちをポジティブなものと結びつけにくく、これが自尊心全般に影を落とす。[4] 実際、偏見の影響は非常に大きく、そうした経験が多い人ほど寿命が短い傾向がある。[5]
偏見は人生におけるトラウマの影響をひどく悪化させる。子どものころクー・クラックス・クランに家を焼かれたメルの話を思い出してほしい。家、父、家族の経済的安定、そしてコミュニティーや友人に対する自分の立場を失った影響は、アフリカ系アメリカ人であるがゆえに受けてきた偏見によってますます増幅された。

さらに彼女は、のちに人種や能力とはまったく関係のないトラウマを経験した際にも、同様の無力感、落ち込み、恥を覚えている。

たとえば、自分の寝ていたゲストルームの屋根を突き破って落ちてきた木の枝のせいで腕を骨折したことがある。救急処置室に運ばれたメルは、自分の運の悪さがけがを引き起こした気がして、恥ずかしくて仕方がなかった。そして自分にはちゃんと手当をしてもらう資格などないと感じた。母親が亡くなったときでさえ、同様の無力感、落ち込み、恥を覚えている。もっと母親の面倒を見るべきだったと悔やみ、自分には何カ月も悲しむ権利も、あるいは理由もないと考えたのだ。

子ども時代と大人になってからの「トラウマチャート」を見返し、人生の早い時期に偏見を受けた、もしくは頻繁に受けた経験がある場合、すでにチェックマークのついている項目の横にさらにチェックマークを追加してほしい。これにより、偏見があなたのトラウマ体験に与えた影響を視覚化できるようになる。

生来の高感度の影響

トラウマの影響を増大させる別の要因として、高感度（high sensitivity）という遺伝的特性がある。私は愛と権力に関する問題に取り組む以前に、生来の高感度に関する研究、執筆を行ってきた。高感度は過去に、内気、内向性、神経症という誤ったレッテルを貼られてきたが、しかしそのどれでもない。とても敏感な人（highly sensitive people）は人口の約20％を占めているが、これは少数派だ。[6] この特性は男女ともに発現し、生まれたばかりの新生児にも認められ、大半の（おそらくはすべての）種に見られる。[7]

周囲の些細なことに気づきやすく、豊かな内面世界を持ち、人より多くの休息を必要とし、カフェインや痛みに敏感で、すぐに驚き、騒々しい音や環境、締め切り、生活の変化に圧倒されることが多ければ、おそらくあなたはとても敏感な人だろう。平均して、敏感な人々は創造的で、良心的で、協力的で、結果を予測できる傾向がある。たとえば気候変動を最初に心配したのは、たぶんこうした人たちだ。リスクを嫌う彼らは、危険を察知し、十分な保険をかけて、自分や愛する人の健康に気を配る。

この特性は大きな財産である一方、敏感な人々はたいてい、いくつかの理由から自分のことをよく思っていない。第一に、過剰な刺激を受けていい気分になる、あるいはいいパフォーマンスができるという人はいないが、周囲の状況にいち早く気がつく彼らは、ひといちばい刺激を受けやすい。そのためテストを受けたり、人に見られたりすると、ほかの人より、そして自分が思うよりも、力を発揮できないことがある。自分が人より敏感であることを理解していないと、こうした「失敗」を完全に誤解してしまう。

また敏感な人々は、フィードバックにも影響を受けやすい。自分のミスを分析して学ぶ彼らは、必然的にほかの人より自分のミスを気にかける。そのせいで批判が彼らの自尊心全般を劇的に貶めてしまうのだ。

さらに、少数派の彼らは偏見の対象になることもある。そして「どうしてそんなに何でも気にするの?」といった言葉をしょっちゅう投げかけられる。この敏感性は才能である、という認識を高めていかなければ、敏感性に関する世間の否定的な見方を吸収してしまうだろう。

最後に、高度の敏感性は感情にまつわる出来事全般に大きな影響を与え、子ども時代のトラウマに対してとくに大きな傷跡を残す。「ちょっとしたこと」で大きな影響を受けると恥ずかしさの原因にもなる。「もういい加減そのことは忘れたら?」と人から言われても、それほど簡単にはいかない。

子ども時代と大人になってからのトラウマチャートに戻り、もしもあなたが人より敏感なら、すでにチェックマークをつけた項目の横にもうひとつチェックマークを追加してほしい。偏見と同じく、これによりあなたの敏感性がトラウマ体験に与える影響を視覚化できるようになる。

子ども時代の安心感の影響

母親や父親への愛着は、あなたの知る最初のつながりだ。愛着に関する研究では、このつながりが担保されているかどうかが、その他すべてのつながりの安心感に影響を及ぼすことが明らかになっている。[8] 母親や父親との最初つながりが安心できるものでなければ、あなたはいまも不安を感じているだろう。およそ40％の成人が身近な人間関係に不安を抱いている。

不安定なつながりは、おそらく自分を過小評価しているか否かの最大の判断材料だろう。安心できるつながりがあれば、リンキングの観点から世界を見られるようになる。そして他人の好意を確信し、他人の助けを得られると信じるあなたは、この世界をそれなりに安全だと思う。

一方で不安定なつながりは、あなたにランキングの観点から世界を見るよう促す。そして困難に直面すると、他人の好意を期待せず、自分のランクを低く見積もり、自分の味方は誰もいない、自分のために立ち上がってくれる人はいないと思うようになる。

不安とは、子ども時代に最初の経験するべきつながり（リンキング）が、競争（ランキング）になってしまうことだ。子どもの人生をコントロールするという点で、大人は常に子どもより高いランクにいる。しかし、子どもが自分に向けられる権力を愛情ゆえだと感じられれば、すべてが変わってくる。親が安全な愛着を育む気がないケースのように、権力の背後に愛情がなければ、子どもは親の権力、自分の低い地位、無力感、継続的な敗北感を思い知らされるだけになってしまう。

驚くことではないが、慢性的なうつは不安定な愛着の結果であることが多い。どうやら幼い子どもが自分の欲求が満たされないときに感じる敗北感は、完全には消し去ることのできない落ち込みという敗北反応に向かわせるらしい。

最初のつながりがどんなものだったかは覚えていないかもしれないが、いまの自分の行動を見ればその性質を想像することができる。最初の愛着、とくに不安定な愛着を考える際にもう一度思い出してほしいのは、その事実を責めるのではなく、自分を過小評価してしまう理由を理解することで、こうした傾向を修正できるということだ。もしかしたら両親は忙しかっただけかもしれないし、ストレスが溜まっていただけかもしれない。もしくは両親自身もいい育てられ方をしなかったのかもしれない。[9]

不安には、ふたつのタイプ――不安性と回避性――がある。不安を感じている人は、状況によって自分のタイプが変わることに気づくかもしれない。あなたは自分のランクが低いと不安を覚え、高いと回避したくなる。それでも、自分の傾向を見極めることはできるだろう。

安心

安心感があれば、大人になっても比較的簡単に他人と親しくなれる。相手に頼ったり頼られたりすることに抵抗がなく、自分を愛していると言ってくれる人に、見捨てられたり、支配されたりすることをあまり心配せず、自己防衛が必要になっても、相手をひどく苦しめる、非難、誇張、投影を用いることはないだろう。

不安性の不安

あなたの不安が不安性に属するものなら、つながりのある人物を理想化し、その人物に愛想をつかされるのを恐れる傾向にある。子どものころ、おそらくあなたの両親は一貫性がなく、あるいは厳しい条件のもとでしか愛してくれなかったため、あなたの頼るべき手段は、親と比べて自分を過小評価し、彼らを喜ばせることだった。大人になってからは、つながりのある関係のなかでも自分に順位をつけ、つながりがつづくかどうかを決める力は自分にないと考える。たとえすぐにまた会えると、あるいは望めばすぐに会ってくれるとわかっていても、大切な人に別れを告げるのがことのほか苦しい。意識的、または無意識的に、自分には別れをコントロールできず、誰かに見捨てられてもどうすることもできないと思っているのだ。不安定な人はどちらのタイプであれ、自己防衛を頻繁に使い、なかでも非競争を――無意識下では気になって仕方がないにもかかわらず、ランキングとそれに伴う危険を避けるために――多用する。

回避性の不安

あなたの不安が回避性に属するものなら、不安を認めるのは難しいかもしれない。というのも回避性の戦略の本質は、つながりたいという欲求を無視することにあるからだ。あなたは、つながりのある人間関係は自分にとって重要じゃないと言うかもしれない。かりに大切な人ができても距離を保とうとするかもしれない。たとえば友人から会おうと連絡があっても、すぐには返事をしない。

なぜだろう。自分は相手が気にするほど気にしていない、というそぶりをするのが好きなのだ。しかし本当は自分も相手のことを気にかけている。その友人がしばらく連絡をしてこなければ、あなたから連絡をするからだ。それでも相手が応答すれば、やはり会うのをためらうかもしれない。この一連の流れは、もちろん無意識ということもありうるが、自分が主導権を握るための手段である。

回避性の不安を持つ人は、つながりを避けたり、他人は必要ないというそぶりをしたりする以外にも、別の方法で自分を高くランクづけしようとする。あなたの両親はおそらく、ほとんどいつもランキングモードで、そのため愛のない権力をふりかざし、身体的、感情的にあなたをネグレクトしたり虐待したりしたかもしれない。

こうした扱いに対して感じていた、そしていまでも無意識に感じている恥を避けるために、あなたは「がんばりすぎ」や「誇張」の自己防衛をしばしば用いる。ランクを高めることに意識を向ければ、他者を必要とする危険性も避けられる。あなたにとって他人は頼りにならず、それどころかあなたをコントロールするために、あなたの示したニーズを利用するかもしれない存在なのだ。

いずれのタイプであれ、あなたが不安定な愛着を抱いていても（子どものころよりずっと困難で時間がかかるものの）この先安心を得ることはできる。本書の目的は、あなたが「安定感のある」大人になるのを助けることだ。

不安定な愛着を抱いている人は、子ども時代と大人になってからのトラウマチャートを見返し、すでにチェック済みの項目の横にチェックを追加してほしい。これにより、不安定な愛着があなたのトラウマ体験に与えた影響を視覚化できるようになる。

キットの不安性の不安と過小評価された自己

29歳のキットは、ある精神科医から私のもとへと送られてきた。キットの反復性うつ病を薬で治療していた精神科医が、心理療法も効果があるのではと考えてのことだった。キットの最大の問題は、20歳のころから同棲しているデニスを説得し、結婚することだった。デニスは結婚を考えていないわけではなかったが、いっこうにプロポーズをしてこないのだという。

キットの初恋は幼稚園のときで、それ以来ずっと誰かに恋をしてきた。先生、キャンプカウンセラー、特別に優しければ医者にさえ。恋のきっかけはどうやら優しさで、その後、相手に気づいてもらえるか、好きになってもらえるか、といった不安と興奮の入り混じった妄想の時間が延々とつづく。

しかし、デニスとの生活はそれほど幸せではなかった。最初のうちこそデニスはとても優しかったが、いまでは彼女を失望させている。少々酒量が多く、友人としょっちゅう一緒で、彼女の興味のないスポーツ観戦に出かける。それでもキットは彼との別れを本気で考えたことはなかった。

キットの子ども時代は幸せで、母親との関係も良好だったという。だが母親がキットを身ごもったと気づいたとき、両親は離婚の危機に直面していたことを認めた。結婚生活はそれから2年つづいたものの、まったく幸せではなかった。その期間はおもに、母親が看護学校のプログラムを修了しキットを養えるようになるための時間稼ぎで、キットは一日の大半を祖母と過ごしていた。その作戦は悪くなかったかもしれない。しかしキットが9カ月のとき、祖母はがんと診断された。

それからは、キットの4人のおばが母親不在のあいだ交代でキットの面倒を見てくれた。おばたちは自分の家族や仕事に忙しく、キットが「あれほど大人しくて、行儀のいい子」でなかったらきっと厄介に思われただろう。唯一の問題は、キットが悪夢にうなされることだった。キットは親戚の家にいるよりも、自宅のワンルームアパートで母親と過ごしたいと思っていたことを覚えている。キットは知らなかったが、その当時母親は再婚を考えている人がおり、キットと過ごす時間はきわめて少なかった。実際母親はキットが5歳のときに再婚し、キットが7歳のときに双子の兄弟を出産した。

双子の誕生は、ほかの子どもにとっては幸せな出来事、あるいはせいぜいストレスを感じる程度の出来事だったかもしれない。だが、キットにとってはトラウマだった。キットの悪夢は増え、理由もなく頭が真っ白になり、不安に襲われたという。

しかし「ママの小さなお手伝いさん」になることを期待されていたキットは、自分が受け取ることのなかった母親からの愛情を生まれたばかりの赤ん坊たちが受け取っているのを見ても、その痛みを認めることはできなかった。やがてキットは、自分では愛に満ちた幸せな子ども時代だと思っていたものが、じつはそうではなかったことに気づく。母親もほかの保護者たちも、ほとんど不在だったか、自分に集中していなかったのだ。

こうした初期の数年間のせいで、キットは親密な関係に不安を覚えるようになる。母親の一貫性のない愛情が原因で愛に飢え、慰めとなる空想のなかで惜しみなく受け取ることを夢想した。しかしこうした夢想は現実の親密関係とは異なり、だから、すぐにデニスに失望したのだ。と同時に、キットは自分に誰もいなくなることを恐れ、失望を伝えられないでいた。こうした関係はもはやリンキングの関係ではなく、彼女が下位に位置するランキングの関係である。過小評価された自己がキットの人生を支配していた。それは幼いころ、誰も自分と一緒にいたがらないという恐ろしい事実を前に、自分を責めていたあの当時から時間が止まったままのようだった。

キットの過小評価された自己のせいで、デニスも彼女を過小評価し、意見を言えないようにしていた。しかし一緒に問題に取り組むうち、キットは私に、彼女の幼少期のニーズを満たし、自分は何も悪くないのに苦しんでいた幼い少女のために悲しむことを許してくれた。その結果、彼女はデニスのことをより客観的に見られるようになった。キットは、結婚してくれないならデニスと別れようと決意したが、結局キットの自信に満ちた、寛容なようすを見てデニスは腰を落ち着ける気になったのだった。現在キットのうつ症状は抑えられ、デニスとのあいだにふたりの子どもがいる。彼女が言うように「ふたりの関係は良好」だ。

トラウマと感情のスキーマ

これまでのことを合わせるとどうなるか？　自己を過小評価する生来の可能性、トラウマの歴史、敏感性、偏見を受けた影響、日常の不安感。これまで経験してきた過去のトラウマごとに、あなたは感情のスキーマを築き上げてきた。[10] スキーマとは、トラウマの周囲に集まる思考、感情、記憶、知覚、社会感情、自己防衛、生来の反応傾向のことだ。トラウマに関連したことが起こると――記憶、状況、会話など――こうしたスキーマが現れる。

感情のスキーマは、緊急時、トラウマに関するあらゆることをきちんと整理しておくのに役に立つ。すでに承知のとおり、あなたの人生は自己の過小評価へとつながる、トラウマに関する落ち込みや恥の感情を避けるためにその多くが費やされている。トラウマを繰り返すことによる身体的、心理的苦痛を避けるために、あなたは万全の準備をする。感情のスキーマは、最初のトラウマと類似のものを危険の兆候だとみなすことで、こうした苦痛を回避するのを助けてくれるメカニズムだ。いわば、大きな防衛手段なのだ。

さらに、感情のスキーマに保存されている記憶や感情はあまりに痛ましいものであることから、隠されたままになっている。ブラックホールのように、見えないところで成長をつづけ、知らないうちに人生の多くの部分を吸い取っていく。最初のトラウマに少しでも似た体験はリストに追加され、場合によってはこうした体験が防御反応を引き起こすきっかけとなる。

この反応は、あなたが傷つきそうなときには適切だが、通常はそうではない。そしてあなたのトラウマの多くは、無力感、敗北感、ランク上位者からの虐待などに関係しているため、感情のスキーマは常に、ランキング、過小評価された自己、スキーマの一部である自己防衛モードに切り替えるようあなたを促す。

感情のスキーマの性質は、トラウマによって異なる。裏切りは嫉妬を、虐待は一般的な不信感を、別離を止められなかった無力感は喪失に対する深い恐怖へとつながる。感情のスキーマの具体的な内容によって、その引き金となるもの、引き金が引かれたときに用いる自己防衛が決まる。

たとえば、少女時代にふたりの親友に裏切られた経験のある人は、女性ふたりと一緒にいると裏切りを恐れるかもしれない。この際の典型的な自己防衛は、最小化、非競争、投影である。あるいは、子どものころにしょっちゅうひとりにされていた人は、別離に対してとりわけ無力感を覚え、自分を守るために、がんばりすぎや誇張の自己防衛を用いることが多いだろう。さらに、不安定な愛着、偏見、敏感性は、それ自体が感情のスキーマを生み出す。

感情のスキーマは、きつく絡みついていて完全に取り除くことはできない。引き金が引かれる瞬間が減り、たとえ引き金が引かれても、その状態がすぐに終わることを願うしかない。実際、感情のスキーマはあなたの人格を構成する要素なのだ。あなたに深く影響を及ぼすため、あなたがどういう人物で、何に突き動かされるかは、感情のスキーマによるところが大きい。

しかしそれがリンキングに大打撃を与える場合もある。トラウマはたいてい人間関係に関連しているので、感情のスキーマは人間関係、とくに身近な人間関係が引き金になることが大半だ。ここでは、過去の経験（現在の人間関係に支障をきたす可能性のあるもの）によって引き起こされた、一般的な感情のスキーマを紹介する。

- **嫉妬**　引き金になるのは、あなたの大切な人が誰かのことを好ましいと口にしたとき、あるいはあなたの大切な人があなたのいないところで誰かと一緒に過ごしたのを知ったとき。
- **別離への恐怖**　単に別れを告げるとき、あるいは大切な人がスーツケースに荷物を詰めているのを見たとき。
- **あからさまな身体的、性的、言葉の虐待への恐怖**　誰かが大声を出したり、あなたに向かって急な動きをしたり、誰かから性的な誘いを受けたりしたとき。
- **支配、搾取されているという感情**　誰かに指示されたり、貸したものが返ってこなかったり、自分のアイディアを勝手に使われたりしたとき。
- **「男らしくない」「女らしくない」ことへの恐れ**　男性の場合、誰かに繊細さを指摘されたり、女性が自分に無関心だと感じたりしたとき。女性の場合、異常な野心、未婚であること、子どもがいないこと、子どもがひとりしかいないことを指摘されたとき。

- **他人のせいで自分の夢がかなわなくなることへの恐れ**　この感情のスキーマは、親密な人間関係で引き起こされることがある。たとえば相手がお金を使いたがって、あなたの目標に向けて貯金ができないときなど。
- **他人に従順でなければ、喜ばせなければと思う気持ち**　誰かがあなたにイライラしたり、あなたとは異なるニーズをもっていたりするとき。

あなたの感情のスキーマはどの程度深刻だろう？　私はかつて、私のことをとても愛してくれている夫のことを「悪の権化」と呼んだことがある。あなたも現在の状況と、過去に権力を濫用されていた状況とを混同したことはないだろうか？　私たちの関係があのとき終わりを迎えなかったのは本当に幸運だった。

感情のスキーマの引き金が引かれるとどうなるか？

感情のスキーマの引き金が引かれると、自分で自分がよくわからなくなることがある。トラウマの結果解離したスキーマは、引き金が引かれるまでふだんの意識にのぼってこないからだ。そのため、たとえそれがあなたの奥底にある一部分であっても、不意打ちを食らうことがある。

「え、私が？　嫉妬？　まさか」。そしてあとになって、自分の行いを改めて恥じ、「どうかしていた」自分を過小評価してしまうのだ。

たとえば、あなたは子どものころいじめにあっていたことを認識しており、そのトラウマのせいで、しばしば敗北感と無力感に襲われる。このトラウマは、社会的拒絶のあらゆる事例を（しかも拒絶の恐怖を感じるたびに、それさえも）記録した感情のスキーマの種である。あなたは学校で自信がもてず、とりたてて人気者ではなかった。あなたは何度も引っ越しを経験していて、それが問題にならない子どももいるが、あなたにとっては知らない人たちのなかで認識されないことは、社会的拒絶という感情のスキーマを増幅させるだけだった。

いまのあなたは仕事も順調で、友人や家族との付き合いも多く、概して人生を楽しんでいる。しかし知らない人ばかりのパーティーに参加すると、いつも人見知りがひどくなり、何を話せばいいのかわからなくなってしまう。あなたは彫像のように立ち尽くし、今後はこうしたイベントに参加するのはやめようと思う。しかしいまの自分の成功や幸せを思うと、毎回人見知りをする自分に驚いてしまうのだ。そしてあとから、自分の「愚かな」ふるまいにいらだたしさと恥ずかしさを覚えることになる。

この事例のように、感情のスキーマはあらゆるトラブルの原因となる。しかしそれらが引き起こす問題のひとつは、引き金が引かれると、築けたかもしれないリンクを破壊してしまうことだ。そうなると、そばにいる人から離れて、最初のトラウマに関連するあらゆるものと一緒に、ふたたびトラウマの世界に足を踏み入れることになる。

いじめから始まったトラウマのせいで、やがてさまざまな場面での敗北や拒絶を恐れるようになったあなたは、知らない人がいる部屋に入ると、学校でいじめられ、自信をなくし、誰よりも苦しんでいた転校生に逆戻りしてしまう。このドラマであなたは「誰も自分とは友達になりたがらない」という記憶を追体験する。

自分で書いたランキングの台本のなかでは、たとえその場にいる多くの人々があなたとつながりたいと思っても、彼らはただの役者にすぎない。このドラマにおけるあなたの役割は、誰かに愛想よく話しかけられても黙り込んでいること、そして他者の役割は、どんなにあなたのことを思っていてもあなたを拒絶することだ。

感情のスキーマはつながりを絶つだけでなく、友人同士がその場で、ひょっとしたら永遠に憎み合うことになる可能性もある。これはたとえば、裏切られた一方が嫉妬のスキーマを募らせて、相手の行動を常にコントロールするしか解決策がないと思い込んだ場合などに起こる。これほどスキーマに支配されるというのは驚きだが、スキーマの目的がさらなるトラウマを避けるための手段であることを思えば、すべて道理にかなっている。

学んだことを実践する

この章では、あなたの過小評価された自己の程度を見極め、過去のトラウマを特定し、結果として生まれた感情のスキーマについて検証してきた。こうしたトラウマや感情のスキーマには概して敗北や無力感、それに伴う落ち込みや恥が含まれる。また、偏見、敏感性、不安定な愛着がトラウマの影響を大きくするという話もノートに書き込んだことと思う。

過小評価された自己にまつわるトラウマの影響を完全に理解する

自分についてわかったことをふり返ってみよう。これにはかなりの時間がかかるかもしれない。次のタスクを行いながら、自分のノートに答えを書き込んでいこう。急ぐことなく、じっくり考えてから書き込んでほしい。

1 本章のはじめのほうで行った自己評価「自分をどの程度過小評価しているか？」のスコアをふり返ってみよう。自分を過小評価しているせいでどの程度苦しみ、チャンスを逃してきただろう？　子ども時代、過小評価された自己が家庭と学校の両方にどんな影響を及ぼしたかを思い出しながら、体系的に考えてみてほしい。

たとえば社会的に自信がなかったり、プレッシャーに押しつぶされるのが怖くてスポーツに参加しなかったりしたことが原因で、身体の発達に影響があっただろうか？　テストの結果が悪かったり、質問をするのが怖かったりしたせいで、学業面での発達に影響はあっただろうか？　内気だったり、怒りっぽかったりしたせいで社交性の発達が制限されただろうか？

できるだけ具体的に書いてみよう。次に高校時代の恋愛、友情、進路、キャリアアップに目を向ける。やりたかったことと、過小評価された自己のせいでできなかったことは？

2 子ども時代のトラウマと大人になってからのトラウマチャートでチェックをつけたトラウマの項目とその密度を考えてみよう。過小評価された自己にとって、これはどんな意味をもつだろう？　一般的に、チャートのチェックマークが「濃い」ほど、自分を過小評価している度合いは大きい。

感情のスキーマに対処する

感情のスキーマは人格の根底をなすもので、完全に消し去ることはできない。あなたの目標は、感情のスキーマの引き金が引かれる頻度を抑え、引き金が引かれたらすぐにそれを認識できるようにすることだ。そのためには、自分の感情のスキーマをよく知る必要がある。スキーマは認識しにくいものなので、さまざまな角度から理解できるよう努めてほしい。

1 人生におけるそれぞれのトラウマについて、その結果生じたスキーマをふり返ってみよう。たとえば評価されていたはずの会社で、従業員のニーズを全然考えていなさそうな経営陣から突然首を宣告されたら、あなたはきっと次の職場でもなんとなく疑心暗鬼になるだろう。

このスキーマは、たとえあなたがこのトラウマをうまく避けられるようになっても消えることはない。いまの例では、ひょっとするとあなたは雇用主に依存しなくていいよう、自分でビジネスをはじめるかもしれない。

2 各トラウマに関連した状況と、それによって引き起こされる特定のスキーマについて考えてみよう。先ほどの例では、自営をすることで元となったトラウマを回避したかもしれないが、今度はクライアントから「お払い箱」にされることが最大の懸念となる。感情のスキーマは常に存在し、少しでも類似性があればすべて飲み込もうとその範囲を広げていく。

3 感情のスキーマが引き起こされたかのようなふるまいをしたときのこと、「自分らしくなかった」ときのことを考えてみよう。

黙り込んだり、好戦的になったり、声が異常に大きくなったり妙に小さくなったりした。断定的な(「常に」「断じて」などすべてに白黒つけたがるような)物言いをし、周囲がこの状況を自分と同じように見られないことが理解できなかった。その状況に対して必要以上の怒り、恐れ、悲しみなどの強い感情が湧き上がった。人を不当に扱い、疑いや恐れを抱き、あるいは異常なほど慈しんだり恋しがったりした、など。

4 自分のスキーマを探求する際には、あなたのことをよく知る人物の助けを借りるといい。感情のスキーマについて説明すれば、相手はあなたの感情のスキーマやその引き金となるものについて教えてくれるかもしれない。

ただし、穏やかな口調で話してもらうこと。そしてふたたびスキーマの引き金を引かないよう、科学者が答えを探求するような客観性を保つこと。

感情のスキーマが発動していると感じたら、あなたはすでに無意識の力に抗(あらが)うための意識的な知恵を備えている。何が起こっているかを理解しているのだ。スキーマを自分のなかにいる自律した人物だとみなすと、役に立つ場合がある。

その人物が興奮しはじめる前に会って落ち着かせ、なんならその扉を閉めてみてほしい。「ミスター無口」や「嫉妬人間」など名前をつけてもいい。説得、わいろ、懇願、おだて、交渉、妥協――あとで自分が後悔するような言動を主張されないためなら何でもする。

たとえば、恋人が浮気をしているのではないかとふと感じたら、「嫉妬人間」にこう伝えよう。「彼女にこの件をもう一度確認して、そのときの彼女の表情に注目してみる。ただし彼女がいないときに勝手にメールを見たりはしない。これは自分の信念に反するし、それこそ彼女が自分のもとを去る理由になってしまうから」と。

過小評価された自己の歴史

これまで自分をどれだけ過小評価してきたか、また、偏見、敏感性、不安定な愛着の役割を含め、自分が経験してきたトラウマのタイプや度合いについて気づいたことを要約し、1〜2ページにまとめてみよう。その結果どんな感情のスキーマが生まれただろう？

のちの章で、こうしたトラウマが原因でいまの自分に生じている感情に深く取り組んでいくが、その際、この歴史をふり返ることが重要になってくる。

第４章

過小評価された自己をリンキングで癒やす

Healing the Undervalued Self by Linking

あなたはいまや、自分を過小評価する生来の原因と、それが容易に敗北、落ち込み、恥へとつながる理由を理解した。そして痛みを避けるために用いる６つの自己防衛を知り、過小評価された自己についての理解を深めた。さらには、過小評価された自己を増幅し、ますます自己防衛を用いてしまう原因となるトラウマや感情のスキーマを特定した。これで過小評価された自己を癒やすための行動に移る準備が整った。

代表的なアプローチは、低い自尊心を高めることだ。しかしこのアプローチの基本は、自分の価値を他人のそれと比べることにある。自分を過小評価しているときは、すでにランキングに人生の舵取りを任せてしまっているので、さらにランキングに目を向けても解決にはならない。

解決策はリンキングにある。これはランキングや過小評価された自己同様、脳に組み込まれたもので、解毒剤としてあなたの内に存在する。リンキングを用いるために、これからランキングからリンキングへ素早く切り替える方法を学んでいく。決して簡単ではないが、ここがスタート地点である。

過小評価された自己を癒やす際は、ランキングにも役割がある。これはあなたが競うべきときに競い、争いのさなかに声を上げ、境界線を維持するのに役立つ。こうしたスキルは自分を過小評価している場合は常に重要だ。

しかしランキングは重要な要素ではあるものの、過小評価された自己を癒やすものではない。癒やしのルールは「ランキングのあったところにリンキングを置く」ことだ。

なぜリンキングだけが過小評価された自分を癒やせるのか

ランキングからリンキングに切り替えると、過小評価された自己は完全に姿を消す。というのも、自分の全般的な価値を他人のそれと比べて自分を低く評価するのは、ランクづけしているときだけだからだ。リンキングに切り替わると、私たちはお互いを平等に、きちんとケアできるようになる。

ランキングを終わらせることができず、あるいは終わらせたくないと思うこともあるだろう。しかしたとえランキングの状況であっても、リンキングを増やすことはできる。たとえばテニスの試合で対戦相手と仲良くなることもできるし、オーディションの待合室で誰かとおしゃべりをすることも可能だ。

この種のリンキングは、過小評価された自己に対して驚きの効果をもたらす。一般的に、リンキングに切り替えると失敗の恐怖は背景と化すが、これはあなたが批判ではなく、つながりを感じているからだ。勝利も敗北も関係ない状況なら、落ち込んだり、恥ずかしく思ったり、自尊心全般を下げたりといった、敗北反応を覚える必要はない。実際、研究によると、人はランキングからリンキングに切り替えると、研究室内だけにかぎらず、次の効果があるという。

- 自尊心が高まる。[1]
- 心を開きやすくなる。[2]
- 偏見が減る。実験では、被験者に劣等感や優越感を抱かせると（ランキングに着目すると）、偏見は平均以上になり、リンキングに着目すると平均以下になった。[3]
- ストレスを感じたら、その状況で自分を責めるのではなく、人に助けを求めるようになる。[4]
- 厄介事に巻き込まれて動揺する恐怖が減り、知らない人を助けようとする。[5]

リンキングは内向性と外向性の問題？

多くの人は、外向的なほうがよりリンキングを大切にし、うまくできると思っているが、リンキングはむしろ、リンキングの量より質を重視する内向的な人にとって重要だ。[6] 内向的な人は、知らない人と会ったり、大人数で過ごしたり、浅く広い友人をもったりするよりも、一対一で深くオープンな会話をしたいと思っている。

しかしこのような嗜好（しこう）のせいで、内向的な人はグループや知らない人のなかにいると無力感にさいなまれやすくなる。外向的な人のように、こうした状況でリンキングを感じるのではなく、黙り込み、傍観者になってしまうのだ。たとえそれが自分の選択であっても、参加しないことでただちに自分を低くランクづけ、あるいは拒絶されているとさえ感じるようになる。また社交性も鈍るため、大人数での、あるいははじめての会合の際にはしばしば敗北感を覚え、過小評価された自己を強く意識することになる。

内向的な人が自分を過小評価することを避け、引っ越しや興味の変化で自然と友人が減った際に新たな友人をつくりたいと思うなら、たとえ苦手な社会状況であっても、リンキングで自分の能力を感じられるようにならなくてはいけないし、そうすることは可能だ。

外交的なのに自分を過小評価してしまう場合、表面的なリンキングはできるものの、内心では他人（寡黙で知的そうな内向的な人物など）と自分を比べて、自分を低くランクづけしている。

承知のように、一見自信がありそうに見える人も、心のなかでは「自分なんて」と思い苦しんでいることがある。会話を交わし、つながりをもっているように見えても、言いすぎたのではないか、押しつけがましかったのではないか、なれなれしすぎたのではないか、会話が表面的すぎたのではないかと不安を感じる場合があるのだ。こういうとき、リンキングをしているように見えて、じつはランキングを行っている。しかしこういう人も、もっと自分のスキルに自信をもっていい。

上手にリンクすることを学ぶ

リンキングは生まれつき備わっている性質かもしれないが、自分に自信がもてないときは、意識的にいくつかのポイントを押さえておくと役に立つ。見知らぬ人、仲良くなりたい知り合い、旧友のいずれとリンクする場合でも、そのプロセスは「開始」と「強化」に分かれる。どちらのステップにも、覚えておくべき点がいくつかある。

普遍的なリンクの方法といえば、食べ物、飲み物、贈り物を差し出すことだ。これはリンキングの開始時にも、維持するときにも使える。私の夫は長時間のフライトの際、隣の席の人に飴玉（あめだま）を差し出す。夫は機内で会話ではなく、仕事をするつもりなのだが、飴玉はこの旅を快適にするためのささやかなリンクとなる。

また、適切な状況下での触れ合いでも、即座にリンクが生まれる。挨拶の際は、昔ながらの心を込めた握手をして「お目にかかれてうれしいです」「また会えて本当によかった」と伝えよう。好きな人がつらい思いをしているなら、相手の立場に立って肩や腕、どうやって触れられたら安心するかを考え、友人のために、あえて触れるというリスクを負う。

今日、私たちがもっとも一般的に結びついているのが言葉だ。褒め言葉も効果的だが、自分のことを話してもらうようにすると、とくに効果的かもしれない。

たとえばあなたは以前同僚と、彼の10歳の息子に対する心配事について話していたとする。この場合「そういえば、最近息子さんとはどう？　まだ大変？」と聞くだけで、次のリンキングを開始したり、強化したりすることができる。

尋ねられた質問には注意を払い、促されたら個人的な答えを提供する。10代の子どもがいるのが自分の場合、あなたはこう答えるかもしれない。「ちょっとはよくなったかな。でも、もうすぐ息子の17歳の誕生日なんだけど、さっさと30歳ぐらいになってくれればいいのにって、心から思うよ」。こうした会話でお互いの情報を知るほど、リンキング行動が活性化し、親密になっていく。

適切であることもリンキングの一部だ。会話でいえば、相手のニーズを気遣うこと。相手が急かしてきたり、気分が乗らなかったりしたら無理に自己開示をする必要はない。また、相手が断っているのに、贈り物や親切を強要したり、引っ越しを手伝ったり、ハグしたり、ランチに誘ったりしてはいけない。

自分が助けを求めたわけでも、お願い事をしたわけでもないのに手を出されたらあなたも嫌だろう。繰り返しになるが、適切であることはそれ自体が贈り物であり、相手に反応し敬意を示していることの証になる。

逆説的かもしれないが、友人と興味を一致させてもリンキングの助けにはならないし、いつも同じ意見を共有し、たとえば「これ、好きじゃないなんて信じられない――私は大好きなのに」というように、意見の食い違いにショックを受けることにも意味はない。また、いつも相手の思いどおりにさせて「好きにしていいよ。私はどっちでもいいから」と言うのも違う。ふたりが異なる人間であることが許されないなら、そこにリンクはない。

リンキング行動

- 食べ物を差し出す。
- 相手の話を促し、耳を傾ける。
- 世話や助けを申し出る。
- 褒める。
- 気軽に助けを求める。
- 贈り物をする。
- 親しみを込めて触れる。
- 握手をする。
- 心から関心を示す。
- 気遣う言葉をかける。
- 個人的なことを打ち明ける。
- リンクを認識する。「あなたと友達でいられてうれしい」など。
- 同意を強要するのではなく、互いの意見の違いを尊重する。

リンキングを開始する

自分を過小評価していると、当然拒絶を恐れるため、リンキングの最初のステップを踏み出すのが最大の難関となる。しかし実際は、ほとんどの場合、相手はあなたとつながりをもちたいと思っている。

ここで、うっかりランキングモードに陥ってしまったときに思い出してほしい4つのことがある。私はこれを「SEEK（シーク）」と呼んでいる。笑顔（Smile）、アイコンタクト（Eye contact）、共感（Empathize）、優しさ（Kindness）だ。笑顔はリンクのきっかけとして使う普遍的な表現だし、凝視したり顔を背けたりしないアイコンタクトは対等な関係性を伝えるものだ。電話の場合なら、最初は朗らかな声音で、その後は相手のトーンや抑揚に合わせるといい。この最初のふたつのステップは当たり前のように思えるが、ランキングにとらわれ、無価値感にさいなまれると簡単に忘れてしまう。

会話の際には、相手の気持ちに共感を示すこと。たとえば、「私、すごく日焼けしちゃって」と誰かに言われたら、解決策を考える前にこう伝える。「そうなんだね。炎天下のなか、長時間並んだんでしょ？」

言ってはいけないのは「私もだよ」、「暑いならコートを脱いだら？」というせりふだ。これは共感ではない。最初の発言は注意を自分に向けているし、ふたつめの発言は他人事のように聞こえる。こういう場合は「私に何かできることある？」と聞いてあげるといいだろう。

最後は、優しさを示すことだ。リンキングには、相手のニーズを知り、できるかぎりそれに応えたいと思うことも含まれる。なので、相手の実際のニーズに合わせ、尋ねてみてほしい。相手のニーズを勝手に推測して、不適切で支配的な態度を取ってはいけない。それだとランキングに逆戻りしてしまうので、そうではなく、「お水をもってこようか?」と聞いてあげること。当たり前のように思えるかもしれないが、親切にする機会は見落とされがちなのだ。

リンキングのはじめ方——SEEK

- 笑顔(Smile)。言わずもがなだが忘れやすい。
- アイコンタクト(Eye contact)。相手の目を見ないのはランクが低いしるしで、リンキングではなくランキングの証になる。
- 共感(Empathize)。相手を丸ごと理解しようと努め、その理解を示すこと。
- 優しさ(Kindness)。思いやり深い行動や助けになることをする。

社交辞令ではなく本当のリンクを開始するには、対話をつづけることだ。ランキングに関係のない話であれば何でもいいが、話題のなかにはとくに強いリンクをもたらすものがある。人はふつう、子ども、パートナー、仕事、子ども時代の話題が出たら、もっと詳しく聞いてほしいと思う。相手に質問をしたら必ず、真摯に、興味をもってフォローすること。質問を畳みかけるのもいい。質問をしておいて相手の答えに無関心だと、ランキングのために興味のあるふりをしただけだと思われてしまう可能性がある。

いい質問とフォローアップ

- (指輪をしていたら)ご結婚しているんですね。おふたりの出会いは? どこで彼が運命の人だとわかったんですか?
- この辺りで育ったのですか? ここでの子ども時代はどんなふうでしたか?
- 旅行がお好きなんですね。最近どこかおもしろいところに行かれましたか? もう一度行きたいですか?
- 小耳にはさんだのですが、[犬/猫]を飼っているそうですね。名前は? ペットとしてどうですか?
- この会合(パーティなど)に参加していないときは何をしていますか? (仕事をしていない人もいるので具体的な職業を尋ねるのは避けること)それはどんな感じですか?

与えることによるリンキング

すべてのリンキングには、「与えること」と「受け取ること」といった、ふたつのモードがある。一方が話し、一方は聞く。一方が食べ物を差し出し、もう一方は食べる。一方が褒め、一方はいい気分になる。このふたつの役割は、たとえその瞬間は受け手のほうが偉く見えてもランクづけではない。与えるか否かは、ランクではなく、受け手のニーズによって決まったり変わったりする。

リンキングの本質は、相手を喜ばせるために、もしくは相手の具体的なニーズに応えるために、意味のある何かを与えることだ。ときにはランキングのために――相手の目に留まって地位を得たいから、上位ランクの相手を喜ばせたいから――何かを与えることもあるだろう。しかしリンクの与える行為は、これとは別物である。

たとえば、あなたと同僚が土曜日出勤になったとする。あなたはSEEKを用いて――笑顔で、目を見て、相手が少しいらだっていることに気づき、息子のサッカーの試合を見逃したという彼女の話に同情しながら――リンクを開始する。そして優しさを示すために、彼女の好みどおりにコーヒーを淹(い)れてあげる。

最初のリンクがうまくいき、さらに深いつながりを築きたければGIVE――感情移入（Get emotionally involved）、深い洞察（develop Insight）、それを言葉にする（Verbalize）、共感（Empathize）――を実践してほしい。

いまのケースなら、最初のステップ「感情移入」で、相手の立場に立って考えてみる。そしてあなたはこう考える。「そうか、彼女は子どものことが気にかかっているのだな。子どもの試合を観られないことを本当に残念がっている。たしかに気の毒だ。気持ちはわかる。私も出張ばかりでいつも子どもの行事に参加できなかった」。そして次の「洞察」に移る。「せめて、サッカーをやっている息子の話をしたいはず」

あなたの脳内ではこうした思考が駆け巡る。これがいわゆる「思慮深い」ということだ。次にあなたは、相手の置かれた状況について、自分の気持ちを言葉にする。「試合を観に行けないなんて、さぞつらいでしょうね。息子さんはどのくらいサッカーをやっているの？　チームは強い？」

相手が息子の話をしたいだろうという先ほどの洞察を表現するのは、とても重要なステップだ。いくら感情移入、洞察、共感ができても、これを態度や言葉で示さなければ、リンキングを深める機会を失ってしまう。これはとくに内向的な人が冒しがちなリスクである。

また、共感なくして上手に与えることはできない。共感とは、自分の話にすり替えることなく、相手に自分を重ね、相手の状況や感情を理解することだ。共感を示すとは、簡単に言えば相手の気持ちを理解することである。幸いにも難しいことではない。相手を助けたいという気持ちと同じく、それは私たちの遺伝子に組み込まれている。

誰かとつながりたいと思ったら、共感しすぎるということはない。先ほどの同僚のケースなら、次のような言葉で共感を示すといいだろう。「わかります。子どもの試合を見逃すなんて嫌ですよね。自分がいないところで試合が始まるなんて、本当に最悪」

リンクを強化する――ＧＩＶＥ

- 感情移入（Get emotionally involved）　まずは相手の状況と、それに対する自分の気持ちを考える。
- 深い洞察（Develop Insight）　相手が必要としているもの、望んでいることについてよく考える。
- 言葉にする（Verbalize）　与える手段として言葉を用いると、リンキングが明確になる。感情移入から生まれた気持ちを表現する。適切であれば、自分がしてあげたいことを相手に伝え、実際にしてもいいか尋ねる。
- 共感（Empathize）　どの段階においても、相手の立場に立って自分の行動を観察する。

受け取ることによるリンキング

リンキングは通常、自発的なものだと思われている。自分から相手を好きになり、理解し、助けてあげるものであると。しかし、リンキングを使いこなすには、相手に好かれ、理解され、助けてもらうことも受け入れなければならない。自分のニーズを気持ちよく満たしてもらえるようにならなければダメなのだ。これは簡単なように聞こえるが、自分を過小評価していると、自分には親切にしてもらう価値などないと感じてしまう。

また序列を重んじる文化では、リンキングを受け取ることで「依存している」「まるで赤子だ」とネガティブにとられることもある。親切、利他的、献身的、寛大、愛情深い、心配りなど、人に与えることを表現する言葉はたくさんある。しかし、日本語にかぎっては、受け取ることに対してもこんな言葉がある――「甘え」だ。[7] 大意としては「相手の愛情に頼る、もしくは付け込む」「相手の好意を存分に受け取る」「大切にされていると感じる」といったところだろう。

自分の価値を疑っている人は、与えることより「甘える」ことのほうが難しく感じるかもしれない。逆説的に言えば、受け取るという受動的な行為に積極的に取り組む必要がある。警戒してもかまわない。しかし適切なタイミングで、たとえ少しでも、自分が大切にされていると感じられると、過小評価された自分が驚くほど救われる。

誰かが愛情をもってあなたに接してくれれば、それがいちばんすんなり受け取れるだろう。しかし一般的には、助けを申し出てくれる人は、あなたに必要なものを具体的に尋ねることがある。次の3点を自問し、リラックスしたり、受け取ったり、助けを求めたりすることが適切かどうかを判断してみよう。

● その申し出はあなたにとって適切なものか？　あなたのニーズを満たすのに適切な場所、タイミング、人物であるか？　たとえば、あなたの兄は引っ越しの手伝いには向いているが、心を癒やしてくれる相手としては最適ではないかもしれない。

- それは相手にとって適切な申し出か？　友人は自分のことに夢中で上の空ではないだろうか？
- 次は自分の番だろうか？　リンキングでスコアをつけるのはタブーだが、それでもリズムというものがあり、こう自問することで、自分はこれまで十分に与えており、次は受け取っても大丈夫なのだと気づくことができる。

友人との食事を想像してほしい。あなたがテーブルに近づくと、相手の鼻歌が聞こえ、彼が陽気でいつも元気いっぱいであることを思い出す――そして「自分とは違って」と過小評価された自分が言う。とくに今夜、あなたは不機嫌でいらだち、疲れきっていて、彼の気持ちまで萎えさせてしまいそうだと感じている。こういう場合あなたは「自分の気持ちはこのままでいい」「相手に受け入れてもらうために無理に変える必要はない」と思うことが必要だ。

彼が言う。「やあ！　調子はどう？」

あなたはそこで「いいよ」と言って受け流すのではなく、正直な気持ちを打ち明けて、親密さを深めようと決意する。「くたくたなの」

友人の顔に同情が浮かび、あなたはさらに踏み込む。「ここ数日間、何だかずっとこんな感じで」。そこで突然閃く。「もしかしたら父のことが原因かも」

友人があなたに座るよう合図し、先を促す。「お父さん、どうかしたの？」

「水曜日に電話をかけてきてね。絶対に弱音を吐く人じゃなかったんだけど、咳が止まらないから、いま検査を受けてるって言うの。ねえ、咳って何だろう？　風邪を引いたわけじゃないみたいだし、父の声が不安そうで」

友人にはいま、共感をつづけるか、ここで終わりにするかの選択肢がある。そしてあなたは、彼があなたにもっと受け取るよう促していることに気づく。「それはちょっと心配だね。とりあえず注文しようか。それからつづきを話そう」

あなたは同意する。そして注文をしながら、あなたはすでに自分の気持ちが少し楽になっていることに気づく。

あなたがいま行ったのは次の行為だ。

- 自分の感情を受け入れる。
- 気持ちを打ち明ける。
- 友人が与える側として適切な場所にいることを認め、それを信じる。
- 自分が納得するまで気持ちを話し、同情を得る。

過小評価された自己が何かのきっかけで表出した場合、誠実で、あなたに対して好意的な友人や同僚に意見を求めるのも、受け取ることからリンキングに切り替えるひとつの方法だ。自分の置かれた状況を、彼らは実際のところどう見ているだろう？

たとえば、同じ部署の人とカープール（相乗り）で職場に向かい、そのうち友人になる。ある日、仕事がうまくいかず、帰りの車内で自分は世界一できそこないの薬剤師だと思う。あなたがこうした自分の気持ちを彼女に打ち明けると、あなたはすばらしい仕事をしていると彼女に言われる。さらに彼女は、もし改善したいのならこうしたほうがいいのでは、と提案してくれる。そしてあなたは、待たされて怒っていたふたりの客は誰に対してもああいう態度に違いないし、きつく当たってきた保険販売員は、今日は機嫌が悪かっただけだという彼女の言葉を信じる。きっとそれだけのことに違いないと。

ときには、第三者を通じて自分のニーズを伝えることもできる。たとえば、過小評価された自己をいつも感じていたフィリスは、とくに職場で不安が増すことに気づいた。彼女は、上司のヒューストンが自分を嫌っているのではないかと恐れた。その不安が理不尽なことはわかっていたが、どうすることもできなかった。

フィリスの誕生日の数日前、ヒューストンの友人のジョンが、彼女のデスクにやってきた。フィリスとジョンはいい関係性を築いている。彼女の誕生日が近いことを知っていたジョンは、フィリスにこう告げた。「たぶんヒューストンからランチのお誘いがあると思うよ」

フィリスはヒューストンに知られることを覚悟のうえで、本心を言うことにした。冗談半分の口調で。「いいえ、彼と私がランチに行くことはないわ。きっとボスは私のこと、買いかぶっていたと思ってるんじゃないかな」

ジョンは驚く。「そんなことない。彼は君のことをとても評価しているよ」

その日の午後、上司はフィリスを誕生日のランチに誘っただけでなく、週末に行う自宅のちょっとした集まりにも誘ってくれた。以来、ふたりは多くの楽しい時間を過ごしている。

とくに新しい関係では、与えたり受け取ったりを交互に行うことが重要だ。そのバランスが不均衡だと、ここでも——いつもどちらかが与えてばかりの——ランキングのように思えてくる。ひとたび関係が構築されたら、そこからはお互いのニーズに応じて、与えるか受け取るかを決めればいい。ただしお返しを急ぐあまり、受け取る行為をぞんざいにしてはいけない。相手に「今日は大変な一日だったね」と言われて、急いで「あなたも大変だったでしょう」と応じる必要はないのだ。

あなたが与える側の場合は、自分も同じ問題を抱えていたことをすぐに伝えないほうがいい。それをすると、与えるよりも受け取りたいのではないかと思われる可能性がある。

また、深い話を中断すると、リンクが表面的なものにとどまってしまう。相手に「母親のことが心配で——今日、生検の結果を聞きに行くことになっている」と言われたら、「わかる、心配だよね。去年、私の大好きなおばも生検を受けたから」という共感の仕方をしてはいけない。それよりも「それは大変。待ってるあいだは落ち着かないね」と返したほうがいいだろう。自分の経験は、その後の関連した文脈で共有すればいいが、たいてい出番はない。

リンキングに失敗した際に自分を過小評価しない方法

よく知らない人とつながりを築くのはリスクが高い。とくに自分のニーズを明かす場合はなおさらだ。しかしこちらが与える側でも、相手が反応してくれなければ、ものすごく恥ずかしい思いをする可能性がある。かりにあなたが、最近疲れきっていて父親のことが心配だと打ち明けたとする。それを聞いた友人が「夕飯を食べれば元気になるよ」とか、もっと悪くすると「君はいつも疲れてるよね」と応じるかもしれない。あるいは夕食後、近いうちにまた会おうと約束したのに、数カ月経っても友人から音沙汰がない。

あなたは、共感の欠如や明確な拒絶の裏に潜んでいる正当な理由を必死で考える。もちろん、実際に問題があるのかもしれない。だが、もしかしたら友人は他事で頭がいっぱいなだけかもしれない。だからリンキングモードは解除せず、相手に共感してあげてほしい。

しかし、相手の言い分が想像できないこともある。その場合、あなたに拒絶に対する感情のスキーマがあれば、ランキングや過小評価された自己に主導権を取られないようにするのはとくに難しいだろう。あなたの気持ちを傷つけたり、恥をかかせたりする人がいたら、その人の内面で何が起こっているかをよく理解する必要がある。そこには、少なくとも4つの可能性がある。あなたがランキングの環境にいるか、相手が自己防衛を用いているか、相手の回避型愛着スタイルにふり回されているか、あなたが相手の感情のスキーマの引き金を引いたか、だ。

ランキング環境に負けないために

つながろうとして拒絶されたり、冷たくあしらわれたり、疑いの目で見られたり、仕事の能力を批判されたりしたら、自分がランキング環境にいないかどうかを考えてみてほしい。また、ランキングに気を取られるあまり、リンキングが発生していることに気づかない人もいる。文化によっては、状況いかんにかかわらず、常にランキングを奨励するところもある。国ごとに文化はあるし、家族にも、ビジネスにも、組織にも、学校にも文化はある。

優しさ、協調性、礼儀正しさ、チームワーク、争いの回避、知識の共有など、リンキングのスキルによって成功が決まる場合もあれば、競争、効率、効果、誇り、勝利など、ランキング志向の社会本能を強く奨励する文化もある。もちろん、そのバランスを取ろうとする文化もある。

過度のランキング文化であなたがつながりを築こうとすると、その動機を不審に思って冷たい目で見られる可能性がある。パーティーでつながりを築いていたつもりでも、あとになってほかの人たちがあなたのリンキングスキルを――「優れた社交家」や「社交下手」など――ランクづけしていたことがわかるかもしれない。あるいは相手がランキング目的でつながりを築いているかもしれない。同盟を結んでおいて、あとで失望させるのだ。拒絶されたり、騙されたりすると、あなたは自分を過小評価してしまう。

最悪なのはおそらく、贈り物をしたり相手を褒めたりといったあなたのリンキング行動が、地位の低さや服従の表れだと誤解されることだろう。とくに自分を少しでも過小評価していると、それが声のトーンやボディランゲージに表れる。つながりを築く努力をしてもランキングが下がるだけだと感じたら、一度立ち止まって自分の価値観と周囲のそれを改めて見比べてみよう。

つながりを持ちたいという気持ちは、いかなる場合も卑下すべきものではない。しかし、友情を申し出るのはやめたほうがいい。「愛はすべてに打ち勝つ」が、相手があなたを支配しようとする場合は別だ。

ランキング文化では、自分を責めるのではなく、自分が対峙しているものについて理解するよう努めなければならない。この種の文化が奨励するのはそういうことなのだ。本物のつながりは、虹の彼方ではなく、世界のどこかに存在すると信じてほしい。そのためには、どこかでリンキングを試してみることだ。

他者の自己防衛に遭遇したら

誰かとつながりをもとうとした際に、突然過小評価された自分が顔を出したら、誰かの感じている恥や自己防衛に遭遇したのかもしれない。たとえば、新しい友人と買い物に出かけて、あなたのせいではない、やむを得ない理由で遅刻してしまったとする。あなたは心から詫びるが、相手は――無意識のうちに――あなたが遅刻したのは自分が下に見られているせいだと、あなたの時間のほうが自分のそれよりも価値があるせいだと感じてしまう。

　彼女はランキングモードに入るが、自分でそれを認識してあなたに伝えられないと、「平気だよ」と最小化したり、「そういうの気にしないから」と競争を放棄した聖人君子のようにふるまったりする。しかしその後、彼女はずっとあなたに冷たく接し、あなたは拒絶された、ひどい人だと感じる。相手がもっと気性の激しいタイプなら「遅刻なんて信じられない。おかげで今日一日がだいなしだよ」とあなたを非難し、恥をかかせるかもしれない。

　相手が「自分のことを気にかけてくれない」と思う気持ちをどう処理しようと、恥のボールはあなたと相手のあいだで跳ね返る。そして、見くびられたり、負けたり、恥をかかされたりしたくないと思っている相手は、あなたに向かってボールを投げてくる。

　健全なつながりの場合、その対処法は相手に引きずられるのではなく、自分のやり方を通すことだ。たとえ友人がリンキングに応じてくれなくても、「相手は自己防衛を発動していて、ランクが下だと感じているのだろう」と仮定し、こちらからつながりを築こうと働きかけつづければあなたの気分はよくなるだろう。相手が10分ほど沈黙していたら、「やっぱり遅刻のことちょっと怒ってるよね？　どうしたらいいのかわからないけど、でもこれくらいじゃ私たちの友情は壊れないよね」と言ってみよう。

　6つの自己防衛は、会話に影響がないぐらいささやかに、一瞬のすきをついて現れることが多いが、それでも何となく後ろめたさや、愚かしさや、無作法さを感じることがある。

　たとえばあなたが誰かに「受賞おめでとう」と言うと、相手はうぬぼれていると思われて恥をかきたくないので、非競争をもちだす。「いやいや、主催側は誰かに賞をあげなきゃいけないから。今年はたまたま私の順番だっただけだよ」。あるいは、あなたは友人と一緒に選んだレストランに出かけ、店に入るとこう言う。「ここの店、騒がしいね」。あなたに責められたと感じた彼はこう言い返す。「ここの雰囲気がよさそうだって言ったのは君だよ」。あなたはその場をやり過ごすが、少なくとも彼の非難がましい口調の裏にあるものは理解する。

意見を言うときは、リンクを築くだけでなく、根底にある恥に対処しながらつながりを構築していったほうがいい。批判ではなく、共感していることを相手に伝えるのだ。いまもまだ相手に好意をもっていることを示し、相手のとくに好きなところを伝え、ふたりの関係性やこれまでの出来事を話す。「お互いに腹を立てたこともあったけど、きっと乗り越えられるよね」

だから友人が「いや、賞をもらえたのはたまたま順番が回ってきたからだよ」と言ったら、「謙遜しなくていいよ。ちょっとぐらい自慢したって高慢だなんて思わないから。あなたは本当に賞にふさわしい仕事をしたんだよ。私だったら絶対自慢しちゃうな」と言ってあげよう。「レストランが騒がしい」と言ったあなたを友人が批判したら、批判を受け入れてもやり返してもいけない。「ふたりともここがこんなに騒がしいなんて知らなかったもんね。でもここで食べるのはやめようっていう点では一致したんじゃない？」

ときとして、がんばりすぎ、非競争、誇張といった、6つの自己防衛のいずれかを基調として人生を構築している人とつながりをもとうとする場合がある。そういう人は、自分を過小評価しようとする強烈な力に抗おうとしてランキングにこだわるあまり、相手に自己を過小評価させてしまうことがよくある。最善の防御策は、状況を把握し、リンキングの心構えを忘れないことだ。そうすれば拒絶や劣等感ではなく、「八方ふさがり」になってしまった相手に同情することができるだろう。

イザベルが自分を守る6つの方法

あなたとあなたのパートナーが友人のカップル――パットとイザベル――とハイキングに出かけたとする。あなたのパートナーとパットは長年、同じソフトボールチームでプレーをする旧知の仲で、先日の試合の話をしているうちに女性陣から後れてしまった。あなたは彼らが、パットの新しいガールフレンド、イザベルとあなたが仲良くなって、これから4人でいろいろなことをしたいと願っていることを知っている。

イザベルが大変なことは聞かされていた。今年、母親が突然亡くなり、最近になって彼女自身、手術を要するかもしれない心疾患だと診断されたのだ。長年トライアスロンをやってきた彼女にとって、これはとくにつらいことだったに違いない。彼女が話したくないと思っているなら、うっかり口にして気分を害したくはない。だが、彼女が心を開いてくれるなら、「GIVE」を行使したい。つまり彼女とかかわりをもち、興味を示し、理解してあげたい。彼女の気持ちを考慮していたわりの言葉をかけてあげたいし、何より、共感を示したいと思う。

ただしあなたは、イザベルが母親を憎んでいたことも、がんばりすぎの自己防衛の一環としてトライアスロンをやっていたことも知らない。そのせいで、心臓の問題について深く恥じていることも。次の会話では、6つの自己防衛すべてが発動されている。
あなたは何の意図もなく、素直にこう述べる。「今年は大変だったみたいだね」
「いや、そんなに悪くはなかったよ」（最小化）
あなたは少し面食らうものの、こう考える。きっとイザベルは重いと思われたくないから、何でもないふりをしているのだ。それについて何か言葉をかけるべきだろうか？　いや、そうすると彼女の望まない方向へ進んでしまう恐れがあるから、ここは慎重になるべきだろう。
「心臓に問題があるんだって？　いろいろ慣れるまで時間がかかりそうだね」
「よく言われるけど、まるでみんな、私が手術でお腹を切られることに慣れてほしいみたい。同情なんてまっぴら」（「みんな」と同じように同情を示すあなたを非難している）
「うん、そうかもね」と言ってあなたはリンキングをつづける。「トライアスロンの大会で2回優勝したって聞いたけど、どんな気持ちだった？」
「別に勝つためにやっていたわけじゃないから」（非競争）
あなたはこうした淡々とした言葉の裏にある気持ちに共感し、理解を示したいと思う。「そこにプライドを持っているのね。じゃあ、競争より体を鍛えることが目的？」
「せっかくやるなら、うまくやりたいだけ」（がんばりすぎ）
「あなたにとっては最善を尽くすことが誇りなのね」
「誇りなんて大したことじゃないけど」（誇張――彼女のプライドに感銘を受けるあなたに対して、余裕を示している）

そろそろ手持ちのカードが尽きてきたあなたは、ここでワイルドカードを使用する。「私たちには共通点があるみたい。私も大学のときに母を亡くして、昔の自分を取り戻すのに3年かかったの」

「それはお気の毒に。私はわりと平気だけど、あなたはつらかったみたいね」（投影）

この時点であなたは、鋼の女に踏みつけられた、粘着質な感情の塊みたいな気分になっているかもしれない。自己防衛はわかりにくく――相手が最小化していることを大騒ぎしてばかみたいと感じたり、自分の「同情」を責めたり、競ってもいないのに勝手にランクづけすることを下品だと思ったり、相手のがんばりに感銘を受けたり、プライドをつまらないものとみなす相手に劣等感を抱いたり、あなたの母の死があなたにとって大ショックだったという相手の言葉に動揺したりして――その瞬間、自分が抱いた感情でしか気づけないことが多い。彼女はあなたに特大の恥のボールを投げつけ、あなたはそれを受け取ったのだ。

ここで、恥のボールが互いのあいだで跳ね返らないようにするための提案をいくつかしたい。ただし次に紹介する返答は、練習しないとすぐには思いつかないかもしれない。またイザベルのような手強いケースでは、さらに極端な自己防衛に遭遇する可能性もある。しかし少なくともあなたがリンキングモードでいられれば、それが恥に対する最大の防御になるだろう。

イザベルが今年は「そんなに悪くなかった」と言ったら、「悪い年があってもいいんじゃない？」と返してみる。悪い出来事に悩むのはふつうで、恥ずかしいことではないと示すのだ。

彼女が「よく言われるけど、まるでみんな、私が手術でお腹を切られることに慣れてほしいみたい。同情なんてまっぴら」と言ったら、「誰だってそうだよね」と言ってこれも当然のことだと肯定する。また、軽く皮肉を交えてもいいだろう。「お腹を切られるのを嫌がってると思われるのが恥ずかしいの？」

イザベルが「別に勝つためにやっていたわけじゃないから」と言ったら、「トライアスロンでそう思えるのはいいよね。それなら努力した結果勝てなくても腹は立たないね」と返す。

彼女が「せっかくやるなら、うまくやりたいだけ」と言ったら、「がんばりすぎ」の彼女に、新たな恋愛関係で待っている愛をちらつかせてみる。「すばらしい姿勢だね。でもパットはあなたが何にもできなくても愛してくれると思う」

彼女が「誇りなんて大したことじゃない」と言って誇張したら、（この時点でまだ、トゲのあるイザベルに温かい気持ちを抱いていれば）「でもあなたが何かを誇りに思っている姿は魅力的だと思うよ」と伝えよう。

そして最後にイザベルが「私はわりと平気だけど、あなたはつらかったみたいね」と言ったら、あなたはその投影を拒否し、イザベラにも、それはいいことでも、ましてや悪いことでもないと感じてもらおう。「私もあなたみたいに気分のいい日もあれば、ほかのみんなみたいにひどく落ち込む日もあるよ」

相手が回避型の愛着スタイルの持ち主だったら

第3章で学んだように、回避型の不安を抱えている人は、誰も必要としていないかのようにふるまおうとする。幼少期に愛されなかった羞恥から、本人はほとんど自覚していないが、いまになって誰よりも切実に愛を求めている。

しかし彼らは、必要なものを求めてふたたび拒絶される痛みを何よりも避けなければならない。「無関心でいたほうがいい」「コントロールされているほうがましだ」というのが、誰かに愛された際、彼らが抱える感情だ。そして愛情などまったく必要ないかのようにふるまう。あなたがつながりを築こうとすると、相手の切実なニーズと根深い恐怖、その両方を掻き立てることになる。そんなあなたに対して彼らは「そっちは切実に愛を求めているようだけど、自分はそうではない」という態度を示す。つまり、投影を発動するのだ。

なにかと自分を過小評価するようになったら、相手が回避型だと認識した時点で、一度つながりを強化するのをやめてみたほうがいいだろう。相手に抵抗されると、あなたはそれを拒絶と感じてしまうのだ。

彼はそれまでとても魅力的だったが、あなたに好かれていると気づくや、急に態度が冷たくなる。何度か電話しても、彼から折り返しの連絡はない。あなたは拒絶されたと感じ、彼のことはもういいと思ったまさにその日に連絡がきて、今度は親友のようにふるまってくる。一緒にコーヒーを飲みに行く約束をし、彼が約束を忘れる。あなたが電話をすると、彼は急いでやってきて一緒に出かける。しかしカフェで別の友達を見かけ、彼はあなたではなくその友人とばかり話をする。

あなたは二度と彼と一緒に出かけないと誓う。だがその日の夜には、彼の魅力に負けて誓いを取り消す。彼から金曜に出かけようと誘われ、電話をすると言われたが、彼から何の連絡もないままあなたは金曜の夜に待ちぼうけを食らう。翌日、彼から忙しくてどうしても行けなかったというメールがくる。実際、彼はここ数カ月間ずっと忙しい。これは誰にとってもよくない状況だが、あなたにとっては有害だと言っていい。

ときどき、回避型の人が「回復期」に入り、リンクを望むか、少なくともそうする意思を示すことがある。相手に魅力的な資質があれば——実際多くの回避型の人が魅力的な資質を備えている——あなたはもう一度リンクを試み、自分は相手の安全を構築するチームの一員なのだと考えてみるといい。リンキングを築くための会話を2～3回しただけでは、不安を抱いている人を安心させることはできないが、ほかの人に示すような、本物の思いやりを体験させてあげることは可能だろう。

ただし、助けたいという気持ちが強すぎて、自分が与えられる以上のものを差し出してしまい、あとになって差し出したものを引っ込めたり、あからさまに減らしたりすると、相手の恐怖を増幅してしまうので気をつけてほしい。覚えておいてほしいのは、相手は心の奥底では、安全で、一貫した、無条件の愛を求めているが、拒絶を織り交ぜることであなたの愛を試しているという点だ。

他人の感情のスキーマから自分を守る

誰かと仲良くなりはじめた段階で、ふたりのあいだに突然大きな対立が生じ、自分が攻撃されていると感じたり、自分が間違っている、愚かだ、無防備だ、恥ずかしいと感じたりしたことはないだろうか？

たとえばある会議の期間中に、自分の専門分野のグループと食事に出かけたとする。おそらくあなたはすでにランキングモードに入っていて、自分はみんなからどう見られているのだろうと気にしている。それでも隣の席の男性とはつながりを築こうと決意する。

万事順調に進んでいるように見えた。彼が既婚で、子どもがふたりいることを知る。子どもについて尋ねると、彼は子どもたちに会いたいと言い、あなたは共感を示す。そして彼から子どもはいるかと尋ねられる。今度は自分が受け取る番だと思い、あなたは少しだけ自分のことを話す。子どもではないけど犬に会いたいです、と半分冗談交じりに言う。すると「犬のことを子どものように思っているんですね」と彼が応じる。

あなたは、犬が自分に従うよう訓練したときのことを思い出す。自分が愛犬チコリーのことを子どものように扱っているとは思えない。犬に会いたくなるのはあなたにとってふつうのことだ。自己防衛に陥らないよう、あなたは簡潔に説明しようとする。「いえいえ、犬のことをわが子のようには思っていませんよ」

相手はあなたの言葉を無視する。「女性は子どもがいないと、何か別に面倒を見るものが必要なんでしょうね。犬のことで大騒ぎしている人を見ると、ちょっとうんざりしますけど」

あなたは「おや？」と思いはじめる。せっかく仲良くなろうとしていたのに、ここへきてくだらない議論に巻き込まれようとしているのだ。あなたは少しばつの悪さを感じる。いまの会話を聞いていた人はどう思うだろう？　すると、急に恥ずかしさがこみ上げてくる。自分は実際に、ゴールデンレトリバーに頼りすぎているのだろうか？　ここで過小評価された自己の登場だ。

感情のスキーマの兆候は、すでにおなじみのものだろう。相手の口調が感情的になり、耳障りな大声や、小さくても硬い声音で話したりする。それはあなたの耳に恐ろしい脅しや予言として届く。「必ず」や「絶対」が会話にちりばめられ、こちらが当惑するような口調で、非難、レッテル、警告、診断をしてくることがある。

相手が理性的なタイプなら、議論が討論になり、やがてあなたが間違っていることを証明すべく滔々(とうとう)と語り出す。兆候がもっとわかりにくい場合もある。そういうときは突然罪悪感に襲われたり、自分が愚かに思えたり、心臓がどきどきして、胃が締めつけられていることに気づく。そしてそれに気がつかないと、やがて過小評価された自分に支配されることになる。

感情のスキーマが引き起こされると、少なくともその瞬間はリンクが途切れてしまうだろう。相手の感情のスキーマの背後にあるトラウマがわからないので、合理的に話し合うこともできない。それが今後二度と会うことのない人物であれば、できるだけ言葉少なに接しながらその場を立ち去る機会をうかがう。そして可能なら、友人とこの件について話し合うなどして、自分の置かれている状況を改めて理解しつつ、過小評価された自己を落ち着かせてほしい。

特定の会話に対する態度を除けば相手のことを好ましいと思う場合、自分と、ふたりの関係が受けるダメージを最小限にするためにやるべきことがいくつかある。相手の感情のスキーマに敏感に対処できれば、長期的に見てもっと深い友情を育めるようになるかもしれない。では、どうしたらいいだろう？

- **議論をしない**　引きずり込まれないこと。話はつづけるが、その会話を俯瞰する。可能ならさりげなく、穏やかに話題を変える。
- **リンクをつづける**　相手の好きなところを思い出す。相手の感情のスキーマは当人の一部でしかない。過去のトラウマで一時的にわれを失っている姿を目にしているだけだ。この機会に相手のことを知り、結果としてリンクを強めていこう。相手の爆発の最中にふたりの共通点に気づいたら、それを指摘する。「それについては私もそう思う」「私も同じ問題を抱えている」
- **友情のために同意しない**　相手のなかには、あなたが感情のスキーマのブラックホールに一緒に落ちるのではなく、しっかりとその場にとどまっていてほしいと願っている部分がある。とくに「私はばかで、何の価値もない」と言われた場合は同意せず、「言いたいことはわかるけど、それは違うと思う」と答えよう。

●**沈黙しない**　あなたの沈黙は、相手の感情のスキーマの投影次第で、賛成、反対、嫌われている、好かれている、騙されているなど、さまざまに解釈される。そのため、相手の想像が行きすぎない程度にあなたの考えを伝える必要がある。目指すのは、穏やかで友好的な関心を示すことだ。

●**自己防衛に注意して慎重に対応する（相手だけでなく自分の自己防衛にも）**　あなた自身や相手のなかにある根本的な恥の恐怖にそっと寄り添い軽減に努める。「私を責めたいのはわかる。たぶんどちらかが間違っているから。でもどっちが悪いかを決める必要はないんじゃない？　それよりも、こうなった経緯と、今後避けるにはどうしたらいいかってことを明確にしよう」

●**恥の重要性を忘れない**　あらゆる感情のスキーマの根底には恥がある。また、相手は自分をコントロールできないと感じていて、それについても恥じている。相手の恥を軽減するためにできるかぎりのことをしてあげよう。

●**あとで話し合う**　次に相手に会うときまで待つ。感情のスキーマが再度顔を出しそうになったり、それが引き起こされた状況にあなたが傷ついたりしている場合、時間をおいて話し合うことが重要だ。おそらくその話をもちだすのはあなたになると思うが、慎重に、互いの恥を掻き立てないよう気をつけてほしい。「昨日の夜、何だか変な空気になったよね?」

相手の感情のスキーマの原因がわからない場合はそれとなく探ってみてほしい。感情のスキーマの背後にあるそもそもの傷について話し合うことは、長い目で見て、その度合いを和らげる唯一の方法である。

ジョシュがポールの感情のスキーマで傷つかないようにするには

ジョシュとポールは同じ職場で2年前から一緒に働いている。仕事や結婚について話すと意気投合することも多かった。ジョシュはポールといい関係を築いていると思っていたが、ある日、壁にぶつかった。

ジョシュ　元気?

ポール　いいよ。ちょっと背中が痛いけど。

ジョシュ　それはつらいね。何か手伝おうか?

ポール　いや。

ジョシュ　今日はぼくが荷物を運ぶから、君は事務仕事をしたらいいよ。

ポール いや、大丈夫。
ジョシュ せめて重い荷物は運ぶよ。
ポール 平気だって。放っておいてくれ。
ジョシュ わかった。怒らせるつもりはなかったんだ。
ポール 怒ってないよ。
ジョシュ でも、そう聞こえるよ。どうして助けを拒むんだい？
ポール 助けなんていらないからさ。いらいらさせないでくれ。うちの口うるさい母親みたいだ。

ジョシュが傷つけられたのは、弱い人間であることに対してポールが感情のスキーマをもっていたからだ。そして背中の痛みを打ち明けたポールにジョシュが助けを申し出たことが、感情のスキーマを刺激する引き金となった。

まずポールが用いたのは、最小化の自己防衛（「平気だ」「怒ってないよ」）で、これによってジョシュは、あたかも助けを申し出た自分が間違っていたかのように拒絶された。そこからポールと言い合いになり、騒ぎ立てていることを非難され、「口うるさい母親」のようだと言われる。このやりとりのあと、ふたりは無言で仕事をつづけたが、心のドアはばたばたと閉ざされていく。

ジョシュはどうしてもこの件が忘れられなかった。彼の心は傷ついていたのだ。そして過小評価された自己が、ポールの目に、そして周囲の目に映る自分には価値がないのではないかと思わせた。そんなふうに思いたくはなかったし、ポールのせいでやきもきさせられるのもしゃくだった。そこで翌日の夜、ビールを飲みながらその日の出来事についてもう一度考えてみることにした。

ジョシュ （冗談口調で）ねえ、昨日重い荷物を運ぼうか言ったら、なんだか変な感じになったよね。

ポール （恥ずかしそうに）ああ。

ジョシュ まあ、お互い弱音を吐かないタイプだからね。「黙ってやれ、おまえならできる」ってね。

ポール ああ、でもそれっていいと思うんだ。俺は自分のそういうところを誇りに思ってる。

ジョシュ まあね。本物の海兵隊だった僕たちの父親みたいだし、悪くはないと思う。でも君の親父さんも僕の父親も、問題を認めようとしなかったせいで命を落としたよね。たしか君の親父さんは前立腺の検査を拒んだんじゃなかったっけ。

ポール そっちは飲みすぎで死んだんだろう。

ジョシュ 何に対しても助けを求めることができなかったんだ。「黙ってやれ」は年を取ったらよくないかもね。

ポール うん、でも病人扱いされるのは嫌だね。

ジョシュ　病人？　君に付き合わされてバスケをやっているときなんて、ぼくのほうがよっぽど病人みたいだよ。なあ、今度君が背中を痛めて助けが要りそうな場面を見かけたら僕はどうすればいい？

ポール　そしたら荷物を運んでもらうよ。そのときだけな。

今回のジョシュの対応を見てみよう。

- 議論を避ける。
- 背後にある恥に対処しながら、ポールの最小化の自己防衛に細心の注意を払う。
- 自分とポールが同意できそうな事実にこだわる。これがふたりのリンキングポイントだ。
- ポールの内心を推し量るようなことを言わない（「父親にどう思われるのか心配なんだろう」など）。代わりに、ポールに自分の気持ちを言わせる。
- ふたりとも助けを求めることが苦手である点を認め、ポールの恥をさらに軽減する。
- 感情のスキーマの裏にあると思われる、ポールの過去のトラウマに触れる。

ジョシュが深入りしないようにしていた点に注目してほしい。彼は相手のトラウマを完全に、あるいはおおいに癒やしたいとは考えなかった。ポールの感情のスキーマを取りのぞくつもりはなかったのだ。ジョシュはポールに、ポールに対して優越感を抱いてもいないし、背中の痛みやそれにまつわるいらだちを批判するつもりもないことをわかってもらって、ランキングを終わらせたかっただけだ。むしろポールと自分に共通点が多いことを知ってもらいたかった。この会話の最中、たとえポールがなかなか歩み寄ってくれなくても、ジョシュはずっとポールに対して親近感を抱いていた。

そして最後に、今後ポールの感情のスキーマに対して、自分はどう対処すればいいかを尋ねたが、これはいい戦略だ。全体を通じてジョシュは、自分を過小評価してしまわないよう、前向きな方法でつながることに専念した。

学んだことを実践する

リンキングの実践

あなたはすでに誰かとつながりを築く際に、「SEEK」と「GIVE」を活用しはじめているかもしれない。ここでは、これらふたつの新たなスキルを強化するための具体的なエクササイズを紹介する。

1 異なる立場のふたり――信頼できる友人と、赤の他人――と、親密なリンキングを築く訓練をする。親密なリンキングを築くには「SEEK」――笑顔（Smile)、アイコンタクト

（Eye contact）、共感（Empathize）、親切な行為（Kind）――を用いること。

2 リンクを確立し、会話をつづける機会ができたら「ＧＩＶＥ」――感情移入する（Get emotionally involved）、相手のニーズを見極める（Insight）、自分の気持ちやそのニーズをどうしたいかを言葉にする（Verbalize）、共感する（Empathize）――を用いる。

3 心の準備ができたら、（家族や同僚など、立場の違うふたりを選んで）今度は受け取る側でリンキングを築く練習をしてみよう。

4 これまで試みて失敗したリンキングのなかで、いまも嫌な印象が残っているものを思い出してほしい。それは、相手が６つの自己防衛のうちひとつ以上をもちだして、あなたに恥ずかしい思いをさせたものではないだろうか？　こうした状況を思いつかなければ、起こりそうな状況を想像してみる。次に、それらの自己防衛にうまく対処しつつ、リンキングモードを継続し、自分の恥を避けながら相手の恥も軽減する、という想像上の対話や台本を書いてみよう。

回避型の愛着を抱いている友人、パートナー、恋人（過去の人でもいい）を思い浮かべ、最初は温かく、やがて冷たく接してあなたを自己嫌悪に陥らせ、あなたをどんどん過小評価させた相手を選んでほしい。こうした相手が思いつかなければ想像でもいい。ここでもリンキングモードを継続できるような架空の対話や台本を書いてみる。その際、一方が愛を乞うようなランキングの側面を取り入れることなく、その人物の回避的な側面にあなたのリンクで安心感をもたらすこと。

仲がいいと思っていた人物と会話をしている最中に、突然相手が感情のスキーマにとらわれ、あなたに嫌な思いをさせたときのことを思い出してほしい。相手が激しく反論し、あなたの言い分が打ち負かされたのかもしれないし、あなたがやってもいないことをやったと思い込んでいるのかもしれないが、いずれにしてもあなたは過小評価された自己に支配されているのを感じる。こうした状況を思いつかなければ想像でもいい。そしてリンキングモードを継続し、過小評価された自己から抜け出せるという設定で対話や台本を書いてみよう。

第５章

「無垢」とつながる

Linking with the Innocent

ランキングからリンキングへの切り替えは無価値感を解消するための重要なツールだが、そうすべきだと思ってもできない場合がある。ひどく劣等感を覚えたり、リスクを取るのが怖かったり、できる気がしないと思ったりすることもあるかもしれない。この章では、リンキングに対するより深い、無意識の障害に取り組んでいく。そのためには、つながらないほうが安全で、つながりをもつとランキングや恥が生じる、と無意識のうちに思わせるトラウマの効果を取り消す作業が必要だ。

夢の解釈、誘導イメージ療法、「アクティブ・イマジネーション（能動的想像法）※」などを用いて、感情や身体の状態に働きかけることで、無意識の思考を意識化することができる。こう

※　無意識から生じたイメージを相手に、それを観察したり対話したりしながら記録していく技法

した作業は通常セラピーで行われるが、その理由は「無意識はそこにあるものが何であれ隠しておきたがっているため、誰かにこじ開けてもらう必要がある」といまも広く考えられているからだ。しかし無意識の大部分は、あなたとコミュニケーションを取りたがっている。私たちは誰もが身体の傷を癒やす力を備えているように、心の傷を癒やす力を身内に備えている。

まずは無意識の言語を学び、夢で形成されたイメージや物語とコミュニケーションを図る必要がある。特殊な方法だと思うかもしれないが、実際これらは有効で、助言や提案ではできない角度から効果を発揮する。無意識にアクセスして癒やしを得るのにもっとも重要な手法のひとつは「アクティブ・イマジネーション」を用いて「無垢な自分」を知ることだ。

トラウマにさらされた「無垢な自分」

第3章で説明したように、大半のトラウマは、敗北、無力感、また、あなたの利益を考えない人や、あなたを傷つけようとする人に利用されたことに関連している。私たちは他者とつながり、同時にグループ内で順位をつけるべくして生まれてくる。しかしランキングは、まずは両親など、つながりのある人とのあいだでなされるのが理想的だ。

人は生まれたときから集団のなかで多少の敗北感を味わう覚悟はできているものの、その一方で、子どものころは大人の安心と保護を、大人になってからは仲間の支援を求めている。これらの期待が満たされないと、ショックを受け、敗北感を覚え、恥ずかしさを抱くことが多くなる。ではこのとき、あなたのどの部分がショックを受けているのだろうか？　無垢で、人を信頼する部分だ。

ここでは便宜上、無垢を「彼女」と呼ぶが、無垢は性別、年齢を問わず、幼少期から現在の年齢にいたるまで、さまざまな姿で現れることがある。おそらく「彼女」は、あなたが権力の濫用というトラウマに遭遇したときの年齢だろう。最初のトラウマは子ども時代に起こることが多いが、大人になるまで遭遇しない人もいる。

「妻の浮気を知った瞬間に自分の純真さを失った」という人もいるだろうし、単純に、世界がいつも優しいわけじゃないことを思い知らされて、あるいは自然がいつも穏やかではないことを、職を一夜で失うことを、健康は権利ではなく特権であることを、喪失や死は不可避であることを知って、無垢を失う人もいる。突然耐えがたい恐怖や悲しみに襲われ、それが私の定義するところのトラウマとなるのだ。

第3章で述べたように、たいていのショックやトラウマは、とくにそれが人にまつわるものであれば、敗北、羞恥、落ち込みの感情を引き起こす。しかしそのトラウマが起きたのが子どものころであれ、大人になってからであれ、たとえ感情に圧倒されたとしても、あなたは前進しなければならない。

起きてしまったことを引きずり、苦痛でがんじがらめになっている余裕はない。無垢とは、いまもトラウマに悩まされているのに、それに気づいていないせいで乗り越えられない部分に私たちが与えた名前だ。

いずれにしても、あなたの一部として無垢な部分は実在するし、過小評価された自己を癒やすためには考慮する必要がある。無垢な部分は、さらなるトラウマの危険を察知したとたん、恥ずべき自分を責めるという本能的な反応を起こしてあなたの自尊心全般をゼロにリセットし、落ち込みという無意識の敗北反応を活性化して自分より強そうな人に立ち向かうのをやめさせようとする。あなたのいまの目標は、アクティブ・イマジネーションを使って、根本となるトラウマを追体験して切り離せないようにしたあとで、無垢な部分にもはや廃れた本能的反応や防御を手放すようゆっくり働きかけることだ。

アクティブ・イマジネーションを用いてトラウマを癒やす

スイスの心理学者カール・ユングが提唱したアクティブ・イマジネーションは、その後、人々がトラウマによって切り離された自己に触れ、自分の人生を歩んでいくのを助ける手段として発展した[1]。

アクティブ・イマジネーションは白昼夢や通常の空想とは違い、あなたがつなげたいと望む意識と無意識（この場合は無垢な部分）の対話である。奇妙に聞こえるかもしれないが、自分の内に宿る「無垢」を別人のように考えられるようになるとうまくいく。アクティブ・イマジネーションを通じて「彼女」をよく知れば、彼女が象徴するものを意識的に吸収し、上手に対処できるようになる。最初のステップは、彼女に登場してもらうことだ。そして彼女の望みや言い分に耳を傾け、彼女を助ける。つまり、つながりを築くのだ。

たとえば、子どものころに仲間外れにされた経験があれば、現在、職場の仲間があなたに声をかけずにランチに出かけたりすると、たちまち無垢な部分が「故意に輪から外された」と考える。加えて彼女は「あなたには価値がない」と結論づける。その結果、あなたは誰かに排除される前に――そして誰かに誘われる前に――ひとりでランチに出かけることになる。過去のトラウマから直接派生したこのランキング反応は、完全に状況に不相応で、リンクの機会を逃す原因になる。

こうした反応は、アクティブ・イマジネーションを通じて切り離された自己に触れることで根本的に変えることができる。これは無垢の気持ちを知る、さらにはそれを理解し受け入れて動揺を抑える、ということで、これにより将来的に類似の感情を掻き立てる状況を避ける必要が少なくなっていく。自分を過小評価したり、自己防衛を用いたりする必要はなくなり、無垢が象徴する感情のスキーマの引き金が引かれる頻度も大幅に減少する。ランキングを見出す機会は減り、リンキングに接する機会が増え、もっと自由にリンキングを選択できるようになるだろう。

「無垢」を助けるには

アクティブ・イマジネーションの本質は、無垢に何かを語りかけ、その反応を待つことだ。これはふたりの「人間」の対話、つまり、あなたと、あなたの自律的な部分との対話である。詳細に入る前にざっと概要を説明したい。

まずは誰かがステージに現れて話しはじめるのを待つときように、心を開いて辛抱強く待ち構えてほしい。彼女がステージに登場しても、最初は何も話さないかもしれない。彼女はあなたが4歳のときにもっていた自転車に乗って登場するかもしれないし、2歳のときに隅っこで泣いていた姿かもしれないし、21歳で恋に落ちたときの姿かもしれない。

彼女がどんな言動をしても、その状況に対して自分の気持ちで応じること。そして彼女にこちらのようすを聞かれたら正直に答えてほしい。もし彼女が泳ぎに挑戦していたら「ひとりじゃうまくいかないよね。手を貸してあげようか？」と言って手を貸すところを想像する。それからふたたび彼女が話すのを待つ。やがて彼女が言う。「みんな泳ぎ方を教えてあげるって言うけど、無理だよ。私、水に顔もつけられないもん」。ポイントは、空っぽのステージを放棄せず、無垢が自律した人物として登場し、好きなようにふるまえるようになるまで見守ってあげることだ。

トラウマを癒やす目的でアクティブ・イマジネーションを行うと、いずれあなたか「彼女」のどちらかがトラウマ、あるいはそれに起因する感情に目を向けるようになる。あなたの大切な人が虐待で傷ついていたらどうすればいいだろう？ 彼女を家に連れ帰り、慰め、相手の気持ちが整ったら話を聞き、彼女の経験した一見すると不合理に思える残酷な仕打ちの意味を一緒に解きほぐしてあげよう。

この種の親が子に注ぐような愛情の形は、恥、落ち込み、全般的な自尊心の低さ、ランキングの濫用から抜け出すのに絶対に不可欠な、内なる安心感を取り戻すために必要なものだ。たとえ大人になっても無垢は子どもに返り、しばらく母親のもとへ戻る必要がある。彼女（あなた）には、現実に戻って再挑戦するための癒やしが必要なのだ。

不幸にも、あなたの両親があなたを慰め、安心を取り戻してあげる方法を知らなければ、あなた自身もその方法を知らないかもしれない。しかし優れた育児のスキルは学ぶことができる。この10年間をふり返っただけでも、トラウマの被害者の安心感や自尊心を取り戻す方法について多くのことがわかってきた。

なかでも被害者は自分の身に起こったと思うことを何度も繰り返し話し、無価値感や無力感を抱かないようにする必要がある。さらにそれは「彼女」を安心させ、必要であればその出来事をそれとなく解釈し直してくれる人と一緒に行わねばならない。つまりそれこそが、あなたが無垢と一緒に行うことなのだ。

自分で修復することがいつもベストとはかぎらない

　正直に言えば、とくにあなたが慢性的に自分を過小評価しているなら、無垢を治そうとするには向いていない可能性がある。その場合、自分を修復しようとすることは不安だらけの幼い子どもに自分の面倒を見るよう言いつけるようなもので、あまりに負担が大きい。もちろん無垢はあなた以外の助けも切実に必要としている。さらに言えば、あなたの内には単純にいい両親がいないかもしれないし、無垢が引き起こすあらゆる問題に対して、あるいは説明のできない理由のせいで、怒りすら覚えているかもしれない。

　たとえば、ある女性が自分の無垢と対話をしながら、弱くて問題ばかり起こしている「彼女」を蹴ったり殴ったりする。この場合、女性はセラピストに頼んで無垢に対処し、心のなかで「彼女」を打ちのめした理由を突き止め、解決する必要がある。

　あなたもまた、優秀なセラピストと取り組む必要があるかもしれない（セラピストの見つけ方に関しては付録Iを参照のこと）。とはいえ、なかには慢性的な過小評価を克服できた人もいるし、心理療法士以外の人と親密で温かな関係を築くことで、少なくともある程度は克服できる場合がある。本書はそのプロセスを手助けするためのものだが、そのためにはまずあなた自身が前に進む必要がある。もちろんあなたにはそれができるし、本書では優秀なセラピストが用いる方法を紹介していく。だが、場合によっては、あなたの無垢な部分について実際のセラピストに相談する必要があることも覚えておいてほしい。

「無垢」の目指すところ

当然ながら、あなたのなかの無垢に、自分に価値がないと思わせたくはない。最終的な目標は「彼女」をあなたの意識下へ連れ出し、ありのままの姿を表現できるようにすることだ。そのためには彼女とつながることが不可欠になる。彼女とつながるということは、すなわち彼女の人格、感情をそのまま受け入れるということにほかならない。それは純粋に彼女のことを知りたいと思い、可能であれば彼女のニーズを満たしてあげることだ。

この無条件の受容は、説教をしたり、新たな思考を植えつけようとしたり（すでに最大の恐怖となっている）彼女が欠陥品であるかのようにふるまったりするよりはるかに効果的だ。安心感を覚え、受け入れられたと感じれば、自然に治癒のプロセスが開始される。

あなたは何らかの理由で一度は切り離した感情を探している。だからはじめは無垢のせいで不安や恥ずかしさを感じることがあるかもしれない。もしかしたら彼女はあなたが恥ずかしさを覚えるのは、愛されていないと感じている「彼女」が隠れたい、誰かに抱きしめられたい、何も言わなくてもすてきな人に認められて評価されたいと思っているせいだと言うかもしれない。

あなたはその感情が重すぎる、あるいは軽すぎると感じるかもしれないが、そのまま受け止めてほしい。拒絶してはいけない。拒絶してしまうと無垢をもう一度罰することになる。むしろあなたが彼女の気持ちを受け入れることで、親の愛情が生涯を通じて子どもに自尊心を与えるように、彼女はあなたのなかに自分の価値を見出せるようになる。

「無垢」が必要としているものを提供するには

対話を通じて無垢を助ける前に、子どもを育てるための、そして大人が自分を過小評価することなくトラウマから回復する手助けをするための、現在の原則を学ぶ必要がある。これらの原則を適用する際は、自分自身を無垢のことを深く思いやる筋の通った人間だと考えること。その役割に徹し、「彼女」と自分を切り離すのだ。

アクティブ・イマジネーションを開始する前は、自分のことをとくに筋が通った人間だとは思っていなかったかもしれないが、自分がこれほど賢く、親切な言葉をかけられると知って驚くだろう。また自分に欠けているスキルは、いまからでも身につけることができる。

愛着と過小評価

「アチューンメント」とは、他者の感情と調和することだ。それは「ああ、この人は怒っているのだな」と考えるような気づきよりもはるかに深いものである。こうした論理的な推論とは違って、アチューンメントは右脳、つまり直感的かつ感情的な領域で発生し、ごく自然に働く。たとえば相手の気持ちを――たとえ少しであっても――敏感に察すると、その怒りの理由が直感的にわかり、私たち自身も怒りを感じる場合がある。

愛情深い母親は、乳児のあらゆる感情に同調しようとする。赤ん坊が笑えば母親も笑うし、赤ん坊が泣けば母親も思い悩む。とはいえほとんどの場合、母親は赤ん坊に完全に同調しているわけではない。大事なのは、母親がその過程でアチューンメントを修正していくことだ。たとえば母親は、赤ん坊が泣いているのを空腹のせいだと思う。しかしミルクを与えても泣きやまなければ、母親は赤ん坊の気持ちに同調することで次の行動を決めていく。

アチューンメントを欠いた子育ては乳児にとって苦痛となる。母親が体系的に同調できないこともあるし、すぐに怯(おび)えるような赤ん坊を欲していなければ、無視したり、赤ん坊の恐怖よりも豪胆さに反応したりするかもしれない。しかし同調の欠如は、乳児だけの問題ではない。私たちは常にある種の感情は正しくないというメッセージを受け取っている。

職場であなたは生意気なジョーにうんざりしていて、あるいは無垢が彼を嫌っているとする。だが、上司はこう告げる。「今月はみんなジョーの活躍を見たいだろうから、彼の日常業務を少し肩代わりしてやってくれないか」

あなたの気持ちを知ったうえでのこうした上司の意図的な思い違いに対処するために――ジョーとこの先も一緒に仕事をし、彼の仕事をある程度引き受けなければならないとしても――少なくとも無垢のジョーに対する気持ちを聞くことはできる。

相手に同調し、相手の気持ちを理解することは、いまや感情知能（ＥＱ）の基本的条件であることが知られている。感情を理解し現実的なものとするのだ。あなたの無垢に同調するには、彼女の感情を認識し、それを彼女に反映させ、彼女がそういう感情をもっていることをあなたが知っていると彼女に伝えなければならない。彼女が新たな感情を抱いたと感じるたびに無垢に同調し直すのはあなたの仕事だ。

どの感情も重要である。とくに些細な変化には注意してほしい。やがて何かが変わるだろう。憎しみはじょじょに理解と許しに、恥は傷つきやすい自己受容に変容し、恐怖は消えてなくなる。ただし、そうなることを焦ってはいけないし、無垢の感情を丸ごと受け入れてもいけない。

アクティブ・イマジネーションの最中、もしも無垢がある出来事に対して予想以上に冷静だったら――たとえば7歳のときに最愛の母を亡くし、その後継母から虐待を受けていたという事実を淡々と語っているような場合――彼女が実際に感じてしかるべき気持ちに同調してほしい。

「この出来事に大半の人は動揺するだろうか？」と自問してみて、答えがイエスなら隠された気持ちについて彼女にさりげなく聞いてみる。「この話をするとあなたは悲しい？　それとも腹が立つ？」

話を聞き、必要なら質問をする。ただし、無垢のようすをうかがうためではなく、本当に興味があるのだと示しながら。彼女が感じたことや、不満にも正当な理由があるはずだと仮定し、ぜひその理由を聞かせてほしいと伝えよう。それから真剣に意見を述べ、自分のアチューンメントの理解を深める。「だから心配なんだ。誰かが家に押し入ってくることが不安で仕方ないんだね」

この最後の応答が、感情の原因とのつながりを確立していく。その大半は、あなたが理解したいと願ったことだが、本当の自分を見出し、成長できるような理解のされ方をすると誰もが満足を覚える。私たちはその相手をすぐに信頼するようになり、つまり（それこそあなたが望むことだが）、無垢はあなたを信頼するようになる。

現在の要因とつなげる

次のステップは、いまの無垢が抱く強い感情の理由を深く知ることだ。たとえば空想の対話が次のように始まったとする。「あなたがどんなに悲しがっているかわかるよ。本当につらいよね」。この会話はあなたの同調を示している。

次に、彼女の気持ちに理解を示す。「誰かに手柄を取られた怒りよりも、悲しくてがっかりしてるんだよね。でも落ち込むのは当然だと思う。無力さや敗北感を覚えるよね。実際、あなたは主張したことがないから、こうなるのは当然だって思っているのかも」

そして、いよいよ現在の要因とつなげる。すでに「彼女」から要因を聞かされているなら、もう一度言い直すだけでいい。だがときとして、「彼女」自身気づいていなかったり、あなたもこれまで考えたことがなかったりする場合がある

「何か言ったらまずいことになるんじゃないかって不安なのね。リリアンはいつもあなたを怖がらせていたから。自分の手柄を横取りしたって非難すれば、逆にあなたが責められるし、リリアンだけじゃなくて彼女の仲間もあなたを攻撃するかもしれない」

過去の要因とつなげる

次に、「以前も同じように感じたことがあるか？」と自問して、過去の要因とつなげよう。無垢に同じように感じたことがあるかを尋ねるのは重要なことだ。勝手に決めつけてはいけない。彼女はあなたの一部だが、自律した一部なのだ。夢が新たな視点を与えてくれるように、あなたがすでに知っていると思っていることでも、彼女から新たな意見を得られることがある。彼女がいまの感情を過去のそれと結びつけたら、彼女が当時の感情に入り込むのを一緒に見守ろう。

このケースでは、あなたが覚えてはいるが、それほど重要視していなかったこと――ほかの子どもに課題を（彼女が描いたコロンブスの3隻の船の絵を）取り上げられたこと――を彼女が話してくれるかもしれない。それは本当によく描けた絵だったが、それを「失くした」ために彼女は罰を受けた。そしてほかの誰かが彼女の絵を自分の絵として提出し、掲示板に貼り出される。

先生は、それがまさか絵が得意ではない彼女のものだとは思わず、それでも自分の絵だと主張する彼女のことをみんなが笑った。彼女は説明をしようとするが、先生は嘘つきは嫌いだと言う。そして先生が彼女の両親に連絡すると、両親も彼女ではなく先生を信じた。その結果、リリアンはいまでも自分の仕事を自分のものだと主張するのを恐れている。

過去の経験がどれほどひどいものかを無垢に伝え、傷つくのは当然だと励ましてあげるのは大事なことだ。彼女はあなたに、あなた自身の引き裂かれた感情を伝えているのだ。彼女に話をつづけてもらうために「それはつらかったね。さぞかし嫌な思いをしたんだろうね」と伝え、全部吐き出してもらおう。

感情のリンクを修正する

こう聞くと何やら難しそうに聞こえるが、感情のリンクを修正するのはじつはとても簡単なことだ。無垢が過去に受け取っていれば、敗北感や恥を抱かずにすんだ反応を提供してあげればいい。

たとえば彼女が怖かったときのことを話したら、(実際の状況とは対照的に) あなたがどれだけその場にいて彼女を守ってあげたかったかを伝える。先ほどの宿題が盗まれた件であれば「あなたが描いたのに評価されないなんて本当に腹が立つ。校長に言いつけて担任を首にしてやりたい」。あなたの反応は彼女への愛を反映する。だから誰とも共有できなかった昔のつらい経験を正し、置き換えるのはリンクなのだ。

アチューンメントや受容や理解がなければ、感情のリンクを修正できないことがある。また、彼女のためにしてあげられることに関して、より踏み込んだイメージが必要になることもある。彼女の両親は校長に相談したけれど、どうにもならなかったかもしれない。彼女は自分のことだけでなく、両親のことも恥じていたかもしれない。感情のリンクを修正するにはあなたがその場にいたらどうしたかを知ることだ。

ただし、彼女が現在と過去の要因に対するアチューンメント、理解、つながりを得るまでは、別のシナリオを提供しないよう気をつけてほしい。また現在の彼女の気持ち――自分は弱くて、価値がなくて、みんなもそう思っているから自分に起こったことは当然だ――を軽視してもいけない。そうではなく、そうした感情を受け入れつつ、あなたなりの公正な視点を提示しよう。無垢に話すことは何であれ正直でなければならない。下心があれば彼女はすぐに見抜くし、彼女を変えるためだけに大げさに同情しても信頼は得られない。

必要であれば同意しない

これは対話だ。感情に「間違ったもの」はない。天気のように、ただそうなるだけ。しかしその感情が不正確な情報に基づいている場合もあり、だからこそ、あなたは自分の考えを伝える必要がある。そして彼女の視点を受け入れられない場合、なぜそう思うのか考えてほしい。その視点を不愉快に感じるから？　都合が悪いから？　彼女から正確な反応を引き出すために必要な情報を与えようとしているのに、その当人が自己防衛を使っているから？

たとえば彼女は誰かを非難するかもしれないが、あなたはそれはやめるべきパターンだとわかっている。「みんなに文句を言って、仕事をやめて、二度と働かない」と彼女が言うとする。これが現実的でないことをわかっているあなたは、こう伝える。「あなたが怖がって主張しないから上司はあなたの仕事を自己主張の強いリリアンの手柄だと思ったのかもしれないよ。もう少し自分のことを見てもらえるようにしないと。あなたは優秀で、無価値なんかじゃないのに、いろんな場面で低い序列に甘んじて自分を過小評価してしまっている」

感謝する

無垢が姿を現し、自分の意見を伝えてくれたら常に感謝を示してほしい。「あなたからはいろいろ学べる」と彼女に伝え、対話をする時間が取れないときはその理由を説明し、時間が取れたときにきちんと謝ること。

自分の一部に感謝するのはばかげていると思うかもしれないが、彼女を切り離しておくことには多くの利点がある。たとえば、あなたが継続的に彼女に話しかければ、彼女のほうも「まだそんなことを思っているのか」とこちらが驚くような気持ちを継続的に語り、次第に彼女の抱く感情を恥ずかしいと思わなくなっていく。彼女の感情をまず受け入れることで、やがてそれらを自分の一部として受け入れられるようになっていくのだ。

優しく接する

無垢には、トラウマが起きたときに解離せざるを得なかった、さまざまな感情がある。そのなかにはおそらく自分を責めるものもあって、だから優しく接してあげる必要がある。たとえ彼女があなたに非難の自己防衛を用いるよう促してきても、心の奥底では自分自身を責めている。一緒になって彼女を責めてはいけない。

何よりも、無垢に説教したり、明らかに従えないアドバイスをしたり、彼女の気持ちを非難、侮辱、傷つけたりするようなことをしてはいけない。こうした行動を取ると、あなたが彼女をランクづけすることになる。これによってトラウマが繰り返され、無価値感、羞恥心、敗北感といった本能的な反応が強化されてしまう。

まずは、受け入れること。そこからはじめて、迷子になったらまたそこへ立ち返る。ただし受け入れるために必ずしも同意は必要ない。「私はそう思わないけど、あなたの考えはわかる」。こうした対応によって無垢は自分がどんな感情を抱いても、あなたが彼女と口論をしたり、愛を引っ込めたり、罰したり、反対したり、優位に立ったりするつもりがないことを理解していく。

アクティブ・イマジネーションで「無垢」に提供するもの

1 アチューンメント――あなたは彼女の気持ちを知っていて、自分の感情を押しつけるつもりはないことを伝える。「それはひどいね」

2 理解する――その状況で彼女がなぜそう思ったのか、理解できると伝える。「そんな言い方をされたらショックだよね」。あなたの理解が間違っていると指摘されたら、彼女に正してもらおう。

3 現在の要因とつなげる――彼女の反応を引き起こす原因を突き止める。「あなたがショックを受けたのは、彼の考えを気にしすぎだからじゃない?」

4 過去の要因とつなげる――一連の出来事から彼女が思い出すことを尋ねてみる。または現在の彼女の反応を増幅している過去の出来事を推測する。「この状況は過去に父親に非難されたときとそっくりだね」

5 感情のリンクを修正する――過去の出来事に対して、彼女のことを愛する人がとるべきだった反応を示す。ここから彼女は自分をどう評価し、反応すべきかを学んでいく。「あなたの気持ちはわかるよ。でもあなたをそんな気持ちにさせるなんて腹が立つね。そんな批判を受けるいわれはないのに。言語道断だよ」

6 必要であれば同意しない――彼女が間違った見方をしていたり、自己防衛や時代遅れの考え方を採用していたり、うまくいかないとわかっている行動をあなたにするよう求めてきたら、さりげなく改める。「気持ちはわかるけど、自分に価値がないと思ってあきらめてほしくない」

7 感謝する――ちょっとした方法であなたの心遣いを示す。「話してくれてありがとう。とても助かったよ」

8 優しく接する――彼女が羞恥心を抱いていることを心に留め、たとえ彼女を正す必要があったとしても愛と敬意を示す。

アクティブ・イマジネーションをはじめる

アクティブ・イマジネーションのセッションは計画的に行うと成功率が高いが、なかには自然発生的なものもある。次のガイドラインを参考に準備してほしい。

- **時間を決める**　最低でも週に1回は行ってほしい。週に3回以上行うとより早く上達するだろう。邪魔が入らない時間帯を選ぶこと。
- **柔軟に行う**　長さに決まりはないが、アクティブ・イマジネーションに慣れていないうちは時間がかかる。それについてプレッシャーに思う必要はない。1回につき数分程度は試してほしいものの、慣れれば対話が30分ほどつづくこともある。
- **静かな場所を選ぶ**　電話の電源を切る。必要なら安心や神聖さを感じさせるものを周囲に配置する。

●**起こったことを書き留められるようにしておく**　アクティブ・イマジネーションが対話ではなく行動だった場合、のちほどメモを取る。しかしそれが対話で、しかも数センテンス以上なら、メモを取りながら対話をしたほうが集中力も高まるだろう。対話の最中は、どちらが無垢で、どちらが自分かきちんと認識すること。パソコンで書き留めていく場合は、一方のせりふにキーボードの「Caps lock」※を使い、他方には使わないようにすると簡単だ。

●**動揺したら中断し、専門家に助けを求める**　アクティブ・イマジネーションの最中に動揺したり、制御不能に感じたりすることはほとんどない。しかし相手は無意識の心であるため、長いあいだ封印していた感情を呼び出した際に何が起こるかはわからない。何かあれば中断し、必要なら専門家の助けを得ること。

最初のアクティブ・イマジネーション

●リラックスする。心を落ち着かせ、自分の内面に目を向ける。瞑想や深呼吸などのテクニックを用いて自分の内面に深く入り込んでいこう。

●身体の中心に人を迎え入れる場所を想像する。そこは暗く、空っぽのステージかもしれ

※　大文字と小文字の入力を切り替えるキー

ない。無垢を招待しよう。

- 多くの場合、彼女の姿がすぐに見えたり、声が聞こえたりするだろう。そうでなければ、何か言いたいこと、したいことはないか、彼女に尋ねてみよう。
- 対話をする場合は、本心を話すように心がけること。あなたが話したら、次は彼女に自発的に話をさせる。その後、彼女の言葉に自由に反応してみよう。
- 彼女が話をせずに何かをしていたら、自分がそこに無言で参加する場面を想像し、彼女の反応を見てみよう。たとえば彼女がテーブルの下に隠れていたら、離れた場所に無言で座っている自分を想像し、彼女が勇気を出して近づいてくるのを待つ。こちらから話しかけるのは彼女が話しかけられるのを待っていると直感した場合のみ。
- 心に迷いが生じたら——これは必ずと言っていいほど起こる——最初の場所に戻ること。場合によっては、きわめて重要で、しかし脅威となる話題が表面化しようとしている合図かもしれないので、気が散ったからと言って中断しないように。
- 無垢が引っ込んだり、対話が滞ったり、強引さが出てきたりしたら中断するタイミングだと察知する。しくじったように見えても、そのやりとりを過小評価してはいけない。彼女が一緒に過ごしてくれたことに感謝し、次に会う約束を取りつけよう。

トリシアがベルから学んだこと

トリシアは、ここ最近とても落ち込んでいた。彼女は自分が、過小評価された自己の視点にふり回されていることに気づいていた。そこで自分のなかの無垢「ベル」（母親のニックネームから名づけた）に相談することにした。

次の対話は、ベルに必要なそれぞれの要素をトリシアがどのように提供したかをわかりやすく編集したものだ。もちろん、実際の対話はこれほど整然としたものではないし、あなたの対話もきっとそうだろう。

まずトリシアは、好みの方法でアクティブ・イマジネーションを行うために、コンピューターの前に座る（あなたもＰＣを使ってアクティブ・イマジネーションを行うが、ほかの記録は手書きだという場合、あとから対話をプリントアウトして、ノートにホチキスで留めておくといい）。

アクティブ・イマジネーションにまだ慣れていない彼女は、「カンニングペーパー」と呼ぶ８つのものを傍らに用意している。目を閉じ、深呼吸で体を落ち着かせ、お腹の辺りにあるステージのような静かで暗い場所を見つける。そしてベルを呼び出すと、ステージの真ん中に現れた彼女が言う。「私はあなたみたいに落ち込んではいない。怖いだけ。ものすごく怖いの」。トリシアは自分のスキルを発動する（次の対話では、話し手を特定するために名前を用いているが、先ほども述べたように「Caps lock」キーを使って区別したほうが簡単かもしれない）。

アチューンメント

トリシア　怖い？　ごめん、何のことかわからないのだけど。何がそんなに怖いの？

ベル　――あなたの新しい職場に行くのが嫌なの。いつもあの場所は怖いと思う。いつもだよ。

理解する

トリシア　そうだったの。教えてくれてよかった。わかった。怖いと思う場所に行くのはつらいよね。職場に行くとどうなるの？

ベル　あなたの上司のバーースさんが嫌い。彼のせいで嫌な気持ちになるし、自分が無能に感じる。

現在の要因とつなげる

トリシア　たしかに批判ばかりしてくるよね。何度も嫌な思いをさせられるのが怖いから彼に怯えているの？

ベル 本当に嫌な気持ちになるの。自分のすることなすこと全部間違っているんじゃないかって。彼は私を嫌ってるし、ばかだと思ってる。でも本当にそうなのかもしれない。私は負け犬だから。

新たに強烈な感情が発生したため、さらにアチューンメントする

トリシア かなり絶望的だね。ばかとか、負け犬とか、かなり参っているみたい。一日中そんな気分でいるのはつらいね。

ベル 彼は私に嫌われてることを知ってる。でも向こうがはじめたことだから。いまはもう、日に日に当たりがきつくなっていく。

過去の要因とつなげる

トリシア ベル、バースさんを見て誰か思い出す？

ベル 父さん。それに数学のロング先生。最初の上司だったミスター・ファットヘッドも。父さんは私を椅子に立たせて皿洗いをさせた。何でもかんでもチェックして。私はいつも何かを見落としていたから父さんに怒鳴られてばかりだった。怒鳴られるたびに、身体をゆすられるたびに、私はますます見落とすようになって、そのうちすごい剣幕で叱(しか)られるようになった。宿題を手伝ってくれると言ったときも、父さんは私をばか呼ばわりした。父さんのことはすごく怖かった。テストで満点に近い点を取っても、満点じゃないからってお尻を叩

かれたり、部屋に閉じ込められたりした。

感情のリンクを修正する

トリシア　あなたのお父さんにあなたとの接し方を教えられたらよかったな。うまくできたことを褒めてもらえたらあなたはもっとずっとたくさんのことを学べたはず。怯えながらも最善を尽くしたあなたはえらいと思う。

ベル　本当に？　えらいと思う？　あなたがそう思っているなんてはじめて知った。でも、見てよ。何をやってもダメ。こんなことつづけていたら仕事を首になると思う。私って本当にどんくさいの。

必要なら同意しない

トリシア　わかるよ。自分をどうしようもないって思うはつらいよね。でも私は、あなたがどうしようもないなんて思わない。あなたは絶対に愚かなんかじゃない。そう思うのは、お父さんやロング先生、それにミスター・ファットヘッドと過ごした日々のせいだと思う。とくにお父さんは、繊細な少女をどう育てたらいいのかまったくわかっていなかった。あなたはいつだって最善を尽くしていた。どんなときも。

ベル　もういまの仕事は辞めたい。好きじゃない。あそこで抱く自分の感情も大嫌い。

トリシア　でも仕事は必要だよ。それに父親に似た存在に怯えるっていう問題にも一緒に向

郵便はがき

おそれいりますが
切手を
お貼りください。

141-8205

東京都品川区上大崎3-1-1
株式会社CCCメディアハウス
書籍編集部 行

CCCメディアハウス　書籍愛読者会員登録のご案内
＜登録無料＞

本書のご感想も、切手不要の会員サイトから、お寄せ下さい！

ご購読ありがとうございます。よろしければ、小社書籍愛読者会員にご登録ください。メールマガジンをお届けするほか、会員限定プレゼントやイベント企画も予定しております。
会員ご登録と読者アンケートは、右のQRコードから！

小社サイトにてご感想をお寄せいただいた方の中から、
毎月抽選で2名の方に図書カードをプレゼントいたします。

■アンケート内容は、今後の刊行計画の資料として利用させていただきますので、ご協力をお願いいたします。
■住所等の個人情報は、新刊・イベント等のご案内、または読者調査をお願いする目的に限り利用いたします。

愛読者カード

■本書のタイトル

■本書についてのご意見、ご感想をお聞かせ下さい。

※ このカードに記入されたご意見・ご感想を、新聞・雑誌等の広告や
弊社HP上などで掲載してもよろしいですか。

はい（実名で可・匿名なら可）　・　いいえ

ご住所	〒□□□-□□□□　☎　—　—		
お名前	フリガナ	年齢	性別
			男・女
ご職業			

き合っていかないと。また同じことの繰り返しになるよ。

ベル　でもどうすればいいの？　どうにかなる気がしない。

トリシア　まずは上司が本当にわたしのことを嫌っているのか、それとも私がありもしないランキングを見ているだけなのかを見極めるところからはじめたほうがいいと思う。もう少し愛想よく接してみてもいいかもしれない。もしかしたら、向こうが私に嫌われていると思っているかもしれないし。

ベル　あなたが自分のやろうとしていることをちゃんとわかっているといいのだけど。

トリシア　あなたのことは私が守る。それに上司が父親みたいにただ意地悪なだけだったら、仕事辞めてあなたをケアする。

ベル　じゃあ、あなたに任せてみる。ただ、私が怯えていることは忘れないでほしいし、上司がいま以上に悪い奴にならないようにくれぐれも気をつけてね。

感謝する

トリシア　あなたの面倒はちゃんと見る。あなたのことを大切に思っているから。今日はあなたにいろいろ教えてもらったよ（トリシアはベルの表情が明るくなるところを想像する）。

優しく接する

トリシア　元気になったみたいでよかったけど、本当のところはどう？　ほんの数分前までひどく落ち込んでいたでしょう。

ベル　大丈夫だと思う。まだ自分のことは好きじゃないけど。迷惑ばっかりかけてるよね？私って臆病だし、プライドとか自信をもてないでいるから。

トリシア　まだ自分のことをそんなふうに思っているなんて残念。私はあなたのことが大好きだから、あなたが自分を愚かだと思っているのはつらい。でも自分を好きになれなくても自分のことを恥じないでほしい。それはどうしようもないことかもしれないけど、生まれつきそう思っていたわけじゃない。あなたは変わるためにできるかぎりのことをしている。私と話すことをやめないでね。そうすればきっと気分がよくなるから。いい？

トリシアがベルのためにしたこと、ベルがトリシアのためにしたこと

トリシアがいまの対話で行ったことを見ていこう。

- 誰かと話をする姿勢を完璧に保持する。
- ベルが感情を表すたびに、彼女に同調していることを示す。
- 感情的なつながりを修正する一環としてベルを誇りに思うことで、その羞恥心を軽減する。しかも上辺の言葉だけでなく本心からそう思っている。さらにベルに、学校での成績がよかったこと、彼女のことを好きな先生がいたこと、過去の上司や同僚が仕事ぶりを褒めて

くれたことも思い出させる。

- ベルがいかに愛され、守られるべきだったかを示すことで感情的なリンクを修正し、今後はトリシアがそれを行うことを明確にする。
- 自分に価値がないというベルの感情を受け入れつつも、それが事実に基づいているとは考えていない。
- ベルを気遣う理性的な人間としての役割——自分がベルのように怯え、自分を嫌いだと思っても、トリシアが挑み、こなせると思い描く役割——を全うする。そうすることで自分が無垢で幼かったころには向き合えなかった感情に深く分け入っていく。
- 自分を過小評価しているという問題に穏やかに働きかけつづけ、状況は変わるという希望をベルに提供する。

ベルとリンキングすることで、トリシアはこれまである程度自分の意識から切り離していた感情、記憶、防御とつながった。いまではそれらを意識するだけでなく、（過去に受け取れなかった）正しい感情のリンクをベルに提供した結果、それらに対する見方も変わった。自分ひとりでどうやってそれを実現したのか？

トリシアは、ベルを気にかける理性的な人物を演じることでそれをやり遂げたのだ。彼女はベルと対話をしたが、ではなぜ、ふたりに分ける必要があったのか？　それは脳のある領域が別の領域を助けるからだ。

この対話の結果、トリシアは職場での自分の状況をより明確に見られるようになった。実際、上司のバースさんにも多少同情を覚えはじめている。彼女の父親と同じく、彼も明らかに働きすぎだったのだ。会社は人員整理の最中で、彼は緊張の真っただ中にいた。

トリシアは上司とリンキングをしてみようと決心する。彼女が「ＧＩＶＥ」を使うと、上司は少年のように生き生きとした。上司もおそらく仕事の問題で孤独を感じており、彼女に共感してもらえたことがうれしかったのだろう。上司はトリシアに、時折感情面で助けを求めるようになっただけでなく、彼女が助けを必要としているとすぐに気がつき、手を貸してくれるようになった。

トリシアの憂鬱は晴れた。仕事に問題はなく、会社に行くのを楽しみに思うことも増えてきた。何より、自分を過小評価することがずいぶん減ったのだった。

アクティブ・イマジネーションに抵抗がある場合

トラウマを癒やそうと思ったら、最低でも週に1回はアクティブ・イマジネーションを行うべきだが、自分を過度に過小評価している場合はさらに頻度を増やしてほしい。新しい脳のパターンは一夜にしてつくられるものではない。とはいえ、アクティブ・イマジネーションに取り組みたくない場合もあるだろう。理由のひとつは、いらいらしてしまうせいかもしれない。アクティブ・イマジネーションはまるで無垢が話す機会をずっと待ち受けていたかのように、すんなり進むことがある。一方で、辛抱強さを試される場合もある。こういうときは夢が役に立つかもしれない。

クリントは目を閉じて静かにパソコンの前に座り、無垢からの反応を待っている。だが、何も起こらない。そして、数日前に見た夢を思い出す。ひとりのボーイスカウトの少年が、身体の大きな男の子たちに小突き回されている。ボーイスカウトの少年は泣いてその場から走り去った。ほかの少年たちはおもしろがっている。クリントはこの少年を無垢に見立てて、アクティブ・イマジネーションを行おうと決めた。ここからクリントとスカウトとの長きにわたる関係が始まった。

過小評価された自己を癒やす際は、夢に注意を払うとおおいに役に立つ。というのも夢は、たとえばトラウマによって封印されたような、いつもは閉じている脳の領域に私たちを触れさせてくれるからだ。夜間、注目すべき箇所をスキャンするように、脳全体が活性化される。夢のなかでトラブルに見舞われている人物は無垢を表しているかもしれない。

また、夢が終わった場面から、あたかもつづきを見ているかのようにアクティブ・イマジネーションを開始するのも有効だ。クリントは少年がいじめっ子のそばを走り抜けたところからアクティブ・イマジネーションを開始すると、少年と話し、彼を落ち着かせ、いじめられていた場面に戻り、自分がいじめっ子たちを追い払い、新しい大人の友達が自分のために起こしてくれた行動を見て、少年が誇らしそうにしているところを想像した。

たとえアクティブ・イマジネーションがうまくいったとしても、あなたはまだ抵抗を覚えるかもしれない。クリントはスカウトから、彼が困難な状況に出会うといじめられる恐怖から「逃げ出す」のだということを教わり、そこからさらにつながりを強めていく。ところがその後、クリントはスカウトとの会話をしばらくのあいだ忘れてしまう。やがて、誘拐され、手足を縛られ猿ぐつわをされた幼い少年の夢を見る。クリントはそこからヒントを得て、ふたたびアクティブ・イマジネーションへと戻っていく。

抵抗があるのは当然だ。何しろ、脳の神経回路がトラウマの感情的な記憶が保存されている領域を避けるのは、あなたが嫌な感情に圧倒されないようにするためなのだ。誰がそんな気持ちをふたたび味わいたいと思うだろう？　しかしトラウマを癒やしたいなら、あなたはそこへ戻らなければならない。

アクティブ・イマジネーションをはじめてはみたが、心がさまよってしまう場合、何度でも最初に立ち返ってほしい。アクティブ・イマジネーションを行うのを忘れてしまう人は、手帳に記しておくといい。抵抗があると無垢との接触を妨げられるかもしれない。これからその問題を避けるための方法をいくつか紹介する。もしまだ無垢と接触できていない人は、次の方法を試してみてほしい。

- とくに傷つきやすかったり、悩んでいたりした時期を思い浮かべる。
- 第３章の「子ども時代のトラウマリスト」を見返し無垢をいずれかの状況に当てはめてみる。人への信頼に関してあなたが「純真さを失った」出来事を選ぶといいだろう。無垢が自分の気持ちを話しはじめるかもしれない。

- 無垢は何か理由があってあなたに話しかけないのだと想像してみる。その理由は？　何かに怯えている？　怒っている？　絶望している？
- まだ理由がわからなければ、無理をせず、本章の残りを読み、そのまま第６章に進んでほしい。そうすれば状況はさらに明確になるだろう。

癒やしのプロセスに熱心に取り組んでいるつもりの人でも、アクティブ・イマジネーションには抵抗を覚える。もしそうなっても、あきらめないでほしい。何より、それを失敗だと思わないでほしい。誰しもこの抵抗にはてこずるのだ。

身体のことも忘れずに

無垢の外見や行動には意味がある。たとえば、彼女が９歳の姿をしているのを見たあなたは、自分が９歳のときに、両親が数カ月間別居していたことを思い出すかもしれない。学校の成績が悪くて悩んでいたなら、現在の悩みが仕事上の成績の悪さに関連していることに気づくだろう。骨折した若い女性だったり、ニキビのある10代の少年だったり、無垢の外見に何らかの特徴があれば、それが何を意味するのか考えてほしい。

無垢との対話の代わりに、無垢が何かのアクティビティーに参加するところを想像してもいい。彼女が泣き出したら、シンプルに抱きしめてあげる。彼女は誰もいない場所で遊んでいるかもしれないし、プロムで踊っているかもしれない。犬を撫でながら暗い部屋に横たわっていたり、大勢の聴衆の前で講義を行っていたり、ポニーに乗って原っぱを駆けていたり、赤ん坊を抱いていたりするかもしれない。彼女に自分も参加していいか、あるいは手を貸していいか聞いてみよう。

無垢を身体的側面から想像することは、彼女と交流するもうひとつの方法というだけではない。感情は身体に由来するので、身体の記憶として残っている可能性がある。あなたの最初にしてもっとも重要なリンキングやランキングの経験は、あなたが話しはじめる前に起きたかもしれない。子どものころや大人になってからのトラウマで、自分では気づかなかった身体の反応があったかもしれない。

この種の情報は、医者に行くたび頭痛がするとか、特定の曲を聞くと涙が出るなど、身体の状態や症状として現れることがある。夢のなかのイメージは、空を飛んでいるとか、歯がないといったものかもしれない。これらはどれも言葉を伴わないが、言葉にできるものと同じぐらいリアルである。無垢と対話している最中に、彼女の発言に強く反応することがあるかもしれない。

たとえば彼女が「親友に拒絶された」と話すと、あなたは震えはじめる。これは、その記憶がいまなおあなたに影響を及ぼしている証拠だ。身体の反応は真剣に受け止めてほしい。それは、特定の過去の経験について知る唯一の手がかりかもしれないのだ。

たとえば、クリントが見たスカウトが空を飛ぶ夢は、まさにクリントが少年時代に感じていたことだった。恐ろしさのあまり飛んで逃げたい、地上の肉体とつらい気持ちから離れたいと思っていたのだ。スカウトと当時の話をすると、クリントは胃が締めつけられるのを感じ、拳をきつく握った。スカウトは記憶と感情をつなげながら、クリントがいじめられた過去を追体験するのを手伝っていたのである。

「無垢」と6つの自己防衛

大半の場合、無垢は彼女の感情——あなたが切り離した感情——とくに無価値感や羞恥心を抱いている。しかし時折、彼女は断固とした姿勢で自己防衛を用いることがある。彼女を観察することで、気づかないうちに自己防衛を用いていた自分に気づくかもしれない。あなたが無垢から切り離されているかぎり、そうしたことに気づけない。

たとえばベルはある時期から、自分を恥じる気持ちを、上司のバースを責めることに切り替えた。「全部彼のせいだよ。向こうがはじめたことだもん」。ここからトリシアは、たとえ彼に責任がないことでも、自分が上司を責めたくて仕方がなかったことを知る。

また、トリシアはベルが、とくに自分の「最小化」と「非競争」を刺激していることにも気づいた。自分が上司の言動に対して「平気。別に気にしてない」「彼がどう思っていようが関係ない」と思うとき、自分は単にこだわらない性格なのだと思っていた。しかしベルが、批判や人を怒らせることを恐れていると知るにつれて、自分の無垢な部分は、自分の望みを口にせず、不当に扱われても声を上げないことで、常に恥や敗北を避けていたのだと気づいたのだ。「非競争」は、権力が濫用される前の世界に戻りたいと思っている無垢にとって、とくに重要な自己防衛かもしれない。彼女はランキングが存在しないふりをすることでこれをかなえられると思っている。

あなたがランキングはふつうのことであり、彼女のなかにも存在し、そこから逃れることはできないのだと認めてあげれば、彼女の気持ちは楽になるだろう。それどころか、いちばんになるのを楽しむことさえあるかもしれない。感情のリンクを修正する過程で彼女がそもそももっているべきだったもの——彼女が競うべきだった分野での能力や、さまざまな集団内での権利に関する現実的な感覚——を提示してあげよう。

無垢が好んで使うもうひとつの自己防衛は「がんばりすぎ」だ。彼女は極度の劣等感のせいで自分に満足できず、他人も彼女に対して同じように思っていると考えている。そしてそれを払拭するために、完璧でありたいと願う。大切な人に対して誰もがするように、彼女の実績とは関係なく、そのままの彼女で十分魅力的だと伝えてあげよう。無理をしている自分を認めるよう促してもいい。

彼女が不満を打ち明けてくれたら感謝し、もっと頻繁に話してほしいとお願いする。あなたが仕事をしすぎていたら、彼女はそろそろ息抜きをしたいと主張して、生活のバランスが取れるよう助けてくれるかもしれない。

無垢はめったに「非難」は使わないが、もし使ったときは、それが正当な不満かどうかを真剣に考える必要がある。ひょっとしたら、これまであなたが気づかなかった事実を指摘しているかもしれない。そうでなければ「サリーに腹を立てるのはわかるけど、もう少し自分にも厳しくしたほうがいいんじゃない」と応じるといい。

無垢が「誇張」を使うこともほとんどないが、これ以上傷つくのを避ける手段として自分には誰も必要ないと決めつけたり、無力感や羞恥心を打ち消すような大げさな妄想であなたを楽しませようとしたりすることがある。この場合、彼女の抱く無価値感だけでなく、愛情や受け入れられたいという願望を否定する気持ちにも向き合う必要がある。彼女が弱さや愛に飢えていることを恥じているなら、彼女のような立場の人がそういう感情を抱くは理解できるし、ふつうのことだと何度でも説明し、それを認められるあなたが好きだと伝えよう。

第２章で述べたように、「投影」された自分をとらえるのは非常に難しいが、無垢がそれをしている場合、その自己防衛はわかりやすい。おそらくあなたは、彼女が他人についてかなり不合理なことを言っているのに気づくだろう。

アクティブ・イマジネーションを行うと、無垢がほかの子どもに敗北や恥を覚えたり、おもちゃを抱えて逃げ出したりしたことを思い出すかもしれない。そのなかで彼女は敵に捨てぜりふを言う。「もう二度と遊んであげないから。欲張りのいばりんぼう」

このせりふは、彼女自身が最近欲張ったり威張ったりしたことから出た非難だろうか？　敗北や恥ずべき屈辱感への恐怖は、誰に対してもこのような行動を促す。彼女が憎んでいる他人の特徴が自分に当てはまるとしたら、それは彼女が投影しているということだ。欠点が何であれ、それを受け入れ、恥ずかしいと思わせないようにすることで、彼女の力になってあげよう。「誰でも欲張ることはあるよ」「あなたの友達は偉そうだし、あなたもときどきそうなるけど、それってそんなにひどいこと？」

とくに有効なのは、過去に特定の感情を非難し、誰かれかまわず批判した人物――そのせいで無垢がその批判から逃れようと自分の欠点を否定するはめになった人物――の記憶と結びつけることだ。

無垢（ひいてはあなた）に自己防衛を使わせないようにするためには、根本にある無価値感と向き合い、彼女の感情を受け入れ、恥じる気持ちをなくす必要がある。あなたに対して恥じる気持ちがなくなれば、少なくともふたりで話しているときは、自己防衛を使わなくなるだろう。たとえばベルは最初、自分に引け目を感じ、対話中に上司を責めていたが、彼女の恥がなくなるにつれて、非難の自己防衛も影を潜めていった。

アクティブ・イマジネーションをふり返る

アクティブ・イマジネーションを終えたあと、その内容を忘れないことが重要だ。無垢が言ったことをよく考え、今後の自分の行動を決める。内容を忘れたり無視したりすると、新しい人とつながる、自分の主張をするといった、さらなるトラウマを生む可能性のある出来事から、これまでの自己防衛がふたたびあなたを守ろうとするだろう。

アクティブ・イマジネーションを行ったあとは無垢と自分を重ね合わせたせいか、いつもより動揺する場合がある。これは切り離された自分を統合するための、一時的に必要な感覚だと思われる。しかしこれがつづくようなら、アクティブ・イマジネーションに詳しいセラピストに相談してほしい。

また、単純に対話に不満を覚えることもあるだろう。「こんなの時間の無駄だ」「どうせ自分の作り話だ」。この反応は、過去から切り離された感情を意識化し、当時と同じようにあなたを打ちのめすための無意識の抵抗の一部である。あなたのアクティブ・イマジネーションは決して時間の無駄ではない。

たしかに、あなたの一部が夢をつくりだすのと同様、これもあなたがつくりあげたものだ。しかしあなた以外に、あなたがもっているものを想像したり夢に見たりする人はいない。たとえ「ただの作り話」だとしても、当人の内面世界を雄弁に語っているのだ。

自分の抵抗には自分で対処するしかないが、何が起きているかをきちんと理解できれば、ネガティブな感情に取り合わなくてすむだろう。

学んだことを実践する

「無垢」との関係を深める

本章の冒頭で、すでにあなたと無垢との関係は始まっているかもしれない。もしまだなら、いまから始めてみてほしい。考えている呼び名があれば無垢に名前をつけてみよう。そうでなければ思いつくまで待ってもいい。無垢の性別はどちらでもかまわない。

自分を過小評価している状況や方法を想像し、本章のステップを用いて無垢を呼び出し、一緒にその経験について話し合ってみよう。しかし、彼女のほうに気にかかることがあれば、そちらに注意を向け、彼女が欲しいものを提供する。たとえ彼女が大人の姿をしていても、癒やしや慰めを求めているならそれを与えてあげること。

これから7日間、無垢のようすを毎日確認してほしい。必ずしもアクティブ・イマジネーションを行う必要はないが、あなたが悩んだり落ち込んだりしたら、必ず彼女と話をすること。そういうときは、たいてい自分を過小評価しているときなので、自分のなかで何が起きているかを彼女と一緒に確認するといい。

驚くような事実が判明するかもしれない。彼女は自立したあなたの一部であり、あなたとは異なる視点をもっていることもしばしばだ。これまであなたがよくわからなかった感情について、彼女ならすぐに説明できるかもしれない。

第６章
内なる批判者と保護者／迫害者に対処する

Dealing with the Inner Critic and the Protector-Persecutor

私たちはそれぞれ内なる批判者を内包しており、多くの人が保護者／迫害者も内包している。内なる批判者とは、あなたの外見、パフォーマンス、健康状態について常に意見するあなたの一部である。彼は（ここでは男性の代名詞を使用するが、内なる批判者は女性の場合もある）自分をいっそう過小評価するよう促す。さらに悪いことに、彼はランキングを重視している。しかし内なる批判者は、３００万年かけて効果的な本能を進化させ、集団内であなたが地位を保てるようにしてきた。これは重要な機能である。彼は助けになりたいと思っているし、再訓練することも可能だ。

一方、保護者／迫害者は、どの分野においても、あなたの力になろうとは思っていない。人生の初期の段階で、深刻なトラウマや同じトラウマを何度も経験している場合、保護者／迫害者はあなたをどこにも導かず、何の助けにもなってくれない。彼らの目的もまたあなたを守ることだが、あなたを日常生活や危険から遠ざけ、必要なら迫害することで、ふたたびトラウマを経験しないようにしているのだ。

内なる批判者を再訓練する

内なる批判者は子ども時代にできあがる。子どものころのあなたは、大人に比べてはるかに未熟で、これは内なる批判者も同じなのだが、しかし彼は、もっとがんばって大人のようになれとあなたをせっついてくる。また内なる批判者は、大人のつくったルールをあなたが破っていないかどうかも確認したがる一方で、十中八九、あなたの成長に追いついておらず、もっと自由な決定を必要とする大人のあなたに対して保守的すぎる傾向がある。

内なる批判者には、あなたのいまのランクを認めさせ、手綱を緩めるよう再教育する必要がある。これ以上の誹謗中傷や「おまえには価値がない。変わったほうがいい。もっと必死にがんばれよ、この間抜け」といったお決まりのせりふはもう必要ない。

内なる批判者の声を聞く

次のチェックリストを参照し、役に立たない内なる批判者の声を確認しよう。あなたの内なる批判者が言いそうなせりふにチェックマークをつけてほしい。

- あなたの仕事には不備がある。
- 全然マナーがなっていない。
- もっと注意して――いつもミスしてばかり。
- (何かをやろうとした際に) そんなことしたらばかみたい。
- 服装がおしゃれじゃない。
- あなたの子ども（パートナー、友人、部下）の態度がよくないのはあなたのせい。
- 親切心や寛大さが足りない。
- もっと頻繁に家に電話しないと、家族は許してくれないし、愛してくれない。
- そんなことしたら、びっくりする人がいるはず。
- いまよりもっとがんばって働かないと。
- あなたは怠け者だ
- これをできるほど賢くない。
- 意気地なし。

あなたの内なる批判者がこうした発言をひとつでもしているなら、少なくともコーチとしては最低だ。チェックした項目が多いほど、内なる批判者は障害となっている。

内なる批判者に話し方を教える

内なる批判者の声を確認したら、「無垢」との対話のときのように、彼との対話をはじめよう（アクティブ・イマジネーションの手順は第5章を参照）。今回のあなたの目標は、切り離された自分を統合することではなく、意識しすぎている部分を調整することだ。そのためには、いいコーチ、つまり暴君ではなくあなたの味方になってくれる人物に何をお願いすべきかを考えなければならない。

とりわけ内なる批判者に学んでほしいのは批判の伝え方だが、それはあなたが周囲の人々に学んでほしいと思っていることでもある。

- 「その歌をうまく歌えないとあなたが困ると思うから、そうならないようにしてあげたい」といった、自分主体の「I statement」で話し、「今晩はきっと失敗する」という言い方はしない。
- 「あと3回練習してくれたらうれしいな」といった具体的な提案をし、「相変わらずへただね。きっと一生うまくならないよ」という言い方はしない。
- 「素人みたいな歌い方だね。あなたは神経質だから練習すればするほど悪くなるよ」などの一般論、レッテル貼り、悪口は言わない。
- 実際のランクを正確に把握することを目指す。「私は大半の人より上手だけど、フランクみたいなプロではない（けれど、それはかまわない。フランクのような声も練習時間もないのだから）」

- 批判と共によかった点を4つ挙げる。「1曲目と3曲目はいいね。声がよく出ている。歌詞がすてき。新しいスタイルもいい。ただ、2曲目はあまりよくないかも」

マイラの内なる批判者

マイラは、データ収集テンプレートを作成するプログラムを学んでいる。だが、内なる批判者が邪魔ばかりする。最初は、何が起きているかわからないまま作業をつづけていたものの、どんどん気持ちが落ち込み、やがて自信をなくしていることに気づいたマイラは、内なる批判者がこのプログラムに対して否定的なアプローチをしているのではないかと考えた。マイラはこれを止めるべく、内なる批判者と対話をする。

マイラ　またあなたなの。どうせ私には何もできないって言うんでしょう？

内なる批判者　だってそうだろう？　もう長いことかかってるじゃないか。こういう新しいことを学ぶには年を取りすぎているんだよ。どのみち自分のものにはできないって。みんなもいずれわかる。査定でも言われていたけど、君はいまどきの人じゃないし、今後もそうなることはない。

マイラ　ちょっと待ってよ。そんなこと言われても全然役に立たない。いったいどういうつもり？　自分の気持ちを（「I statement」で）話して。
内なる批判者　またそれかよ？　いいよ、わかった。そんなに長い時間かけてうまくいかないと思ったら怖いんだ。
マイラ　怖いと思ってるのね。あなたは、私が自分で自分の首を絞めていると思っている。それを助けたいと思ってくれることには感謝する。でも長い時間かかっているからって絶望的とはかぎらない。私のしていることに前向きな要素はないの？
内なる批判者　そうだな、何かは学んでいるかも。粘り強く向き合っているし、明日までに達成できるレベルもわきまえている。それに、少なくともやれる自信はあるみたいだ。できるかどうかは知らないけど。
マイラ　うん、最後のコメント以外は役に立った。じゃあどうすればいいと思う？　具体的に教えてくれる？［内なる批判者に考える時間を与える］
内なる批判者　「ヘルプ」にアクセスしたときに表示されるサポートラインに電話してみるっていうのは？
マイラ　いい考え。ありがとう。本当に助かった。

ここでのポイントは、マイラは内なる批判者とできるだけリンキングし、感謝を伝え、彼の感情に共感しながら、同時に自分の意見を主張し、自分が優位にいることを知らしめている点だ。

内なる批判者が言うことを聞かない場合

内なる批判者の態度が改善しなくても、どうかあきらめないでほしい。多くの場合、何度も会話を重ねる必要がある。彼を捕まえ、修正するには、粘り強さと一貫性をもって取り組むことだ。また、彼の過去を知る必要もあるかもしれない。

「いつから私のことをそんなに心配しているの？」と尋ね、その要因を過去の声から聞き取ってほしい。その声は誰のものだろう？　母親、父親、2年生のときの担任、最初の上司、別れた恋人？　彼が心からあなたのことを心配しているならこちらも同情を示す。しかし、時代は変わる。だから彼にも代わってほしいと、毅然と伝えること。

マイラと内なる批判者の友好的な関係は、一夜にして築かれたものではない。まずは内なる批判者の声と、その特徴――失敗を過度に恐れ、自分の能力や知性を疑うよう彼女を仕向ける傾向――を認識する必要があった。彼と対話をはじめたころ、彼はその対話自体も批判した。「君は片っ端から新しい自己啓発法を試したがるけど、ばかげてるよ。それにほかの人に有効だったとしても、君には効かない」。すぐにマイラは彼と次のような対話をすることになる。

マイラ　あなたにはうんざり。出てってよ。あなたのせいで私の人生はめちゃくちゃ。

内なる批判者　それは自分のせいだろ。

マイラ　どうしてそうやって私を疑わせるようなことばかり言うの？

内なる批判者　君を助けようとしてるんだ。

マイラ　全然助けになってない。

内なる批判者　本音を言うと、君が心配なんだ。

マイラ　私が心配？　いつから私のことを心配しているの？

内なる批判者　たぶん、母親の影響だと思う。彼女はいつも君がちゃんと社会でやっていけるか心配していたから。それに、彼女はあらゆることに対して不安を抱えていた。

マイラ　つまりあなたは、ミルクを飲むように母の心配を吸収したのね。でも母は私を気遣ってくれた。私に自信をくれたよ。

内なる批判者　彼女が君について知っていたことって何？　君が字を読めるようになったのは遅かったし、数学も得意じゃなかった。望んでいた大学にも入れなかった。

マイラ　大したリストね。だから、私を励ますよりも貶めるほうがいいと思ったの？　ねえ、私のしていることをちゃんと見てくれない？

内なる批判者　たしかに、君には物事を正確に判断してほしいと思ってるけど……。

マイラ　そうでしょ。あなたのほうも正確に判断してくれたら、すごく私のためになると思う。あなたが私を助けようと思ってくれていることには感謝する。本当に。でも私を支えてほしい。あなたなら優秀なコーチになれる。

内なる批判者　そう思う？

マイラのしたこと

- 内なる批判者の注意を引くために怒ってみせる。
- 内なる批判者が納得するような、道理を説く。
- 過去とつながる――母親の心配。
- 感謝と称賛でリンキングを締めくくる。

保護者／迫害者を認識する

先ほどの例でマイラの内なる批判者は、彼女の毅然とした態度、そしてリンクしようという意思に反応した。しかし、もしそうではなかったら？　彼女の内なる批判者が優位な立場に固執し、彼女を嘲（あざけ）り、ますます自分を疑わせるような態度を改めなかったら？

もしそうなら、マイラは内なる批判者ではなく、保護者／迫害者と対峙していることになる。はじめて耳にしたかもしれないが、これもあなたの一部である。そしてこの部分が機能していると、保護者／迫害者は、過小評価された自己を維持するのにとりわけ大きな役割を果たす。

第3章では、過去のトラウマに加えて、偏見、敏感性、他者への不安定な愛着に関連するトラウマについて学んだが、これらはすべて保護者／迫害者として知られる特別な防御システムが作動する引き金となる。このシステムは、空想の、あるいは依存性のある保護区域にあなたを閉じ込め、そこから逃れようとすると、あなたがあきらめるまで迫害しようとする。つまり保護者／迫害者はふたつの顔をもちながら、その目的を等しくしている。それは深く、原始的な防御で、臨床心理学者のなかには、自分を過小評価するのをやめたくて何年も優秀な心理療法士にかかっている人でもそれがやめられないのは、この保護者／迫害者のせいだと考えている人もいる。[1] この新たな見解は、トラウマの影響の解消法に関する最新の見識のひとつだ。

内なる批判者は誰のなかにも存在するが、保護者／迫害者はそうではない。内なる批判者は基本的にあなたがうまくいくことを望んでいるが、保護者／迫害者はそうではない。内なる批判者はいいアドバイスを送ることについて学べるが、保護者／迫害者はそうではない。内なる批判者と対話することはできるが、保護者／迫害者と対話するには彼らが特定の方向に変わるまで待たなくてはならない。

内なる批判者を再教育すると、過小評価された自己を改善するのに実際に役立つ。再教育後の内なる批判者は、ランキングの状況で自分の価値を現実的に見ることや、実際に存在しないランキングは見ないよう促し、何よりあなたと効果的につながれるようになる。保護者／迫害者はあなたにどんなリスクも冒させたくないため、あなたが自分を過小評価することを必要とし、そうするよう励ます。過小評価された自己が前面に出ると、保護者／迫害者が危険とみなす物事は、自分にはできないのではないかと疑うようになる。

保護者／迫害者の指令は無意識から湧き上がってくるため、その存在は間接的にしか知ることができない。自分のなかに保護者／迫害者がいるかを確認するために、次のことをしていないかどうか自問してみよう。

- 慢性的な人見知りで、いつも人に拒絶されると感じる。
- 虐待を受けるような人間関係や職場環境に繰り返し身を置いている。
- 挑戦しても無駄だと思う。
- 忘れたり、遅刻したり、けがをしたり、急病になったりして大きなチャンスを逃す。
- 十分な休息を取ったにもかかわらず疲れすぎて何もできないことが多い。
- 単なるトラウマの再現よりも、はるかにひどい悪夢を繰り返し見る。
- がんばって目標を達成したり、目標に向かって一歩踏み出したりすると、どうしようもなく気分が悪くなったり、とんでもない悪夢を見たりする。
- 多くの時間を費やして空想の世界に浸る。
- 依存症や強迫観念があり、まともな社会生活を送ることができない。
- 感情を抱くべきときに感情が欠如している。

早い段階で深刻なトラウマを経験したり、幼少期に不安的な愛着を感じていたり、人生の大半を偏見にさらされて過ごしていたりしたら、おそらくこの生来の防御システムが作動している。さらにあなたが敏感性も備えているなら、トラウマに影響を受けやすいことから、保護者／迫害者がいる可能性は非常に高い[2]。

暗闇から抜け出す——本能的な解決策

保護者／迫害者と、大きなトラウマを受けた「無垢」は切っても切れない関係にある。保護者／迫害者は無垢が幼すぎたり、大人の場合でも、感覚が麻痺したりして自己防衛が働かずに受けてしまったトラウマによって傷ついたり圧倒されたりした際に、心の暗い場所から立ち昇ってくる。こうした極度のトラウマには希望をもつのは不可能だ。また、完全なる無力感に対抗しようと、6つの自己防衛のトラウマ状態ではいずれかを作動させるのも無理だろう。それどころか、底なしの黒い深淵が開き、それまでの自分を粉々に吹き飛ばしながら、延々と暗闇のなかに落ちていく。

しかし早めに誰かが手を差し伸べ、極度のトラウマを止めてくれれば、深淵はふたたび閉じるだろう。そうでなければ、その経験全体がアクセス可能な言語記憶に統合されることはなくなり、その先の展開を表す言葉は文字どおり存在しなくなる。脳への刺激が強くなりすぎるのだ。

トラウマを記憶している場合、過剰な興奮を避けるため——完全に封印するもの、覚えてはいるがトラウマに関連した感情は伴わないものなど——記憶を分解して別々に保管する。保護者／迫害者の防御システムは、あなたが気づかないうちに発動し、こうしたトラウマが二度と起きないよう別のシステムに取って代わる。

保護者

保護者は守護天使のようにふるまう。空想の繭をつくり、現実から遠く離れた安全な楽園にあなたをかくまうのだ。私たちは誰もがこの保護者の仕事ぶりを見たことがある。不幸な子どもたちは本、コンピューター、作り物の世界に閉じこもり、大人たちは部屋で「名作小説」を書き、あるいはバスケットボールのコートで誰かに見出されるのを待っている。

しかし他人から見ると、こうした熱狂的な仕事はあまりに手前勝手で、現実とはかけ離れているように思える——本は出版されないし、素人がプロになることもない、と。また、著名人や決してかなわぬ恋の相手のことを延々と理想化し、空想するときにも保護者の姿がある。妄想している当人と、その相手は会ったことすらないかもしれないが、保護者にとってはそれでいい。自分の守るべき人物に現実社会とかかわってほしくないのだ。

保護者は依存性をちらつかせて誘惑することもあり、この場合、魔性の恋人のようにふるまうかもしれない。「楽しい時間を過ごしたい？　僕が提供するよ。５００ミリリットルサイズのアイスクリーム（あるいはウォッカ）を買って、一緒にすてきな夜を過ごそう」

新しい誰かと出会うために不健全な人間関係を解消し、あるいは心理療法に取り組んでいたのに体重が増えてしまって、自分は恋愛対象にはなれないと思い込んでしまった女性を何度も見たことがある。保護者が彼女をコントロールしているのだ。

実りある創造性や希望と、保護的な空想との違いを改めて確認すると、空想はあなたを現実世界へ導かず、遠ざける点にある。保護者の架空の世界は無限に広がっている。だが、それはあなたをどこにも連れていかないし、他人と共有されることもない。拒絶のトラウマを伴うものは何であれ避ける必要があるからだ。

迫害者

あなたが聖域で不安になり、そこから逃れようとすると、迫害者が登場する。あなたは自分の計画がなかなか進まず、何かがおかしいと思う。そして、やるべきことをぐずぐずと先延ばししている自分に気づく。お酒をやめられず、虐待的な関係から抜け出せない。いまやあなたの聖域は牢獄と化している。自分のことが嫌でたまらない。迫害者は希望、意志、自尊心、その他「無垢」が外に出て、ふたたびトラウマの危険を冒すよう励ますものをすべて破壊する。

あなたが一歩踏み出せば、あなたの興味、エネルギー、自信、勇気をくじくために迫害者は何でもするだろう。あなたが変わろうとすることへの攻撃は苛烈で、内なる批判者に働きかけようが、その他の方法で対抗しようがまったく歯が立たない。

たとえば、あなたには新しくできたすてきな友人がいる。しかしあなたは彼女に約束をすっぽかされて傷つき、かなりのダメージを負う。良好な関係を保つために何か言わなければと思うものの、その話題をもちだすのが怖い。内なる声は話すべきだと言っている。そうしないのは臆病者だ、と言っているのは内なる批判者の声だろうか。しかしあなたはそうしない――できないのだ。話そうとしても声が出ず、あなたはなぜだろうと思う。

友人と話をしようと思いつづけているあなたに、そのうち迫害者のこんな声が聞こえてくる。「いまはそのときじゃない」。それでも、やはり話さなくてはと思っていると「（友達と話すのは）そんなに大事なことじゃない」。そのため友人から、「約束を忘れたこと気にしてない？」と聞かれても、「ううん、大丈夫。気にしていない」と答えてしまう。そしてあなたは友人関係に疲れ、その友情は終了する。

あるいは、あなたは恋をしたいと思っている。「すてきな恋ができる」と自分に言い聞かせたり、スピードデートをしたりして、友人やセラピスト相手に恋愛話ばかりしている。それなのに、いざ恋人候補に出会うと「今夜はちょっと都合が悪い。やることがたくさんあって」と言ったりする。またデートを数回重ねても、この人は合わないと思う。こうしたことが何度も繰り返され、迫害者は何度でもあなたの計画をだいなしにする。

逆説的だが、迫害者は恋愛であれ仕事であれ、あなたを虐待関係に置くことがよくある。どういうわけか、迫害者は過去の虐待関係を再現することができるのだ。私たちがそうした関係にとどまるのは何度も同じ失敗を繰り返さずにはいられないからだという人がいる。しかし、なぜだろう？　人は過ちから学ぶはずだ。実際の理由としては、保護者／迫害者の視点から見ると、すでになじみの危険に身を置き、自分を過小評価しつづけるほうが、希望を抱き、さらなる喪失や裏切りに見舞われるような新たな経験をするよりも安全に思えるからだ。前回のようなひどい経験は二度したくないのである。

迫害者は、難治性のうつ病や自己破壊的行動の原因になることもある。極端なケースになると、「解決策」として自殺を勧めてくることさえある。悲劇的な自殺の遺書によく見られるように、これ以上トラウマを経験するより死んだほうがましだと思うのだ。

私は診察室でアクティブ・イマジネーションを行い、実際に迫害者の声を聞くまで、自分のなかにそうした致命的な声があることを知らなかった患者を何人も知っている。突然、自分の一部が「もう死んだほうがいい」「おまえには価値がないんだから、自殺したほうがいいよ」と囁(ささや)いてくるのだ。

リンキングへの攻撃

保護者／迫害者は、協力して、もしくはいずれか一方の形態で、あなたの築いたリンク――友人との外側のリンクも、解離を終わらせようと願う内側のリンクも――破壊しようとする。そのため無垢と対話しようとすると、謎の抵抗を受けることになる。

トラウマに関連した感情、記憶、現在の思考や行動、身体の状態はすべて解離する可能性がある。記憶は抑圧され、文字どおり意識から切り離されるかもしれず、感情は現在の記憶や出来事と結びついていないかもしれない。

また、感覚が麻痺し、感情が欠如し、意味もなく押し寄せてくる感情を意識しすぎてしまう場合もある。身体と記憶がリンクしていないため、トラウマとなった出来事は覚えていても、その間身体に何が起こっていたのかわからない。あなたの身体はいまもあなたの思考から解離していて、身体が必要としていることに気づけていない。もしくは身体と行動がリンクしておらず、非現実感や孤立感を覚えながら一日を過ごしているかもしれない。

解離はあなたの行動にも影響を及ぼす。行動が真の原因とリンクしていないために、無意味なことをしてみたり、自己破壊的な行動をしてみたりする。心の奥に押し込んだ記憶、感情、思考が身体を蝕み、ストレス関連の疾患を発症することもある。また、現在の生活とは無関係に思える悪夢を繰り返し見ることもある。

外側のリンクについては、保護者／迫害者があらゆるリンキングをランキング状態に変え、あなたに劣等感を覚えさせるのが常だが、現実の親密かつ持続的な関係からあなたを遠ざけるためなら、「彼は私にはふさわしくない」など、あなたに優越感を覚えさせることもある。保護者／迫害者は、世界に適応している偽のあなたをつくりだし、あなたのことを好きな人と限定的にリンクさせることがあるが、その場合、あなたは本当の意味でつながっていないことをわかっている。

強力な保護者／迫害者がいるある男性から、以前こんな話を聞いたことがある。「自分に優しくしてくれる人がいるとすごく居心地が悪くて、そういう関係では失うものが大きすぎるように感じるんです」。温かく敬意をもって接してくれる人に対して、彼はごく表面的に対処し、相手が放っておいてくれるまで折り返しの電話を「忘れる」こともしょっちゅうだった。それどころか、彼をコントロールしたり、裏切ったりする友人、彼を昇進させてくれない上司などがいつも身近にいるという。彼は魔法使いの隠れ家のなかで安全に守られてきたのだった。

ラプンツェルと彼女の保護者／迫害者の物語

童話「ラプンツェル」は無垢と保護者／迫害者の関係を完璧に描いている。物語では、魔女が娘を一生塔に閉じ込めておくことで、この世の悪から彼女を「守ろう」とする。しかし窓の外を眺めて過ごしていた少女は、やがて成長して王子に出会う。ラプンツェルはこれまで一度も切ったことのない髪の毛（彼女の自然な成長と才能）を使って塔を登る王子を助けるのだが、この髪の毛が外の世界とのリンクになる。

しかし魔女はラプンツェルの望みを知ると、ただちに娘を迫害するようになる。ラプンツェルの髪の毛を切って、象徴的に彼女のリンクを破壊し、彼女を砂漠に置き去りにしてしまうのだ。置き去りにされたラプンツェルは、砂漠で双子を出産する。魔女はラプンツェルの髪の毛を使ってもう一度王子を塔に誘い込む。そして髪の毛の先にいたのが魔女だとわかると、王子は悲嘆にくれて塔から飛び降り、茨（いばら）が目に刺さって失明する。

長年さまよい歩いた末、王子は砂漠でラプンツェルのすすり泣く声を耳にする。ついにふたりが一緒になると、ラプンツェルの涙が王子の目を癒やし、再会した家族は、その後幸せに暮らす。この童話は、若い男女、頭と髪、父と子ども、父の目とその目が見たかったもののもつ自然なリンクを魔女が攻撃したにもかかわらず、リンキングが勝利したことを象徴的に伝えている。

カートの保護者／迫害者

カートは、成功したコンピューターセキュリティーの専門家だ。一見して適応力が高く、31歳という年齢も魅力的だった。しかしその内面は違った。幼いころに両親が離婚。彼の若い父親はデイトレーダーで――実際のところはギャンブル狂だった――家、車、妻の遺産を失った。その事態を許してしまった母親は、カートを育てるために、裕福でアルコール依存症の両親のもとへと戻った。

カートの祖父は元海兵隊員で、熱心にカートの面倒を見た。彼の子育て法は、戦争捕虜にふさわしい罰を与えることだった（祖父はベトナムで捕虜になった経験があったのだ）。祖父は孫が父親のようなダメ人間にならないよう、厳しく育てようとした。カートは罰として食事も水も与えられずに押し入れに閉じ込められ、見知らぬ場所に置き去りにされて真夜中に帰り道を探し、祖父に怯えながら生活することを学んだ。カートはできるだけ自室とコンピューターの世界に閉じこもり、マリファナに出会うとそれも聖域に加えた。そして「保護者」が祖父のあとを引き継いだ。

カートは15歳のとき、「そのほうが強い男になるだろう」という祖父の了承を得て家を出た。母親には新しい恋人ができ、息子が家を出ても寂しそうではなかった。コンピューターに精通していたカートはすぐに仕事を見つけたが、その仕事をまったく好きになれず、アパートでひとり、ビデオゲームとオンラインポーカーに明け暮れた。カートの計画は、ポーカーでたんまり稼いで早期退職することだった。彼の保護者は、ますます居心地のいい繭を紡ぎ出してカートを守りつづけた。

一方、迫害者は悪夢に現れ、カートはダークロード（暗黒卿）に拷問されたり、エイリアンに拉致されたり、ゾンビに姿を変えられたりした。実際、カートは自分がゾンビになった気分だった。カートには自分とタイプの似た友人が数人いたが、人生に喜びを見出すことはできなかった。ラプンツェルのように、世間から隔離されて守られていることにうんざりしていた。人生とはどうにか生き抜くもの、あるいは大金持ちになれば勝ちといったもののように思えた。そんなある日、キャサリンと出会い、恋に落ちた。

キャサリンはカートのなかに愛すべき何かを見出していたが、彼がマリファナとポーカーをやめ、悪夢の原因についてセラピストに相談するまで踏み込もうはしなかった。こうして私はカートと出会った。彼はこのすてきな女性を失いたくないと思いつつも、依存を断ち切ることもできないと考えていた。私たちはまず、依存症は脇に置き、カートの過小評価された自己を探すことからはじめた。彼の幼少期の話から、必ずその傾向があるはずだと思ったのだ。

しぶしぶながらカートはアクティブ・イマジネーションを行い、幼い少年と対話をしたが、彼はその少年を目の当たりにして思いがけず泣き出した。その後、アクティブ・イマジネーションに対する彼の抵抗は強くなったものの、私に悪夢の話をしてくれた。

そこで保護者／迫害者の存在が明らかになる。カートがキャサリンの欠点に目を向けはじめると、カートは迫害者が意地悪をしているのがわかるようになった。いよいよ現実的に彼女とかかわる可能性が高まってきたからだ。

カートは少しずつ依存症を克服していった。彼はいかに自分がマリファナやポーカーで億長者になるという空想で守られる必要があったかに気づいた。そしてどうにかそれらを手放そうとすると、迫害者が現れた。しかしすでに全容を理解した彼は、自分が本当に恐れていたのは、祖父の期待どおりタフで成功した人物になれなければ（押し入れに閉じ込められるといった）厳しい罰を受けることだったと気がついた。また、祖父から逃れられず、母親に無視されつづけた子ども時代のように、ふたたび無力感にさいなまれることへの恐怖も感じていた。

こうした分析と共に、彼はふたたびアクティブ・イマジネーションを行い、幼い少年と対峙した。いまやカートの傷は加速度的に癒やされ、とくにキャサリンというすばらしい支援者のおかげで、これまでにない安心感を得ている。

愛着のトラウマと保護者／迫害者

不安定な愛着から生じる保護者／迫害者は、とりわけ厳しいことが多い。こうしたケースでは、「保護者」は失われた母性や父性の存在を、喫煙、アルコール、仕事などの依存症に置き換えることがある。あるいは子どもが受け取ることのできなかった、完璧な愛情という幻想をつくりだす。それは耐えがたい欲求や憧憬を助長する一方で、実際に欲望を満たすことができるかもしれない存在を過小評価したり軽視したりする。その際、十分じゃない、現実じゃない、偽物だ、幻想だ、長期的にはうまくいかない、などと言う。

しかしたいていの場合、人を誘い出すのは愛や、愛という思いである。何しろ安全な愛着を与えてくれる愛への憧憬は、私たちにとってごく自然で強力なものなのだ。愛の可能性がラプンツェルを外の世界へと誘い出し、カートのことも誘い出した。あなたはリンキングの可能性を見てこう言うだろう。

「愛について語っているあの人、すてきだな。私と同じ立場でもほかの人たちは愛を得て幸せに暮らしているのに、どうして自分にはできないのだろう?」愛はすべてに打ち勝つだろうか? あなたが保護者/迫害者と戦うために愛を使えるなら、答えは「打ち勝てる」だ。

愛着のトラウマには離婚や親の死など、耐えがたい別離が関係しているため、保護者/迫害者は喪失のリスクをもたらす愛を排除することがよくある。以前も耐えられなかったのだから、次もきっと耐えられないだろうと想定するのだ。これらのシナリオに対する自分なりの答えを見つけるまでは、保護者/迫害者に「別離や喪失の痛みと共に生き、過去に耐えられなかったことを未来では耐えてみせる」と納得させるのは不可能だ。

喪失は誰にとってもつらく、簡単に克服できるものではない。実際、あなたは誰かを失ったら耐えられないと思っているかもしれない。たとえ肉体は生きていても、心はもだえ苦しむだろうと。乗り越えるには努力が必要だ。しかしいずれ、愛のつながりをもてる人が必ずどこかにいるとわかるかもしれないし、あるいはその答えは精神世界にしか存在しないかもしれない。いい知らせは、どんな人間関係もいずれは終わるという事実をあなたが受け入れようと努力することで、幸せな子ども時代のおかげで安定している人よりも、喪失に対する心構えができるということだ。

愛着のトラウマに関して言えば、保護者／迫害者は喪失のほかに、裏切りや虐待からもあなたを守ろうとする。前述したように不安定な愛着とは、子どもにとって絶対的な権力者である親がその権力を愛情なしにふりかざすことでもある。これは大きなトラウマになりかねない。その結果、あなたは大人になっても裏切りや虐待を受けつづけるものだと思い込む。保護者／迫害者は、他人の心は誰にもわからないという事実を利用する。そのためあなたは、相手の愛の言葉が本物なのか、自分を裏切ろうとして言ったものなのか判断できない。誰かが自分を好きだと言ったら、私たちはそれを信じるべきだろう。

しかし保護者／迫害者は、その逆を想定させる。唯一の解決策は、相手の愛や優しい言葉、あなたのためにしてくれた行動を受け入れようとすることだ。

愛する人との親密な関係を保護者／迫害者に阻まれても、あきらめてはいけない。愛のために自分を解放することは、過去に問題のある人が直面する最大の課題だと言っていい。そこで得たものがたとえ部分的な勝利でも、それが勝利であることを認めてほしい。さらに、過小評価された自己は、愛する自由を獲得できなければ癒やせない。ランキングと過小評価からあなたを解放してくれるのはリンキングと愛なのだ。

保護者／迫害者から自由になる

保護者／迫害者について知るだけでも、そのコントロールは緩む。自分が変わろうとしなかったり、辛辣な自己批判をしたり、ランキングへ執着したりする傾向が心理的防御の結果なのだと知ればほっとする。単なる自暴自棄だと思うよりは確実にましである。最初のステップは、客観的に観察することで、この防御からほんの少し自分を切り離すことだ。

二番目のステップは、ラプンツェルが母親のルールを破ったように、保護者／迫害者のルールを破ること。三番目は、ラプンツェルがしたように、他者や自分の感情にリンクすること。四番目は、夢で見た情報を利用することだ。夢は保護者／迫害者の企みや自分がどうするべきかのヒントを教えてくれる。

最初のステップ、防御から自分を切り離すのに必要な距離が確保できない、あるいは原因がわかったあとでも自滅的な行動を減らせない場合は、セラピストに相談してほしい。同様に、外部世界の何か、たとえば声などが、あなたに自滅行動を促していると思う場合も本章のアドバイスを実行する前に必ずセラピストに相談すること。

保護者／迫害者を観察する

保護者／迫害者の存在の兆候を示すリストに戻り、各項目を検証してみよう。その際、特定の保護者の手法について考えてほしい。

とくに、自分と他者とのつながりをよく観察すること。保護者／迫害者は、不安定な愛着に関する防御を強化する。不安定型の人は、理想的な誰かを夢見ては深い劣等感を覚え、しかし誰かに愛されると恐怖を感じる。回避型の人は、関係が親密になると後ずさり、また、相手がいないと寂しいくせに、そばにいるといらだったり引きこもったりして相手を困らせる。

不安定な愛着傾向があると、特定の状況下で保護者／迫害者が物事を歪める可能性がある。次のような状況ではとくに疑ってみてほしい。

- ふたりにとっていいことがあったあとに、相手を痛烈に批判したり、興味を失ったり、別れを考えたりすることが多い。
- 理想の関係を夢見すぎて、うまくいかなったときに残念な失敗だったと思う。
- 相手に不信感を抱き、事実を確認することも、話し合いもしようとしない。
- 相手が四六時中一緒にいたいと思ってくれないことに、激怒したり打ちひしがれたりする。
- 自分よりも相手のほうが一緒にいたいと思っていることを見下している。
- ちょっとした諍(いさか)いで「もうダメだ」と決めてしまう。
- どちらか一方が弱く、愛に飢え、依存しているのではないかという懸念にとらわれている。
- 相手が自分のもとを去ったり、自分を嫌いになったり、死んでしまったりする想像が止められない。
- まるで相手が神であるかのように、欠点をひとつも見つけられない。

保護者／迫害者があなたにしていることを把握するのはつらいが、それでもやはり、自分を単なる負け犬と思うより、これは防御の一部なのだと理解したほうが救われる。

ルールを破る

保護者／迫害者のルールを破るには、まずそのルールを確認する必要がある。第3章で認識したトラウマは、多くの場合、あなたが従うよう学んだ無意識のルールに支配されている。これから代表的な事例をいくつか紹介するが、次のリストを読み、なじみのあるルールをチェックしてほしい。そしてこれ以外にもあなたが従っている保護者／迫害者のルールがあれば、それも書き出してみよう。

- **親密にならない**　個人的な質問はしないし答えない。相手の自己開示を無視する。茶化す、無礼な態度を取る。相手が距離を詰めてきたら離れる。
- **議論をしない**　いつも感じよくする。諍いが生じたり相手が怒ったりしたらすぐに関係を終わらせる。言い争いになったらその場を離れる。
- **成長しない**　新しい挑戦の機会や誘いを断る。向上心をもたない。何かのチャンスがもちあがっても自分に回ってこないようばかなふりをする。

- **交際や結婚をしない**　先延ばしする。さえないままでいる。片思いや空想に固執する。絶対に結婚できない人と関係をつづける。不倫をする。いつまでも若い気でいる。若いころにするような軽薄なパーティーで騒ぐ。
- **強い感情をもたない**　常に自制する。泣かない。怒りを見せない。どんなときも冷静でいる。
- **セックスをしない、もしくは楽しまない**　セックスを避ける。機械的に行う。行為中何も感じない。何の感情も抱かずセックスで自分をなだめる。
- **自分を大切に思ってくれる人を信じない**　褒め言葉や愛情を受け入れない。受け取ったとしても本気にしない。
- **助けを求めない**　疑う。身を引く。不満を言わない。
- **正直にならない**　相手が聞きたいことだけを言う。「あなたらしく」と言われるととくに警戒する。

- **希望を持たない**　助けを期待しない。いずれよくなるとは考えない。何も、誰も信じない。
- **自分の主張をしない**　相手に言いたいことを言わせる。問題を起こさない。この社会に正義や公平さを求めない。
- **信用しない**　騙されない。誰も自分のことを真剣に気にかけてはいない。

保護者／迫害者があなたに押しつけていたルールのリストさえ手に入れば、そこから自分を解放する一歩を踏み出すことができる。最初はルールを破れなくても、あるいは二歩進んで一歩下がるような状況に思えても、落胆しないことが重要だ。保護者／迫害者の防御は強力だ。しかもあなたの努力が実を結びはじめると、その行為はまったくの無駄だと思わせてくる。保護者／迫害者の妨害に対抗するには、怒りを示してみよう。怒りを示せなければ、せめて粘り強くいること。とくに保護者／迫害者が、あなたと本書とのつながり——無垢との対話などあなたがやるべきこと——を攻撃していないか注意してほしい。間違いなく保護者／迫害者は、本書を丸ごと排除したいと思っているだろう。

実際、本書の初期の原稿を読んでいたある女性は、ちょうど保護者／迫害者に関する本章が自分に当てはまると気づいたころに原稿をなくしている。彼女はひとり暮らしだったため、自分でどこかに置いたことは間違いなかった。結局原稿は、彼女がふだん近づかない棚の書類のあいだで見つかった。彼女には、そこに置いた記憶がまったくなかったという。

リンク

テロリストが鉄道や電話線、道路など、人々をつなげるものを攻撃するように、保護者／迫害者もあなたのリンクを攻撃し、使えないようにする。あなたはそれらを再建し、鍛え直さなければならない。あなたがあきらめないとわかれば、保護者／迫害者は交渉の席に着くだろう。そのうち攻撃が再燃しても、今度はもっと制御できるようになる。

外のリンク　保護者／迫害者を抑えるには、あなたを縛るルールの理不尽さを理解し、それを破る力になってくれる人物が少なくともひとりは必要だ。しかし相手はあなたに仲間を増やしてほしくない。保護者／迫害者が定めたルールでよくあるのは、あなたを愛する人を信じてはいけない、というものだ。だから何度愛していると言われても、あなたはどうしてもそれを信じることができない。これは相手にとっても、あなたにとっても非常にもどかしい状況だ。相手には、たとえ気まずいときでも、いつも自分のそばにいてくれることが愛の証になると伝えよう。

これで、あなたが提供できる以上の安心感を無垢に与えられる人とつながれるようになるだろう。その人物はセラピストかもしれないし、あなたを愛してくれる人かもしれない。ただし覚えておいてほしいのは、保護者／迫害者は人の忍耐力をおおいに試す。そのため無垢には膨大な安心感が必要になるかもしれないということだ。

多くの場合、セラピストはこうした試練に耐え、無垢のために安定した安全な場所を維持してくれる。しかし（セラピストでなくても）状況をきちんと理解している人なら、十分助けになるだろう。

ルールを破る助けになる人、今後助けになりそうな人のリストを用意してほしい。なるべく長く彼らと過ごすようにして、彼らが力になってくれそうだ、理解してくれそうだと思ったら、保護者／迫害者について打ち明けてみよう。彼らにこの章、あるいは本書を読んでもらってもいい。

人生のパートナーがいる人は、その人を必ず自分の味方につけること。パートナーに、保護者／迫害者がどのように介入し、あなたのリンクを破壊しようとしているのかを知ってもらえば、ふたりの関係も改善する。

内のリンク　思考、感情、身体感覚、記憶、過去に関連していると思われる現在の状況など、内なるリンクを再構築する必要もある。記憶や感情をできるかぎり思い出し、当時の状況を自分のなかで再現できれば、つながりが見えてくる。そしてあなたが切り離した感情の実態を認識してほしい。感情自体はまだそこに存在している。

そうした感情はたいてい非常にシンプルだ――恐怖、怒り、悲しみ、絶望。難しいのは、一見すると理由もなく生じたような感情を（それらを意識から追い出すよう求める）トラウマと結びつけることだろう。よくわからない状態から推測するしかないときもあれば、状況を完全に把握していても自分の情動反応をうまく認識できないこともある。

たとえば、うつや不安で苦しんでいる多くの人が、子どものころに受けた性的虐待を何でもないことのように話し、（その出来事とうつ／不安症のあいだに）何の関連も見出していないことがある。

体内に埋もれた感情を探すことを学んでほしい。そこでは強い感情がその存在を主張しているはずだ。もしかしたらすでに、湿疹、頭痛、筋肉の張り、脱力感といった形で表出しているかもしれない。あるいは涙を浮かべる瞳のなか、いまにも叫び出しそうな喉の奥、握った拳、動悸、硬い黒い石が胸につかえたような感覚、締めつけられた胃のなかに。

こうした感覚の原因を調べてみよう。もし自分の感情を身体で知覚できない場合、身体にたまった感情を吐き出す手伝いをしてくれるプロのボディーワーカーを探すといいだろう。セラピストならこうしたプロセスで助けになる人を知っていることが多い。

強い感情は恐いかもしれないが、永遠につづくものはないし、それほど抵抗しなければ向き合う時間は短くなる。無垢との対話のあとなどに、自分の感情を感じる時間を設けてみてほしい。その際、自然のなかに身を置いてもいいし、もし感情にアクセスしたり心を落ち着かせたりするのが難しいようなら、部屋でキャンドルを灯したり、感情を呼び起こすような音楽をかけたりしてもいい。あなたを理解してくれる人がそばにいれば理想的だ。感情は共有されてしかるべきなのだ。

もっとも重要な感情――あなたが埋もれた感情にアクセスしていることを示す感情――は、悲しみだ。あなたはかつて得られなかったもの、そして取り返しのつかないものについて悲しむ必要がある。

たとえば幼少期のトラウマや、子ども時代が他人のそれとは悪い意味で違ったという事実を悲しんでほしい。悲嘆、悲しみ、嘆きは、うつとはまったく異なる。人が悲しむとき、第三者はその理由を知っている。その出来事と感情のあいだにあるつながりはいたって自然で、そうした感情こそ――悲しみのような痛みこそ――あなたに必要なものなのだ。痛みを伴うものは他人に話してみてほしい。これは、感情のリンクを修正する一環としてあなたに必要なことである。

悲しむことができないのは、最初期のトラウマにおける最大の問題であることが多い。出来事を覚えていなければ何を悲しめばいいのかわからないし、感情を抑えないと前に進めなかった過去の経験から、悲しむのは危険なことだったかもしれない。

誰かに悲しんでいる姿を見られたら「あの人、どうしたんだろう?」と、平然としている人のなかでランクが下がったかもしれない。あるいは、悲しめば相手の印象を悪くしたかもしれない――「私、あなたに何かしました?」何より、トラウマを負っている最中の悲しみは無意味だっただろう。悲しみは他者を引き寄せるが、無垢にとってのその他者が適切な対応をしてくれなかったり、反応自体を返してくれなかったりしたら、悲しんでいるどころではなくなるからだ。それでも、あなたが受け取らなかったものについて悲しむことはできるし、それはあなたがずっと待ち望んできたことだ。

こうした内なるリンキングの大半は無垢との対話を通じて実現できる。また、夢もあなたの感情を教えてくれる。あなたの努力をくじこうとする保護者／迫害者に対抗するには体系的なアプローチを取り、粘り強く、少なくとも週に一度、1時間は、感情および記憶しているトラウマを表出させる時間を確保する必要がある。それができたら、完全なる統合と癒やしのために一連の流れを生活の一部とし、記録をつけること。書き留めておけば、トラウマによって過小評価された自己は次第にその影響力を失っていくだろう。

夢を利用する

あなたのなかに保護者／迫害者がいなくても、夢を利用するすべを学ぶのは大事なことだ。夢は無垢のいまの姿、あなたがどのように自分を過小評価しているか、トラウマになっていることは何か、そして他者とのリンクの質などを教えてくれる。一般的に、夢は日常生活で気づかないうちに顕在化していることを明らかにする。「残りの物語」を与えてくれるのだ。

保護者／迫害者がいる場合、夢は破壊されそうなリンクを復元するのに必要な情報を提供する。夢はいわば航空写真で、あなた自身と保護者／迫害者の正確な位置情報を伝え、彼らがどのように妨害してくるかを明確に示す。

夢のなかの言語は、シンボルやメタファーで構成されたイメージとストーリーから成り立ち、夢に登場するそれらは、あなた個人に語りかけている可能性がきわめて高い。どんな些細なことにも意味はあるが、すでに知っていることを夢が伝えているように思ったら、そのなかでも少しふだんとは違うこと、予想外な詳細に対して、特別な注意を払ってほしい。

海は無意識を表すなど、たしかに夢のシンボルのなかには普遍的な意味をもつものもある。しかしあなたが船乗りなら、海はほかの意味ももつはずだ。それと同じく、鳥やタクシーの夢を見たら、鳥やタクシーがあなた個人にとってどんな意味をもつかを考える必要がある。シンボルの意味を「夢辞典」で調べることは勧めないが、夢に関する書籍はたくさん読んだほうがいいだろう。簡潔で、アクティブ・イマジネーションを取り上げているロバート・ジョンソンの『Inner Work（インナー・ワーク）』（未邦訳）はとくにお勧めだ。[3]

保護者／迫害者は、あなたが夢を見るのを邪魔することはできないものの、夢をわざわざ思い出したり、とくに悪夢は、真剣に受け止めたりしないほうがいいと伝えてくる。彼らの話に耳を傾けてはいけない。保護者／迫害者の夢はいつも不快だ。

とはいえ「悪い」夢でも役に立つ。というのも、それらは成長を望むあなたの無意識の部分から生じたもので、常にあなたの味方だからだ。つまりあなたの夢は、保護者／迫害者が何を企み、あなたにどう思わせたいかを示す内部情報のようなものなのだ。

何やらしっくりこない「楽しい」夢を見た場合は、保護者の企みを知ることができる。たとえばそれは、有毒ガスを遮断してくれるが、その内部にある、みんなを養うはずの植物がすべてネオンカラーのプラスチックでできている、巨大なガラスドームの夢かもしれない。あるいは夢のなかで寝てしまったり、ドラッグを使ったり、肝心なところで失神してしまったりする夢かもしれない。これらはすべて保護者側が、夢に関するあなたの認識を大幅に制限していることを意味している。

保護者／迫害者の夢における3つの段階　保護者／迫害者の夢は、本書を通じて3つの段階を経ていくことになる。

第1段階のあいだは、こうした夢はとくに恐ろしく、邪悪で、暴力的で、不気味で、破滅的なものかもしれない。昔からこうした夢を見ている人は、防御を学び、ルールを破ろうとすると、さらに頻繁に見るようになる。こうした夢は、保護者／迫害者の反応を教えてくれる。トラウマが最近のもので、夢が明らかにトラウマに関連していなければ、夢のなかの暴力は通常、あなたに実際に起こったことを表してはいない。

一方、原爆が地上に無差別に投下されたり、宇宙人が町々に毒を撒いたりする夢は、無垢の苦しみを示すと同時に、この世ではどんなことも起こりうるし、だからどこへ行っても危険だと伝えることで、保護者／迫害者が徹底的にあなたを怖がらせようとしていることを示唆している。

第2段階では、保護者／迫害者に対するあなたの進歩が夢に反映される。感じる恐怖は変わらず、ともすれば増したとしても、夢のなかであなたは何らかの策を講じられるし、助けを求めることができる。あなたは足元に落ちてきたミサイルがいまにも爆発するのではないかと怯えている。辺りを見回すと、そのミサイルは防衛施設の高い壁の向こうから飛んできたことがわかる。そしてそばにいた人が、ミサイルを飛ばしている奴らは正気じゃなく、世界中が破壊される前に誰かが施設に侵入して止めなければいけない、と冷静に教えてくれる。

防衛施設という設定が、明らかに保護者／迫害者に関連していることに留意してほしい。これであなたは彼らの企みを知った、と夢は告げているのだ。さらなる朗報は、あなたのなかの中立な部分も何をすべきか知っているらしいということだ。ただし、この中立な部分があなたを守ってくれるわけではないことはわかるだろう。その発言によってあなたが問題から引き離されたわけではないからだ。むしろ、あなたはこの防御に対処するすべをある程度知らされたのだが、まだこの段階では不可能に思える。

第3段階では、保護者／迫害者はあなたの夢に人物として現れる。それがたとえヒトラーであっても、子どもを殺した母親であっても、人間の姿をしているので、人間の弱さをもっている。その人物は監禁されているかもしれないし、裁判にかけられているかもしれない。

第3段階の夢に入った兆候はほかにも、救出される、自分の有能さを示す、保護者／迫害者に対峙し、打ち負かしさえする、といったものがある。あなた以外の誰かが被害者の場合、それはもはや保護者／迫害者が、あなたをコントロールできる人物とみなしていないことを意味する。

これらの段階は厳密なものではないが、知識として知っておくことで進歩を実感したり、ふたたび悪夢を見るようになった理由を理解したりするのに役に立つ。保護者／迫害者のルールを破ろうとして彼らを刺激すると、あなたの夢はいつでも最初の段階に戻る可能性がある。

設定と年齢　夢の設定と夢のなかでのあなたの年齢は、通常、一般的なテーマを教えてくれる。あなたの育った家を舞台にした夢なら、おそらくあなたの子ども時代について、そして、いまだにあなたに影響を与えているその家での出来事について語っているはずだ。もしあなたがその家で大人の姿をしていれば、あなたの子ども時代と大人になったあなたとの関係性に関連している。

保護者／迫害者の夢では、段階に応じて設定が変わる。第1段階の夢は、悪夢や異世界のような設定になる。第2段階の夢では、強制収容所といった、人がつくりあげた邪悪な環境が設定される。第3段階の夢では、少なくとも理論上は、あなたが敵に立ち向かえる場所が登場する。

夢のなかのあなたが若ければ若いほど、それは無垢についての夢の可能性が高くなる。たとえふだん、無垢を大人の女性の姿でイメージしていても。もし現在の年齢なら、その夢は保護者／迫害者が、いま現在のあなたを脅かしていることを示している。

感情と人々　一般的に、夢のなかの感情の量は、あなたが気づく必要のある感情の量とほぼ同じである。トラウマのせいで感情とその原因のつながりが断ち切られていると、抑圧された、あるいは未知の感情は、夢のなかでかなり激しくなることがある。リンクが断ち切られているのはまさにこれが理由で——あなたが圧倒されるのを防ぐためだ。悪夢もひどく動揺を誘うが、その理由は感情と意識のあいだのリンクを回復させ、あなたを助けるためである。悪夢の呪縛は、誰かにそれを話すことで——つまりリンキングの力で——解消される。

保護者／迫害者が夢のなかで取る姿は、多くのことを物語っている。カートは黒い騎士と戦う夢を見た。最初はふたりとも同じ装備で、第3段階の夢を暗示していたが、すぐに第1段階へと引き戻された。黒い騎士が巨大ロボットに変わり、増殖し、人間、動物、植物など、ありとあらゆるものを殺しはじめたのだ。カートは気づいた。祖父の兵士としての視点は、カートに戦い方を教えるだけなら妥当だったかもしれないが、その背後にはもっと重大なことがあり、祖父は人としての感情が欠如していたのだ、と。

大人になったばかりのカートの経験は、保護者／迫害者からすれば、あらゆる生物とのつながりを破壊する理由となった（ずいぶん経ってから、カートはロボットと剣で戦う夢を見たが、そのときは剣でロボットを貫いた。人間の血が飛び散り、ロボットは死んだ）。

拷問や苦痛の詳細　拷問や苦痛を伴う保護者／迫害者の夢は、あなたや無垢がされたことの詳細が重要な情報になる。斬首、首つり、絞殺などは、身体から感情を切り離すことを意味する。あなたをばかにする人は、おそらく、あなたが行動しないよう迫害者が絶えず批判していることを意味する。酸素や食べ物、その他の必需品が遮断されるのは、あなたが自分のニーズを満たすことを保護者／迫害者が危険なまでに妨げているのかもしれない。

たとえばレイプや子どもの性的対象化など、性に関するおぞましい夢をよく見るなら、おそらく無垢が、肉体的、精神的に何らかの性的侵入を経験したことがあるのだろう。たとえば父親が、自分の性的快感を得るために、娘に詳細にわたって性的な事柄を語ったのかもしれない。「ただの」心理的なものであっても、性的侵入の影響を見くびってはいけない。肉体的であれ心理的であれ、とくに近親相姦は大半の子どもに甚大なダメージを与える典型的な暴力行為である。

夢のなかでの性的な攻撃は、実際の出来事を反映するよりもむしろ、これまであなたが知らなかった大切な何かを象徴していることが多い。たとえば夢のなかに多数の加害者が登場したら、侵害や侵入によって生じたトラウマの総計を示している可能性がある。

性的な悪意は、必ずしも性的侵入を示してはいない。あなたをレイプしたり、乱暴に扱ったり、ひどく屈辱的な服従を要求したり、あなたの女性性や創造性を攻撃したりする行為は、保護者／迫害者が現在行っていることを示している可能性もある。

カレンの「ドクター・デス」

とても繊細で働き者の外科看護師だったカレンは、仕事上の不安を抱えて私の元へやってきた。その不安のせいで、一緒に働いている医師たちから無能だと思われているという。彼女は、手術中に重大なミスをしないか心配で眠れなかった。彼女の過小評価された自己は、昼夜を問わず彼女を支配し、それこそ保護者／迫害者の思うつぼだったが、彼女が自分の欲しいものや必要なものを求めないよう自信を失わせていた。

とくにうまくいかなかった日には、ある医師が彼女を手術の担当から外し、「自分の指示に従わなかった」とみんなの前で告げたという。カレンはその医師が手術に関する最新情報をもっていなかったことや、指示が危険だったことを知っていた。彼女はその場で凍りついた。

その夜、カレンは悪夢を見た。夢のカレンはシカの姿で、前脚と後ろ脚がそれぞれ棒に縛りつけられていた。その状態で吊るされ身動きが取れない。そこへ医師が現れ、その瞬間、彼女はこの拷問は彼の仕業だと気づいた。医師は、彼女がまだ生きていることに感心したようすで縄を解くと、その前脚を切り落とした。彼女はハンディキャップを恥じながら、脚を引きずるようにして森のなかへと入っていった。

医師はそのあとを追い、今度はカレンを少女の姿に代えて自分の奴隷にした。カレンは医師を手伝ってシカを狩り、棒に脚を縛りつけて吊るし、やがて息絶えるのを見守るはめになる。シカを傷つけるたび新たな痛みに襲われたが、彼女は彼に従うしかなかった。

夢のなかの少女は8歳で、その年齢のときにカレンは母親をがんで亡くしている。彼女はずっといい子だったが、母親が病気になるとさらにいい子でいるよう心がけた。それでもほんの子どもだったカレンは、母親の死の直前に、かなりやんちゃな子どもと友達になった。ふたりは食料品店で万引きをした。カレンにとって、この勇敢で賢い新たな友達と秘密を共有するのはスリリングなことだったが、結局ふたりは捕まってしまう。

カレンの母親は、自分がいなくなったら娘が「不良」になるのではと恐れ、打ちのめされた。主治医はカレンにこう告げた。「君のやったことのせいでお母さんの病状が悪化した」

夢のなかでのカレンの感情はどうだっただろう？　痛み、無力感、そしてカレンが常に感じているハンディキャップに対する恥。切り落とされた脚は、彼女の遮断された人生と、変化を選ぶ自由がないことを表している。何より、この夢は彼女のひどい罪悪感を明らかにした。シカを殺すのを手伝わされたのは、彼女が母親を殺すのに手を貸してしまったと思っていたからだ。

夢のなかの医師は保護者／迫害者で、カレンは彼を「ドクター・デス（Dr. Death）」と名づけた。カレンの夢に彼が現れたのは、その当時、彼女がセラピーで自分を解放しつつあったからで、ドクター・デスは彼女の脚を切り落とし、うまく進まないようにしたかったのだ。しかし過去の医療にまつわるトラウマを現在のそれに結びつけることで、彼女は保護者／迫害者から自由を取り戻し、職場でもそれほど怖がらずに発言できるようになった。

夢を記憶し、活用する

保護者／迫害者にまつわる夢は、夜中に目を覚ましたり、朝になって記憶がよみがえったりするほど暴力的で不穏なものが多い。しかし毎回そうとはかぎらない。夢が役に立ちそうなものだと、保護者／迫害者は思い出させないようにすることがある。夢を忘れてもあまり気にしなくていい。夢はこれからも見る。それでも毎朝数分ほど、夢の記憶を探り当てるまで、ベッドのなかで思い出す努力をしてみるといいかもしれない。

夢を思い出すにはカテゴリーごとにたどっていくといいだろう。夢の設定は、屋外だったか、職場だったか、動物はいたか、人はいたか、海辺だったか。引っかかりを感じたら、そのまま寄り添ってみる。思い出した夢をノートに書き留め、日中や寝る前にその夢について考えてみよう。

お互いの夢について誰かと協力し合うのは、とくに保護者／迫害者の夢だと理解しているなら驚くほど有益だ。夢についての具体的な質問をするだけでお互いにとってこれ以上ないほど助けになる。「ヒトラーはあなたにとって何を意味するの？」「パーティーについてどう思う？」通常、当人たちはこれ以上の助けがなくてもつながりを築きはじめる。ただし、ほかの人と夢について話すと何が出てくるかわからないので、自分の心の奥をさらけ出しても大丈夫と思える状態で臨んでほしい。

過去にトラウマを負った人のなかには、ときどき夢を見ないと言う人がいる。私たちは誰しも夢を見るのでこれはおそらく防御が働いているのだろう。ただし、慢性的な睡眠不足や特定の薬のせいで夢を見ないこともある。物理的な要因を排除したら、たとえほんの断片であっても、夢の意味を辛抱強くじっくり考えてみよう。ここから、あなたとあなたの夢がつながりはじめていく。

自分の保護者／迫害者の夢で練習する

保護者／迫害者の夢だと思うもの——恐怖、苦しみ、監禁、意識の喪失等を味わわされた夢——をひとつ選んでみよう。感情とその強さに注意してほしい。そしてその感情がなぜ夢に現れたのかを考えてみる。それは起きているときには理由がわからないまま抱いている感情だろうか？　最近の状況を考えたら抱いて当然の感情だろうか？

夢に出てきた保護者／迫害者のようすから、この夢が何段階目にあたるのかを判断する。その姿は機械だろうか、怪物だろうか、人間だろうか？　世界を破滅させるほど巨大だろうか？　町を破滅させるほど？　それともあなたひとりを？　あなたの年齢と設定は何を示唆している？

夢に出てきた人物やモノをリストアップし、なぜそれが出てきたのかを自問しよう。そして、あなたの文化や個人的な象徴を知らない人に詳細を説明するところを想像する。あなたにとって自転車とは？　犬は？　自転車が赤ければその色の意味は？　赤は怒り？　青は落ち込んでいる？

一歩下がって夢全体を見てみよう。保護者／迫害者が現実としていま、あなたの人生にどのような形で現れているか、夢が伝えていることを確認する。保護者／迫害者の具体的な行動を認識できただろうか？　保護者／迫害者を人間的にし、ルールを破るためにその夢から学べることは？　たとえばカレンが見たドクター・デスの夢は、彼女はサバイバーだが（これはいい知らせ）、しかし職場で自分を子どもか奴隷のように扱う医師たちのルールを破る必要があることを示していた。

保護者／迫害者とアクティブ・イマジネーションを行う

保護者／迫害者の存在を知ったあなたは、以前より少しだけ自由になり、彼らのルールを破ることで人生が好転してきたことに気づくだろう。そして仲間とつながり、過去と現在、心と身体、感情と記憶のリンクを再構築していけるようになる。あなたの成功は夢に記録され、そこでは保護者／迫害者がふつうの人間として登場する。そのときこそ、保護者／迫害者とアクティブ・イマジネーションを通じて交渉するときかもしれない。

交渉の目標は、保護者／迫害者を完全に消し去ることではなく、というのもそれはおそらく不可能なので、あなたが外の世界に出ても大丈夫、もしくはそちらのほうがいいと示して保護者／迫害者の活動を抑えることだ。

安心を得る

交渉の前に、自分の安全を確保してほしい。いくら夢のなかで保護者／迫害者が人の姿をしていても、まだ攻撃を加えてくるかもしれず、完全には信頼できない。最初のアクティブ・イマジネーションでは、もっとも穏やかな、人間らしい状態の保護者／迫害者と話すことを目指したい。それから身体的安全に着目する。

夢のなかの保護者／迫害者が、あなたの家のドアを壊そうとしている男だったら、ドアがぎしぎしと音を立てているあいだは話をしないほうがいい。やがて警察が来て男を連行していくところを想像し、男が牢屋に入ったら、ようやくそこで話しかけてみる。その想像ができなければ――たとえば彼が途中で逃げだしたり、ふたたび超常パワーを発揮したり、警察があなたの味方じゃなかったりして――そこで中断してほしい。

交渉

あなたの目標は、保護者／迫害者を説得し、ルールを破り、リスクを取ることが自分のためになると、そしてもっと自由が欲しいとわかってもらうことだ。自分は職場での成功をうれしく思っているし、少なくとも昔のルール――存在感を消す、自分のニーズを黙っている、自分のスキルを見せないようにするなど、保護者／迫害者があなたを過小評価させるためにやらせていたこと――を必要とする状況は起きていない旨を説明する。そして保護者／迫害者に良好な人間関係についてきちんと伝えてほしい。あなたから切り離された自律的な存在である彼らが、すでに知っていると思ってはいけない。そうすれば防御は安全なレベルに保たれるだろう。保護者／迫害者の言葉にも注意深く耳を傾けること。同意しかねる意見であっても、耳を傾けたほうが交渉はうまくいく。それにまだ問題のあるエリアや、そこでの彼らの動きも把握できるだろう。

自分を守るための戦略を学びながら、彼らの善意も認めよう。そして自分も無垢の安全を求めており、と同時に、彼女の成長も求めていることを穏やかに、粘り強く伝えていく。無垢が明らかにこの新たな自由を満喫し、壁の後ろで「守られる」ことを拒否するなら、無垢自身もあなたの助けになる。

ドクター・デスとのアクティブ・イマジネーション

その後もリスクを冒し、ドクター・デスのルールを破ってきたカレンは、外科看護師長への昇進話を受けた。しかしその地位が前任者3人にとってどれほど負担になっていたか、気づいたときには手遅れだった。誰も彼女の成功を認識してはいなかったが、自分では上出来なほどうまくいっていることがわかっていた。カレンの失敗は見逃され、ますます責任が増えていった。明らかに彼女は前任者よりうまく仕事をこなしていた。しかし体重が減り、睡眠不足になり、友人が減った。仕事ではぎりぎりのところで混乱を回避していたが、仕事以外では混乱が勝っていた。

カレンは仕事を辞めるべきだと思った。もう辞めたかった。ふたたび学校に戻るという心躍る計画を立てていたし、経済的にもその余裕があった。しかしドクター・デスの最優先ルールは「変化を与えない」ことだ。というのも過去に小さな変化のせい——新たな友人をつくったこと——で悲劇を引き起こしたと思っているからだ。

しかしカレンはすでに別の変化を起こしていた。父親の家を出て、これまでひどい扱いを受けながらも忠誠を誓ってきた、長きにわたる友人ふたりとの「友情」に終止符を打ったのだ。この変化が起こると、ドクター・デスの夢での姿はより人間味を帯び、シカを少女に変えたり、少女を奴隷に変えたりする呪文を唱えられなくなった。それに励まされるように、カレンはほとんど人間と化したドクター・デスと、混乱をきたした仕事を辞めることについて話し合うことにした。

カレン　こんにちは、ドク。あなた、また私のことを「助け」ようとしているでしょう？いまの仕事を辞めたいんだけど、どうしてもできなくて。これって、あなたの仕業？

ドクター・デス　すぐに何でも放りだすような人間になりたくないだろう？

カレン　それだよ！（カレンの父親はすぐにあきらめる人間を嫌っていた。妻の死から立ち直れず、冷たく、残酷な父親になった彼は、カレンのことを「すぐにあきらめる奴」と何度も呼んでいた）。ねえ、タイタニックが沈みはじめたら誰だって船を捨てるでしょう。この状況は経営方針がまずいからで、私にどうにかできることじゃないの。

ドクター・デス　じゃあ、辞めればいい。だけどいまの給料はこれまででいちばんいいだろう。こんな仕事、二度と見つからないぞ。

カレン　私が優秀な外科看護師じゃなければ、いまのポジションはもらえなかったはず。私はそれを知っている。

ドクター・デス　新しい勤務先はおまえが辞めた理由を知りたがるだろう。おまえが「経営方針が悪かったから」と言えば、厄介者だと思われるぞ。

カレン　きっと前の上司が口添えしてくれる。

ドクター・デス　辞めたいなんて言えば、上司は激怒するだろうな。全部、おまえ次第だよ

（カレンはここで思考停止に陥る。彼女は上司を恐れていた）。

カレン　私、手紙を書く。退職願を。

ドクター・デス　おまえはこんなすばらしいチャンスをだいなしにするんだな。

カレン　私がだいなしにするんじゃない。もとからめちゃくちゃだったし、私が去ったあとも変わらない。

ドクター・デス　せいぜい人のせいにすればいいさ。

カレン　もうやめて！　たしかに昇進の話をもらったときに断るべきだった。いい？　でも私はベストを尽くしたの。もう怖くないし、この先だって大丈夫。

カレンがしたこと

- ドクター・デスとの安全な形での対話。
- 過去とのつながりを探る――父親に「すぐにあきらめる奴」と呼ばれていた。
- 断固とした主張。
- うんざりだと思ったら怒る。

アクティブ・イマジネーション　保護者／迫害者vs.内なる批判者

カレンの内なる批判者が、保護者／迫害者の代わりに発言していたら、やはり彼もカレンを「すぐにあきらめる奴」と呼び、彼女がもっと努力して仕事で成功するための最善の戦略だと考えたかもしれない。カレンは彼に対しても、自分は辞める必要があるのだ、と同じことを説明しなければならなかったかもしれない。

しかし内なる批判者は、こちらの筋が通っていればすぐに説き伏せることができる。内なる批判者と保護者／迫害者の動機はかなり異なる。内なる批判者は助けたいと望み、一方の保護者／迫害者は、カレンに変化を許すより、失敗するであろう仕事にとどまらせることを望むと同時に過小評価された自己を何より大切にする。

このように各自の機能が異なるため、癒やしのプロセスがかなり進んでいる状態でも、保護者／迫害者が内なる批判者に変わることはなく、あなたの進歩を熱心に後押ししてくれることはない。せいぜい皮肉を言うぐらいだろう。アクティブ・イマジネーションの最中は、誰が話しているかに注意してほしい。たとえ内容が曖昧でも役に立つ話をされているのか、目標達成には役に立たない話、あるいはまったくのでまかせを聞かされているのか。

学んだことを実践する

本章では、あなたの内なる批判者が、どのように過小評価された自己にかかわっているかを確認した。また、過小評価された自己を守る保護者／迫害者の存在の有無を見極め、保護者／迫害者がいる場合は、人生の主導権を取り戻すための総合的戦略を練ってきた。

内なる批判者と合意する

内なる批判者をどう変えていきたいかをノートに記したら、彼に宛てて手紙を書き、あなたが未来に期待することを明確にしよう。アクティブ・イマジネーションの最中にその手紙を読み、内なる批判者の反応を観察する。あなたと彼の意見が一致するまで、手紙の内容を書き直すこと。内なる批判者が昔のやり方に戻ったと感じたら手紙を見せよう。優れたコーチ同様、元来良心的な彼は、取り決めを破ってしまったことを認めるだろう。

保護者／迫害者に立ち向かう

あなたに保護者／迫害者がいる場合、自分の大切な価値観や目標について思いをめぐらし、過小評価された自己がどのようにそれを妨げているかを考えてみてほしい。それからより具体的に、保護者／迫害者があなたの前進を妨げ、過小評価された自己を維持している方法と理由を考えてみてほしい。その際、保護者／迫害者、双方の側面を考慮すること。

それぞれの取りそうな戦略は？　いまはどちらが優位に立っている？

まだつくっていなければ、あなたが破ることで前進できる、保護者／迫害者の定めたルールのリスト（親密にならない、主張しないなど）を作成する。それから保護者／迫害者を封じ込めるための戦略を書き出していく。そこには次の内容が含まれること。

保護者／迫害者を注意深く監視する、ルールを破りつづける、内と外におけるあらゆるリンクを増やしていく、無垢とアクティブ・イマジネーションを行う時間を決める、夢から保護者／迫害者の動向を探る、時機を見て保護者／迫害者と対話する、前進のあらゆる兆候を記録する。とりわけ、あなたが本書を棚に戻して無視するようなら、その理由を自問してみてほしい。

第7章

リンキングを通じて人間関係を深める方法

How to Deepen Relationships Through Linking

ここまで無垢、内なる批判者、保護者／迫害者という、ほとんど無意識の要素とのリンキングに取り組んできたが、次は意識的に、さらなるリンキングスキルの高みを目指し、自分の好きなときにリンキングからランキングへと切り替えられるようにしていこう。第4章でリンキングの基本を説明したが、そこでは比較的新しいつながり、維持はしたいが、そこまで深入りしたくない、もしくは深入りする必要のないつながりについて取り上げた。

本章では、新しい友達関係やカジュアルな恋愛関係をさらに深いレベルへ、お互いが親友、カップルと認識するような「真剣」な段階へと進む手伝いをする。あなたは、もっと一緒にいたい、お互いのことが知りたい、お互いの生活をいつでも把握しておきたい、できるだけ相手のニーズを（とくに危機的状況では）満たしてあげたい、と思う。自然に親密さが増すこともあるが、それを偶然に任せる必要はない。あなたが望めば、ほぼ確実にそうすることのできるスキルがあるのだ。

親密な関係ではランキングよりもリンキングをする機会が多く訪れるが、ほかの面でも自分を過小評価しないですむよう助けてくれる。こうした関係のなかであなたは、相手がこちらのおかしな一面を知ったうえで、それでも好きでいてくれることを知るだろう。あなたのトラウマは、一緒に話し合うことで癒やされていく。愛着に不安を覚える傾向があれば、その傾向は軽減され、ランキングの世界でも聖域を手に入れられるようになる。

現在の親密度は？

相手との親密度を知るために長いテストを受けてもいいが、夫と私が考案した次のテストは、そうしたものと同じぐらい精度が高く、親密なつながりの感覚というものをとらえている。次に示す相手との関係性で、当てはまるものに丸をつけてほしい。複数の関係についてこのテストを行いたい場合は、関係を示す図の下にそれぞれ相手の名前を記すこと。

ふたつの円の重なりが大きいほど、相手を自分の一部として見ていることになる。私たちの研究調査では、相手を自分のなかにどの程度取り込んでいるかによって、どれだけ相手のことが好きで、関係を楽しんでいるか、相手のニーズを満たしたいか、相手を自分と同じように扱っているかが決まることがわかっている。[1] これは不健全な混同ではない——どのあなたも独立した「サークル」なのだ。相手を自分と同じよう

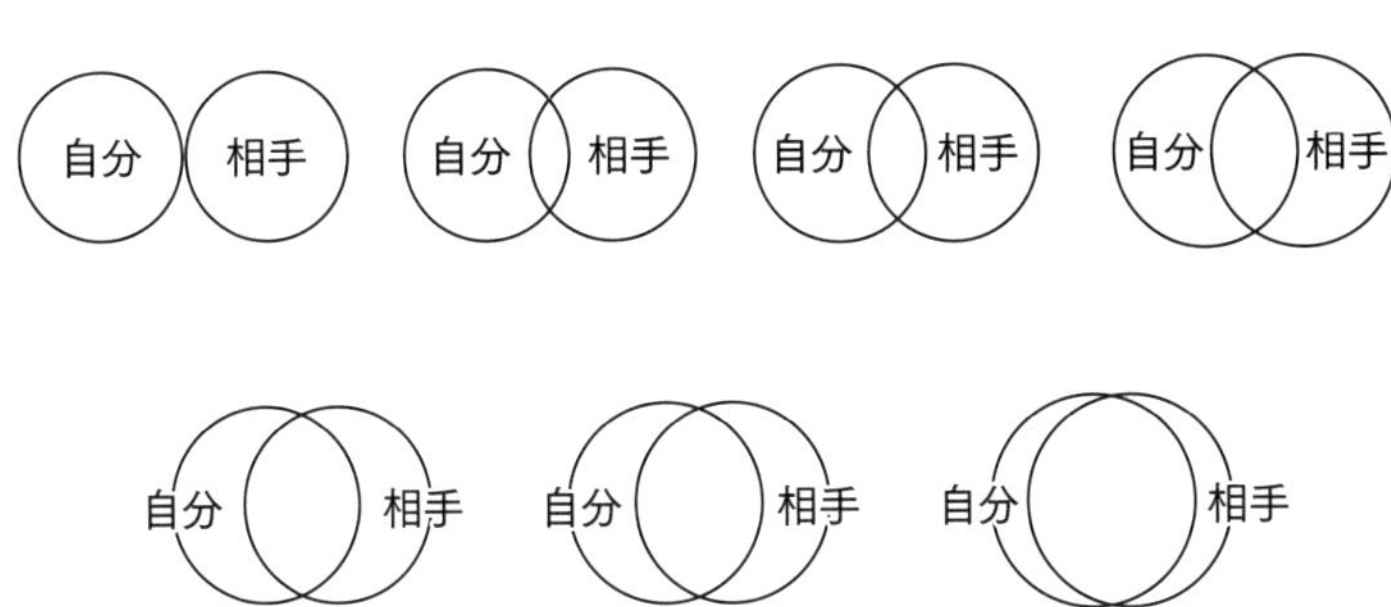

に扱うには、自己をもっている必要がある。ふたりはリソース、視点、精神的サポートを共有しているが、これはリンキングの本質である。

関係を深めるためにできる行動

つながりは、おもに話をすることで深まるが、言葉を飛ばして行動を起こしてもリンキングが発生することを覚えておくといいだろう。

第4章で、食べ物、贈り物、親切な行為を提供することについて説明した。こうしたものを提供するほど、親密さは増してく。つながりがカジュアルなものなら、コーヒーの差し入れをする。しかし関係が深くなれば、相手を夕食に招く。休暇中にポストカードを送る代わりに、手織りのブランケットをお土産にする。手術を受ける友人がいたら、仕事のシフトを代わってあげるのではなく、病院まで送り、手術が終わるのを待ち、術後家まで送り、体調がよくなるまで食事を用意したり、一緒に本を読んだり映画を観たりしながら付き添ってあげる。

また、ふたりが強烈な体験を共有すると、友情や愛情が深まることもよく知られている。[2] 大事な試験勉強を一緒にしたり、一緒に軍隊に入ったり、同じ年齢の子どもを育てたり（本章ではおもに友人や親類の例を挙げるが、恋愛関係を深める場合にも当てはまる）。エレベーターに閉じ込められたことがきっかけで、生涯の友人になった人もいる。こうした方法で意図的につながりを深めることも可能だ。

また、一緒に旅行に出かけたり、一緒に住むことになったりすれば、親密さが増すこともわかっている。これは単に話す時間がたくさんあるからというだけでなく、何らかの不測の事態が起こり、自分が、あるいはふたりでどうにかしなければならず、お互いの最悪の状態を見ることになるとわかっているからだ。一緒にセーリングを学んだり、バックパッカー旅行に出かけたり、ホームレスシェルターで働いたりして、つながりを深めてみてはどうだろう。

研究者たちは、共通の敵に直面させたり、一緒に仕事をさせたりすると、赤の他人を近しい友人に変えられることを発見した。[3] こうした知識を活用してもいい。川の増水が心配だったら、あなたが好きな隣人を誘って一緒に土嚢（どのう）をつくる。お互いにリフォームを考えていたら、協力して決めようと提案する。強烈な喜びの共有もまた、同様の効果を発揮する。同じチームのファンだったり、劇場好きだったりしたら、一緒にシーズンチケットを購入してみよう。わくわくするような出来事が、必ずシーズン中に起こるはずだ。

一般的に、人は大なり小なり、「はっとする」ようなエキサイティングな体験をすると、その場に一緒にいた人に魅力を感じやすい。[4] 夕食や映画ではなく、月明かりの下でのハイキングを提案してみよう。ランチではなく、ローラーブレード、バードウォッチング、屋上でのピクニック、教会の炊き出しボランティアを一緒に行おう。

もちろん、強引に誘ってはいけないし、相手が好きそうなものを選ぶ必要がある。それに相手が喜ぶという確信がないかぎり、サプライズを計画するのもやめたほうがいい。だが、こうした創造的な過ごし方を考えるだけでも、相手に対する立派な贈り物になる。

価値ある会話を創造する

つながりの質がいいほど、あなたの反応もよくなる。お互いがお互いのニーズを理解しようと注意を払っているからだ。たいていは会話中に、楽しさを感じたり、理解し合ったり、相手の助けになったりしている。友人の引っ越しを手伝っているときでも、楽しい出来事は引っ越し作業中の会話のなかにある。それはこんな冗談かもしれない。「あなたってうちの両親より物持ち！　モノを保管するためのモノまであるじゃない」

会話のなかには、それをきっかけに、お互いをよく知ることができるものがある。「モノを捨てるのって、あなたにとってそんなに大変なの？」あるいは、相手を助けるものもある。

「ここから引っ越すのはきっとすごく大変なんじゃない。よかったら話聞こうか？」

会話を楽しむ

フランス人をはじめ、多くのヨーロッパの人々から学べることがある。彼らは会話が大好きで、それについてはアメリカ人と異なる哲学をもっているのだ。

まず、基本的に彼らは、退屈な気持ちで友人と会ったりはしない。なので、人と会う際は熱意をもって臨んでほしい。もともと控えめな人は、エネルギーとボリュームを上げるよう心がけたほうがいいかもしれない。そして互いの調子を確認したら、アメリカ人がよくするように「最近どう？」と尋ね、相手の長い話を聞くのではなく、気の利いた、遊び心のあるやりとりをしてみてほしい。楽しいテニスの試合だと考えるといいだろう。テニスと同じように練習をすればうまくなる。たとえば。

「おもしろい映画を観たんだ」

「映画好きのあなたが言うなら、観たほうがいい作品だろうね」

「じゃあここで感想を言うより、今度一緒に観に行こうよ」

「いや、聞かせて。映画よりあなたの感想のほうがおもしろいから」

「本当に聞きたい？」

「早く話して。メニュー読むのをやめて待ってるんだから」

こんな会話をするのは骨が折れるだろうか？ 親しい友人で強いつながりがあるなら、ぜひとも努力してほしい。そしてせっかくテニスをするなら上達したほうが楽しめる。あなたがより強い関係性を望むなら――そして過小評価された自己を癒やしたいなら――会話に力を入れる必要があるだろう。

内面に関する会話

「親密（intimacy）」という言葉は、ラテン語の「intimus」に由来する。「もっとも深い部分」という意味だ。関係をより親密にするには、あなたの「もっとも深い」思考や感情、とくに感情のほうを開示する必要がある。会話の内容は、親密度の低いものから高いものへと連続的に移行していく。この点を考慮し、あなたと友人とのあいだの準備が整ったら、その連続性に沿って進めていってほしい。

最初は単純に、感じたことや目にしたことを言い合い、それから考えや感情の混ざり合った会話へと移行する。そして最終的に大笑いしたり泣いたりするような、純粋な気持ちや感情を表現し合う。感情的な瞬間というのは、たいていの場合、つながりを強化するのにもっとも効果的だ。

ふつう、過去の話よりも、いま起きている出来事を共有したほうが親密さは増す。「あの光景、この前一輪車に乗っていろんな技を披露していた男の人を思い出す」と言うのと「ねえ、あの一輪車乗っている人を見て。すごいよ。ちょっと見に行かない？」と言うのとでは、その瞬間を共有できる後者のほうが、距離を縮められる可能性が高い。

会話の内容は完全に第三者のことでもいいし、あなたと誰かのこと、友人のこと、あなたと友人のことでもいい。いちばん楽しくて親密な会話は、お互いの考えではなく、感じていることについて話しているときだ。たとえば、「みんなで集まるのっていいよね。今日は一緒にランチができて幸せ。ちょっと落ち込んでいたから励ましてほしかったんだけど、顔を見ただけでもう元気になってきた」

リンキングは通常、お互いの関係や共通の興味に関係ないことについて、感情のこもらない言葉を並べる際にもっとも弱くなる。「昨日買い物に行って、購入したワンピースを返品したんだけど、対応した人が……」

厳密なルールはない。何かを話している最中に相手を身近に感じ、相手も自分を身近に感じてくれている、と思うことがある。好意をもっている者同士は、相手のアイディア、生い立ち、最近の出来事、とりとめのない考えでさえ聞きたいと思う。適切な状況下では、このどれもが親密さを築く。もちろん、相手のようすにとくに注意を向けたほうがいい場合もある。「今日はなんだか上の空だね」。あるいは過去に触れることも必要だ。「先日あなたが市長賞を受賞したって聞いて、すごく誇らしかった」

すべてを備えた友人

ふたりの親密さを定義するには、各自の個性がある程度関係してくる。私の親友は、すぐに自分の意見を言わず、黙って話を聞いてくれるうえに、私にうまく同調し、必要なときにケアを施し、会話を深いところへと導く鋭い質問を投げてくれる。これは彼女の個性なのだが、確実にふたりの関係を深めるのに役立っている。たとえばこんな質問だ。「死ぬ前に実行しなかったら後悔することはある？」「人生で最初の記憶は？」「転職して何でもできるとしたら何をする？」「死んだらどうなると思う？」

また、彼女の言葉で、私たちの友情について考えさせられたこともある。「10年後、私たちの関係はどうなっていると思う？」「お互いから学んだいちばん大事なことを話さない？」

夢について話すと、最新の、そしてもっとも深い経験をすることができる。彼女と泊まりで出かけるときは、毎回朝いちばんにこう尋ねる。「夢は見た？」それから、ふたりで夢について話し合う。私は、夢に対して変わらぬ興味を抱きつづける、彼女のこういうところが好きだ。第6章で話したように、夢について誰かと話し合うと、ときとして自分が思っている以上のことが明らかになる。

ふたりの関係性をその場で話し合うことの重要性について、彼女が認識しているかどうかはわからない。だが、彼女は毎回それをしてくれるし、おかげで会うたびにふたりの距離は縮まっていく。彼女は「そう言ってくれてありがとう。本当に助かった」と伝えてくれるし、電話で話しているときは「いま話しながらメモを取ってるよ」あるいは「今日は何だか、いままでより仲良くなれた気がしない？」と言葉にしてくれる。また、きわめて重要なことも問いかけてくる。「なんか、私にイラついている気がするんだけど、実際どうなの？」「エレイン、あのときのことときちんと話し合いたいのだけど……」

こうして私と彼女のつながりは、会話をするたびに深まっていく。

相手のペースに合わせる

感情を見せるときは、会話のバランスを取ってほしい。会話中にあなたが話をしたら、すぐに相手にも自分の話をしてもらう。そうしなければ、話を聞かされるばかりの一方は、取り残された気持になるかもしれない（もちろん、どちらかが問題を相談する場合は、バランスは気にしなくていい）。

互いのペースを合わせるには、相手の気持ちを汲み取ることが助けになる。何かに気を取られていたり、何かに興奮していたりする友人を見て、あなたは他人事のように思っていないだろうか？　もしそうなら、自分のペースを落として、相手を落ち着かせてあげるといいだろう。

たとえば、仕事帰りに友人と飲みに行き、友人が職場での苦労を滔々と語り出したとする。こういう場合、あなたの番になったら、意識的に落ち着いて話すようにしてほしい。最終的には友人もスローペースを共有し、落ち着きを取り戻すだろう。

もしも相手が現在の親密さのレベル以上に赤裸々に胸の内を伝えてきたら、自分の感情を隠したり、さりげなく話題を変えたりして、相手のペースを落とすといい。自己開示のタイミングを相手に合わせる必要はない。無理に合わせると、自分が意図する以上のことを言ってしまって、のちのち嫌な気持ちになる可能性がある。たとえば、友人が最近の性体験について話しはじめ、それがあなたの求めている以上の話だったら、自分の性体験を相手と共有する必要はない。

友人の口数が少なく、まだあなたの興味や思いやりが伝わってなさそうだと思ったら、もう少しだけ自己開示をして、同等の親密さを共有できるよう促してみよう。ただし、先ほども述べたように、自分のことを話しすぎて、あとで気まずさや恥ずかしさを感じないよう注意してほしい。あなたがいくら自己開示しても相手の態度が変わらなければ、そのままにしておくか、「今夜は静かだね。別にかまわないのだけど、もし話したいことがあるなら聞くよ」とそれとなく尋ねてみてもいいだろう。この思いやりあるリンキングのアプローチは、ランキングを気にして自己を過小評価することも防いでくれる。

ふたりのあいだに気まずいことがあったら

相手の気に入らない言動に対して、あえてこちらの気持ちを伝える行為ほど親密な行為はない。しかしあなたが自分を過小評価していると、そうした会話はたちまちランキングへと移行するか、移行しているように見えてしまう。あなたは負ける戦いや、言い返されて恥をかくことを恐れている。気持ちを伝える前からそう思っていると、伝える際にランキングを示す態度や口調になるかもしれない。そして非難や投影の自己防衛に陥り、何より、問題をもちだすことで拒絶されたり、リンクを壊したりするのではないかと不安になる。

しかし長い目で見れば、断然伝えたほうがいい。相手の行為のせいで怒りを感じ、あるいは敬意を喪失したまま、その人を愛するのは難しい。だが、一度わだかまっていることを口に出せれば、過小評価された自己も、何も恐れる必要はないとわかるだろう。

不満を伝える前に、それが正当であるか否かを確認してほしい。だんだん仲良くなってきたいとこが、冗談で「あなたっておもしろくない――炭水化物にうるさすぎるんだもん」と言ったとする。あなたは翌日になっても彼女の発言に嫌な気持ちを抱いているだろうか？ それとも一晩寝たら忘れるような些細なことだろうか？

もしまだ負の感情を抱いているようなら――彼女がばたばたと仕事へ出かける前や、疲れているときではなく――適切な時機を見計らって伝えてほしい。タイミングがきたら、少なくとも4つ――7つあればなおいい――彼女の長所を挙げるところからはじめ、その後、彼女のコメントについての問題点を優しく、愛情をもって指摘する。ばかみたいに聞こえるかもしれないが、これがうまくいくのだ。

恥の問題も忘れてはいけない――相手の性格上の欠点だとあなたがみなすものを批判したり非難したりしないこと。相手があなたの気に入らないことをした、その瞬間の話だけを取り上げ、何が嫌だったかを伝えよう。「あなたが鍵の束をジャラジャラさせると、もうすぐあなたが出かけるのだと思って不安になる」。問題は自分にあるかもしれないとほのめかしつつ、しかし自分はこう感じるから、それがふたりの関係にも影響を及ぼすし、話す必要があると思った、という趣旨が伝わるようにしよう。

「遅刻するなんて失礼だ」と言うのではなく「私」の気持ちを表明する。「あなたが遅れたからイライラした」、「こんなに遅刻するなんて腹が立つ」

「私」の気持ちを伝える場合でも、複数のカテゴリーについて議論するより、ひとつの事柄だけを取り上げたほうが、はるかに相手の恥は軽減される。「あなたが遅れるたびにイライラする」ではなく「今日はあなたが遅れてきたからイライラした」。また同じようなことが起きたら、そのときにまた話し合えばいい。

あなたが自分に対して否定的な考えをもっていたり、相手がつながりを築いてくれることに対して疑いを抱いていたりする場合は、それについて話す必要がある。過小評価された自己は簡単に恥ずかしさを覚えてしまうので、これもまた難しいことかもしれない。しかし、相手もおそらく同じような経験をしているはずだ。

こうした恐怖や、自分についてのネガティブな感情を伝え、相手にサポートしてもらったり、こちらもサポートしてあげたりすると、つながりは驚くほど強くなる。これにより、過小評価された自己がもたらす苦しみや弊害からお互いを救うことになる。

ストレスを感じている相手のニーズを満たす

つながりというのは、気の利いた会話や、先ほど述べた、互いに自己開示するような対話をするだけで、ぐっと強まることがある。しかし、一方が求める感情的なニーズを、他方がもっている場合もある。あなたが相手のニーズを満たしたいと思っている場合、つながりを強める最善の方法は、傾聴モードに切り替えて、相手の感情を受け入れるスペースを確保することだ。

アチューンメント（同調）のついては第5章の、アクティブ・イマジネーションで自分の「無垢」な部分を助けるくだりで学んだ。他人に同調しても、同様の癒やし効果が得られる。アチューンメントとは、相手の心の状態を完全に理解し、場合によっては自分も同じ状態になることだ。つまり、もっとも親密な形での共感である。

あなたは、明らかに悩んでいるようすの友人に出会う。彼曰く、30年連れ添った両親が離婚するという。それを聞いたあなたは、反射的にこんな質問をする。「どうしてわかったの？ご両親は何て言っているの？　本当に離婚？　別居じゃなくて？」もしくは「あなたの気持ちは？」と聞くかもしれない。

しかし人によっては、感情に関する直接的な質問は嫌がる可能性がある。ここではシンプルに聞き手に回り、同調――相手の感情を感じたり、感じようとしたり――して、深い会話ができる状況を整えてあげよう。

ストレスを抱えている友人を助けるために学んでいるこの方法は、心理療法のように聞こえるかもしれない。たしかに、あなたは熟練セラピストが行うことを学んでいるが、ここには重要な違いがある。無理に行わなくてもいい、という点だ。実際、気分が乗らないときに無理して同調しても、つながりが弱まるだけだろう。また、特別な能力を発揮する必要もない。このプロセスでは誠実な思いやりが肝心で、あなたのリンキング本能がそれを可能にしてくれる。

アチューンメントで「やるべきこと」と「やってはいけないこと」

やるべきこと

- 気分を共有する。「うん、あなたの話を聞いて私も悲しい。ふたりが別れたなんて」
- 言語の内外に表れている感情を口にして相手の感情を反映する。「あなたにとっては大きな喪失なんだね」
- あなたの興味や同調を言葉以外の方法で示す。身を乗り出して相手を見る。相手が重要なことを言ったら何をしていても手を止める。相手が悲しんでいたら自分も身ぶりや口調で悲しみを共有していることを伝える。泣きたくなったら泣く。
- 理解を示すために比較を用いる。「捨てられた子どもみたいな気分なのね？」感情を言葉でとらえるには、比喩が最適なことが多い。
- 間違えたら切り替える。友人はこう言うかもしれない。「捨てられた子どもじゃない。

むしろ死んだみたいだった」。たとえ相手の言ったことが不正確に思えても、相手が新たな方向に舵を切ったらそれに寄り添う。これは実際の状況や、どうすべきかを伝えるよりも、気持ちを整理するのを手伝いたいという表れとなる。

やってはいけないこと

- 相手の感情を推し量って話そうとしない。「罪悪感を覚える必要なんてないよ」
- 自分の経験をもちださない。「両親が離婚したとき、私はものすごく腹が立った」
- 別の感情的反応を示す前に間を置く。「それは不安だね。ふたりのあいだを行ったり来たりすることになるなんて」というコメントをしたら、しばらくほかの発言はしない。

「本当に気の毒だと思う」というコメントであっても差し控える。
- 全体を把握する前に、そして相手があなたの意見を求めていることがわかるまでアドバイスはしない。
- 論理的なことを言わない。「たしかに、両親の離婚は人生に大きな影響を与えるだろうね」「時間が傷を癒やす」と言った決まり文句や、「人生はつらい」といった一般論は避ける。
- 質問は最小限に抑える。質問は相手の気を散らし、相手の感情を誘導することがある。質問するのは、大切なことが省略されていて話がわかりにくいと思ったときだけにする。相手の感情に関する質問であっても、同調や反映より役に立たない。

同調するには、あなたが気にかけていることがわかるよう、相手に全身全霊で注目する必要がある。あなたは相手の感情に耳を傾けている。たとえその感情が、相手の話のなかにどれだけ埋もれてしまっていても。

「そう、昨日の夜、両親から離婚の話を聞かされたんだ。外に夕飯を食べに行ってさ。僕は、てっきりふたりは大丈夫だと思ってた。何を見落としたんだろう？　信じられない。もっと実家に連絡して、こっちにも来てもらえばよかった。別々にさ。ふたりの状況を聞いておけばよかったんだ」

あなたには彼のショックと罪悪感の両方が聞こえる。そして自分のことのようにその両方を感じる。そこであなたは友人に同調し、彼の思考だけでなく、その感情も的確に言葉にする（先ほどのアチューンメントで「やるべきこと」と「やってはいけないこと」リストを参照）。たとえば「ご両親の離婚にすごく動揺してるんだね。うん、たしかに、どうにか止められればよかったと思うよね」と伝える。このアチューンメントの狙いは、彼に自分の感情とより深く向き合うよう促すことだ。これにより、大きな癒やしを得られる可能性がある。また、あなたに受け入れられたと感じれば、この会話をランキングの視点で見たり、自分の感情を恥じたりしなくてすむ。

友人はこう答える。「ああ、動揺してる。それに罪悪感もある。ふたりには一緒にいてほしかった。実家はさ、自分が家を出たときと同じままであってほしかったんだ」。彼は話をつづけるうちに、永遠に失われてしまった過去を悲しんでいる自分に気づく。そして両親には、自分が受け入れなければならない別の感情があるのかもしれないと知る。

真の危機に直面しているときのリンキング

誰かと親密なつながりを築いている場合、必然的に、互いの人生における大きな危機を共有することになる。こうした出来事にどう対処するかによって、つながりが強化されるか、一方が事態に対処できずに関係が終わるか、いずれかになることが多い。友人が危機に瀕している状況に立ち会うのはつらく、心が折れそうになることもある。しかしリンキングスキルを使って一緒に危機を乗り越えられれば、絆が深まるだけでなく、互いの過小評価された自己にも癒やしをもたらすだろう。

深い痛みに関する会話では、アチューンメントが癒やしの鍵となる。次の会話でその効果を確認してみよう。はじめのうち問題は些細に見えるが、実際にはサンドラの友人は本気で困っており、サンドラが同調し反応したおかげでその事実が判明する。

サンドラ　仕事はどう?

ポール　最近、辞めたいと思うようになって……。

サンドラ　そんなにひどいの?

ポール　上司がさ。

サンドラ （ポールの口調から読み取る）上司に相当参っているみたいだね。

ポール うん。で、何が最悪かって、身動きが取れないこと。仕事を辞められないんだ。

サンドラ 閉じ込められてる感じ？ それは怖いね。

ポール そう。それに、辞めたら次の仕事が見つかるかどうかも心配で。

サンドラ ほかに何か見つけられそうにないの？

ポール 僕のスキルは錆びついてるから。求人市場で注目されることはないよ。

サンドラ やだ、本当に落ち込んでるのね。

ポール そうだよ、本当に落ち込んでるんだよ。

サンドラ うつの症状はある？

ポール うつ？ あるかも。眠れないし、食べられない。何よりフィリスともめちゃって。たぶん彼女には振られると思う。ときどき、何もかもどうでもよくなるんだ。

サンドラ あきらめの境地にいるのね。

ポール ああ、正直、もうつづけたくない——つまり、人生を。こんなこと言うなんて自分でも信じられないけど。本当、ばかみたいだ。もう忘れよう。

サンドラ 落ち込んでいる自分が恥ずかしいみたいだけど、気持ちはわかるよ。そんな状況になったら誰でも落ち込むでしょう？ 正直、あなたが打ち明けてくれてうれしい。だってあなたが打ち明けてくれなかったら私たちの友情って何、って感じでしょ。

ポール そうだね、恥じているんだと思う。たしかに、僕たちはいろんなことを乗り越えてきたよね。ただ……自分にまったく価値がないように思えて。

サンドラ　気持ちがぐるぐるして、八方ふさがりないんじゃない？　あなたの話を聞いて本当に気の毒だと思う。きっとものすごくつらいだろうね。

ポール　でも、少なくとも僕には話を聞いてくれる君がいる。ありがとう。

サンドラ　何言ってるの、こちらこそだよ。すごく感動した。話してくれてうれしかったし、聞いてくれてうれしかったし、助けになったなら本当によかった。

ポール　やっぱり、人間関係がいちばん大事だね。仕事を紹介してくれる人がいないか探してみるよ。

サンドラ　一縷（いちる）の望み？

ポール　かもしれない。でも、辞める前に周りに聞いて仕事を探してみる。君のほうは、最近どう？

サンドラ　聞いてくれてありがとう。でも話題を変えたのは私のため？

ポール　会話をひとり占めするのはよくないからね。

サンドラ　去年の3月にパットと別れて、私がボロボロになったの覚えてる？　あのとき、あなたがずっと話を聞いてくれて本当に助かった。だから、今度はあなたが話して。あなたが落ち込むなんてめずらしいもの。

サンドラがいかにしてポールを助けたか、以下の点に注目してほしい。

- 彼女は最初に「うん、私もときどき辞めたくなるよ」といった返事をせず、さらなる情報を求めて耳を傾けている。
- 彼女が口にしたほとんどが感情についてである。サンドラは事情を把握して助けたいと切実に思っていたが、表面的な事実（「今度は上司に何をされたの？」）やアドバイス（「私があなたなら辞めるな」）、意見（「このご時世でそれが許されるなんて、うちの会社すごいね」）には触れないでいる。彼の感情に寄り添うことで会話は一気に深まり、ポールの内面で起こっていることを理解する。
- 耳を傾けるうちにポールの自殺願望が浮かび上がり、それは絶対に看過できないものだが、彼女はすぐにそこに飛びつかない。そこはあとから深堀りして、たとえば専門家の助けを借りてはどうか、といったことを勧めればいい。私たちが死にたいと口にするときは、それが自分の絶望や、極度に過小評価された自己を表現するための唯一の手段だからだ。
- 彼の感情は当然のものだから平気だと3回念を押し、もっと聞かせてほしいと望む。恥を感じると人生は絶望的になり、そのせいで他者とのつながりも失われていくように見える。
- ときどき自分の感情を伝えるが、それは彼女が彼を批判もしないし、見捨てもしないとわかってもらうためである。
- 彼の前向きな気持ちの変化を見逃さず、また煽（あお）ってもいない。
- 彼が恥ずかしさから話題をそらそうとするのは許さない。

アチューンメントを受け取る

自分が悩んでいるときに助けてもらうことは、誰かを助けてつながりを強化しようとするのと同じぐらい大切だ。自分の感情を隠していたら、関係はいつまで経っても変わらない。あなたが相手を信頼していても、心を開くリスクを冒さなければ親密にはなれない。というのも、たとえあなたが何も言わなくても、相手はその雰囲気を察知するからだ。

だから自分が他人のアチューンメントを必要としても、自分勝手だとか、面倒臭いやつだとか、自分をそんなふうに思わないでほしい。あなたが近しい友人に同調することをうれしく思っているなら、相手もあなたに同調したいと思うのは当然だ。お互いを大切に思っているなら、気持ちを共有することに違和感はないし、親近感が増すだろう。

あなたが悩んでいると、それをすぐに察知してくれる友人もいれば、ヒントを必要とする友人もいる。反応がなかったり注意を向けてくれなかったりしても、それを自分に興味のないせいだとは受け取らないでほしい。

私たちのなかには、人より敏感な人というのがいる。そうでない人には「ちょっと話があるんだけど」と水を向けてみよう。その際、相手がすぐに助言をしてきたら「アドバイスはありがたいけど、もう少し私の話を聞いてほしいの。そうしてくれると本当に助かる」と伝えること。

また、涙を我慢しなくていい。泣くという行為は、あなたが悩んでいるという明らかな合図であり、多少気まずくても友人に慰めてもらえるし、慰めてもらうことで、ふたりが信頼を共有したという大きな証になる。

何より、過小評価された自己の発動が悩みの要因のひとつであれば、友人がいたわってくれるという事実を受け入れてほしい。もし疑念が生じたら、ふたりのやりとりについて、あるいはあなたについて、相手がどう思っているかを尋ねてみるといい。きっとすぐに安心感を得られるだろう。

（友人がそう思ってくれていることは）心のどこかではわかっていても、過小評価された自己はやはりそうした言葉を聞きたいと思っている。それでも、その安心感を信じられなければ、それも認めてあげること。内なる批判者や保護者／迫害者が、信じる気持ちを妨げているのかもしれない。友人が、保護者／迫害者や、過小評価された自己について理解しているなら、彼女がいま何と対峙しているのかを説明する。そして自分を気にかけてくれる人を信じてはいけないという、保護者／迫害者のルールを破ってほしい。

成功を共有する

研究によると、もっとも強い関係とは、相手の成功を心から喜べる関係のことだという。[5] ジェリが行ったのがこれだ。

マックス　信じられない。自分がこんなにすばらしい評価をもらって、昇進して、昇給までするなんて。あんなにたくさん解雇されたのに。何か正しいことをしてきたのかな。

ジェリ　きっとそうだよ。すごいじゃない。すごくいいニュース。本当にうれしい。天にも昇る気持ちなんじゃない？

マックス　そうだね。びっくりだよ。たしかに、僕はこのために一生懸命がんばってきた。でも……。

ジェリ　本当にがんばってきたじゃない。何か気になるの？

マックス　だって、友達が大勢首になっただろう。

ジェリ　後ろめたい？

マックス　たぶん。いや、違うな。（笑い）びっくりしすぎたのかも。

ジェリ　（笑い）わかるよ。だって、本当にすごいことだもの。

友人の成功についてじっくり考えることは、ふたりの関係性にとりわけ栄養価の高い食べ物を与えるようなものだ。しかし、友人が自分より上になったように感じ、そのせいで多少の嫉妬を覚えたり、自分を過小評価してしまったりしたら？　あるいは誇張の自己防衛をもちだして、友人の成功を取るに足らないものとみなしたら？

研究によると、ふたりの人間が同じ分野で競っていると思っていないほうが、お互いの成功を喜べるという。[6]夫が「ベスト・セールスマン」としてパーティーで表彰されたら、あなたは自分の「ベスト・ダンサー」の盾の横に彼の賞を飾るのだ。

細部まで記憶し、愛情を示す

たとえばランチなどで友人に会う前、相手のこれまでの状況をふり返ってみよう。新しいアパートを探している？　病気の母親の看病をしている？　けがからの回復中？　前回妻の妊娠を発表した？　こうした詳細を忘れることがわかっている人のなかには、会話のあとにメモを取って、相手の発言を記憶に留めておく人もいる。細かいことまで記憶しておけば、相手にあなたの関心の高さが伝わり、つながりが強化されるだろう。

また、愛情をもって接すること。そして思ったことは素直に口にする。「これでこの友情が大切な理由が、さらに10個増えたね」。相手と一緒にいるのが好きなら、相手がうれしそうにしているかぎり、何度でもそのことを伝えるといい。「あなたと話すの、本当に楽しい」「あなたに会えるの本当に楽しみ」「私があなたをどれだけ大切に思っているか知ってほしい」。そして適切であれば、「さよなら——愛してる」

つながりを深めるための時間をつくる

大切な人間関係については、必ずリンキングの時間をつくること。過小評価されている自己にとって、それがどれだけ強力で、豊かな癒やしの効果をもたらすかは強調してもしきれない。

予定を入れる　あなたが回避型の不安を感じていたり、保護者／迫害者によって抑え込まれていたりするなら、友人と定期的に連絡を取るようにしてほしい。会う頻度を一緒に決め、次に会う日をカレンダーに書き込む。

「やることリスト」をつくる　つながりを強固なものにしたければ、友人にとって大切なイベント――結婚式、卒業式、招待されたお祝い事――には必ず参加してほしい。友人があなたの助けを必要としていたら、たとえ飛行機で国を横断することになっても予定を変更すること。惰性に任せて自分の事情を自動的に優先させてはいけない。

もちろん、全員に対してこの姿勢を貫くのは無理だろう。もしその人に助けを求められたら、あるいはその人の人生における一大イベントがあったら、すべてを投げ打って駆けつける、という友人を心のなかでリストアップしておくと素早く簡単に決断できる。リストは常に最新の状態を保持すること。これは友人のランクづけではなく、深いつながりの確認である。

うまくリンクできない場合

第4章で、リンクを試みて断られても、個人的に受け止めないようにすることを学んだ。これは非常に大事な教訓で、というのもつながりを築こうとして失敗すると、敗北したような気分になるからだ。過小評価された自己が引き金となって、あなたをランキングモードに引き戻し、二度とこんな試みをしてはいけないと思う可能性がある。過去に拒絶された経験から、あなたは自分が他人より劣っていると思い込む。そして、おそらく自分では気づかないうちに、心のどこかで、この先自分を拒絶する人には気をつけようと考えるのだ。

既存のリンクを深めようとしている場合、拒絶の影響はもう少し繊細だ。相手が思う以上にあなたのほうが仲良くなりたいと望んでいるかもしれないし、相手の気持ちを完全に読み間違えてしまったと思うかもしれない。この場合、他人や知人に拒絶されるより、はるかにつらい。あなたは、今後はあまりかかわらず、以前のように気にかけることなく、「表面的な付き合い」に徹しようと思う。だが、過小評価された自己はまだ力をもっている。

失敗したのは自分のせいだと決めつけると、じつは問題は相手にあるかもしれないという事実を無視することになる。新しい友人に、2度目の食事の誘いを断られたとする。ひょっとすると彼女は、単純に親密になるための時間が割けなくて、けれどあなたのことが好きだから、そうは言いたくなかったのかもしれない。

関係を深いレベルに進めようとすると、相手の無意識の障害に遭遇することがある。それは一見拒絶のように聞こえるが、実際はまったく別ものである。気づかないうちに、あなたが相手の自己防衛を発動させている可能性があるのだ。

たとえば、兄に悩みを打ち明けられ、あなたは同調しようとするが、返答によっては兄に恥を植えつけるかもしれない――「そんなの大したことじゃないよ」（最小化）、「だったらもう一回セラピストに相談したら？」（非難）、「私からしたら別に大きな問題じゃないけど、そっちにとってはそうなんだね」（投影）。

相手の回避型の愛着スタイルに対処している可能性もある。「同情はいらない」「この話はやめよう」と言われたら、これに当たるかもしれない。この場合、あなたと相手の「親密な関係」の距離感が、そもそも異なっている可能性がある。回避型の人は、安心感は求めているものの、それに伴う親密さは求めていない。

相手の感情のスキーマに直面する場合もある。あなたは友人が、母親からの電話にどれほど悩まされているかを知っていて、その件について話そうとするが、相手から驚くほど敵意に満ちた反応が返ってくる。

「私がちょっとでも不安になると、いつも母親のことをもちだしてくるけどどうして？　母が子どもの私たちに毎日手を上げていたっていうだけで、あの人が怪物か何かだと思ってるみたいだね」

また、友人の保護者／迫害者を相手にしている可能性もある。彼らは、親密な関係を築かせないためにあらゆる手段を講じてくる。近づこうとして拒絶され、問題が相手にあると気づいたら、自分を過小評価するのではなく、むしろあなたのほうから距離を置いたほうがいいかもしれない。過小評価された自己に惑わされてはいけない。相手が近づきたがらない理由は、あなたが相手にとって十分でないという以外にも山ほどあるのだ。

学んだことを実践する

次に挙げるリストは長いので、一度に全部行う必要はない。

1　つながりを強化したい相手を決める　本章の最初に紹介した「重なり合う円」の演習に戻り、円の重なりを増やしたい相手を選ぶ。新しい知り合いでも、はじめてデートをする相手でも、親戚でも、さらに仲を深めたい古くからの友人でもいい。

2　一緒に何かすることを計画する　ふだんとは違う行動や、協力してできることを選ぶと、ふたりの距離が近づく。

3　活気のある会話をする　テニスボールのように跳ね返ってくる会話を意識する。相手があなたより口下手なら、溌剌（はつらつ）と機知に富んだ会話を交わすことを念頭に、相手が不平等だと感じないよう速度を落とす。

4　親密さの共有を通じて距離を縮める会話をする　まず、第三者に関するあなたの意見を述べ、最終的に相手に対するいまの感情を打ち明けるという一連の流れをつくる。ステップは次のとおり。最初にあなたの過去の感情について話す。それから現在の感情や意見、そしてふたりが過去に抱いていた感情、最後にふたりが現在抱いている意見や感情を話し合う。

5 相手がストレスや動揺を感じていたら同調する　アチューンメントで「やるべきこと」と「やってはいけないこと」リストを参照（297ページ）。

6 相手が成功したら同調する　自分のなかのランキングモード（うらやむ気持ち）に注意して、リンキングを保持する。

7 相手があなたをいらだたせるようなことをしたら、それについて話し合う　ただし、どちらかが恥を覚えないよう気をつけること。

8 苦しい状況に直面したら相談する　必要なら相手に状況を随時報告し、自分の感情がぶれないようにする。おそらく、アチューンメントで「やるべきこと」と「やってはいけないこと」を共有することになるだろう。

9 失敗したせいで、自分をますます過小評価してしまった関係をふり返る　いまなら失敗の原因として別の理由を思いつくだろうか？　いまなら自分を低くランクづけしなくてすむだろうか？

第８章

親密な関係を維持する
――過小評価された自己を癒やす最後のステップ

A Sustained Close Relationship:
The Final Step to Healing the Undervalued Self

前章では、あなたと相手のつながりを「深い仲」になるまで――本書の定義する「愛」のレベルまで――強化する方法を学んだ。本章では、その愛を維持できるよう力添えする。あなたが現在、愛情深い、献身的な関係を築いていなくても、本章は重要だ。深いかかわりにはそれぞれのレベルがあり、あなたはおそらく第４章と第７章で学んだ方法を使って、誰かと深くかかわっていく途上にある。

献身的な愛とは、一緒に暮らし、あるいは緊密に連絡を取り合いながら、ふたりのあいだに生じた危機や問題を一緒に乗り越えていく意思があることだと定義する。この章ではカップルに焦点を絞っていくが、親しい友人や親類にも同じように当てはまる。

本章は、あなたの旅路における最後のステップだ。というのも愛は、さまざまな利点に加えて、過小評価された自己に大きな影響を与えるからだ。ランキングに溺れているときに頼りになるのは愛だし、ほかの何よりもトラウマを癒やす助けになる。さらに献身的な愛は、自分が大切にされていることを確信させ、どんな状況でも相手のサポートを受けられると信じさせてくれることから、子どものころに得られなかった安心を与えてくれる唯一のものでもある。いまのところ自分は見捨てられていないし、虐待されてもいないという経験から、いずれ、この先も大丈夫だと信じられるようになっていく。

どんな人間関係にも問題はつきものだが、ランキングではなく、リンキングを増やしながら問題を解決する方法を学んでいこう。たとえ一緒にいなくても、あるいは相手のことを考えていなくても、その人はあなたの人生の現実の一部であり、その愛は事実なのだ。

つながりを強化して愛を守る

逆説的に言えば、親密でない関係より、かかわりの深い関係のほうが過小評価された自己を強める場合がある。相手と親密さが増し、関係が深まるほど、衝突や自己防衛、子ども時代からつづく不安、感情のスキーマ、保護者／迫害者の防衛が発動する可能性が高くなる。

これらの問題はランキングにもつながり、ランキング意識が高くなるほど、深い関係のもつ真のリンキングは弱まっていく。何度「愛してる」と言おうと、ふたりの関係はどちらが主導権を握るかという争いになってしまう。それは、過小評価された自己が簡単に顔を出すあなたにとって、間違いなく不健全な状況だ。

では、愛を守るにはどうしたらいいか。たいていの場合、リンキングを増やすことが最善の策になる。リンキングを銀行口座だと考えてほしい。問題が起きると、避けられない争いやランキングの苦しみに支払うお金を引き出すことになる。しかし、その金額を最小限にすると共に、預金をすれば財産を守ることができるのだ。

愛を感じることで生まれる広がりを利用する

私たち夫婦が行った広範な研究によると、最善の預金方法は、もっとも身近な関係のなかに見つけられる自己拡張感を高めることだ。「自己拡張」と言うと、何だか自分本位に聞こえるかもしれないが、これは愛する人と一緒にいると、自分が大きく、広がっていくように感じるという事象を指す。[1] 相手の視点、大切にしている考え、他者のなかでの立ち位置、そして必要であればリソースを共有するのだ。

恋人たちが「世界の頂点にいる」と感じるのはランキングではない。これはこの拡張というすばらしい感覚のおかげで、全方向が見渡せるような気分になるということだ。あなたが背筋を伸ばして歩きながら、人として強くなった自分をひしひしと感じる。そして自分を過小評価する気持ちは霧散する。これが、もっとも強力なリンキングだ。

第７章で説明したように関係が深まっていくと、とくに関係が急速に深まった場合、相手と共に、あるいは相手を通じて、この拡張を経験することに強い興奮を覚える。ふたりがなじんでくると、拡大の速度は自然と遅くなっていくが、これは互いから学ぶことが減るためだ。あなたはその関係を、気楽な現状維持と関連づけるようになるかもしれない。それは拡大よりはるかに刺激が少なく、ひょっとすると互いに飽きてしまう可能性もある。しかし刺激がなくなったからといって自分を責めると、過小評価された自己がふたたび顔を出す。そして「リンクをランクづけ」して、ほかのリンクよりつまらないと嘆くのだ。

会話を通じて拡大する

一緒に拡大していく感覚を維持するには、ふだんと違うこと、あるいはとくに興味深いものに着目しながら、日々の経験を共有することだ。「今日、何か新しい発見はあった？」と聞いてもいい。最初のうちは少し強引に思えるかもしれないが、「今日はどうだった？」「今日もイライラしたよ」「相変わらずだよ」といった、自分を小さくまとめるやりとりをするよりよほどいい。

会話で自己拡張させることもできる。昔の友人や、長い付き合いのパートナーとの会話で、関係が活気づき、深まり、広がり、生き生きとしたものになった経験があると思う。そうした会話のなかで起きたことを考え、もっとも効果的な要素、とくに拡大を感じさせたものを再現できるかどうか確認してみよう。

多くの場合、こうした会話は親密さや感情にまつわるもので、通常はその瞬間のふたりにかかわっている。この会話のスキルは、第7章で学習済みだ。たとえふたりが感情を語るより知的な会話を好むとしても、この種の会話は、あなたのテーマにお互いが興味を抱いている、さらに言えば情熱をもっているなら、はるかに刺激的だとわかるだろう。

私たち夫婦の休日は、だいたいベッドで話をすることから始まる。起きて、近況報告をするのだ。私たちの一方がわくわくするようなアイディアは、ほとんど平日のうちに見つかる。当然、心理学に関するものが多いが、私たちは新たな見解を発見しながら、とても楽しい時間を過ごす。これは万人にとって親密なことでも、楽しいことでもないかもしれないが、これのおかげで私たちの愛は刷新される。お互いを知ることで、いかにふたりが拡大していくかを思い出せてくれるのだ。

アクティビティーを通じて拡大する

深い関係を拡大する方法は会話だけではない。実際、会話ばかりに頼るのはよくないだろう。夫と私は、共に行う斬新で挑戦的な活動がカップルに与える影響について、多くの研究を行ってきた。研究室で、複数のカップルに簡単な敏捷性のテストのようなことをしてもらったことがある。ふたりの足首と手首を結んだ状態でボールを押し、時間内に障害を乗り越えて往復するというものだ。

別のときには、週に2時間、何か目新しく、わくわくするような、あるいはやり遂げるのが難しいことを一緒に行うようお願いした。対照群のカップルは、その2時間をただ楽しいことに費やす。いずれのケースでも、刺激的な活動をしたカップルのほうが、より親密さを抱き、ふたりの関係に満足し、愛が深まった。彼らはまた、自分に対してもいい印象をもっていた。つまりこうした経験は、過小評価された自己を追い払ってくれるのだ。[2]

もちろん、ふたりに合ったアクティビティーを選ぶ必要がある。ハンググライダーやスキューバダイビングをやってみたいカップルもいれば、オペラ鑑賞やはじめての遊園地を選ぶカップルもいるだろう。自分たちの深い愛情関係から、ふたりにとって何が刺激的かつ斬新、あるいは挑戦的なアクティビティーかを考えよう。

物理的な親密さ

人は誰しも本能的に愛する人のそばにいたいと思う。そばにいなければ、相手がどこにいるのか知りたいし、ときには触れたり触れられたりしたい。ある種の安心できる触れ合いがあると、リンキングはさらに満足度の高いものになる。

性的な親密さが適切で、両者が望んでいる場合、それはほかの何よりも親密な関係を深めてくれる。私たちは愛情が最大限に高まったときに、もっともセックスを好む傾向があり——この人とだけセックスをしたい、性的に相手のことを知りたい、相手のニーズを満たしたいと互いに思う。ふたりで性的な行為をすると、過小評価された自己を癒やす助けになるが、これはセックスが恥を大幅に軽減してくれるからだ。

大半の人と同じく、あなたは自分の身体、性、自分のために何かをしたいという衝動を恥じる気持ちを抱いているかもしれない。こうした阻害要因が、自分は性的に何か問題があるに違いないという気持ちにつながる。心地よい、愛あるセックスは、自分の身体や性欲が相手の目にはすばらしいものに映っていると感じさせてくれるため、恥を軽減する。そしてオーガズムの最中にはたいてい、自分の欲求と快楽以外すべてを忘れる瞬間があり、相手はそれを受け入れると同時に、そんなあなたを愛してくれる。

また、一方が性行為を望み、他方がそうでない場合、我慢することでつながりは強化される。反対に、相手が望んでいて自分がそうでない（あるいはあなたが望んでいて相手がそうでない）ときに性行為をするのは、あまりいい考えではない。

一見すると相手のニーズを満たし、愛の兆候を示しているように見えるが、相手の望みをかなえなければと思った時点で、セックスはたいていランキングの問題につながっていく。さらに、パートナーがセックスばかり望むようになると、頻繁かつ（あなたにとって）不適切なタイミングで行われるセックスを楽しめなくなり、あなたは自分の性欲を失ってしまう。自分がどこかおかしいのではないかとさえ疑うようになるかもしれない。一方、パートナーは、あなたが自分を性的に求めていないと感じはじめ、お互い過小評価された自己に支配されてしまう。

このような場合、性欲が少ないほうのタイミングに合わせるようにするといい。それがあなたなら、この合意のおかげで性欲のリズムも自然に戻ってくるだろう。パートナーもおそらくこのアイディアを気に入ってくれるはずだ。あなたがセックスを望めば、相手はあなたが仕方なく応じているのではなく、そこに本当の愛と欲望を感じられるからだ。

愛あるコミュニケーション

親しくなったふたりが、電話やメールの最後に「愛してる」と言うことがある。パートナーに定期的に「愛している」と言うこともあれば、男同士で「これは愛すべき友情だ」と言うこともあるかもしれない。しかし私たちは、お互いのどこか好きなのかを伝え忘れることが多い。好きなものを共有するのは、つながりを強化する直接的な手段であると同時に、互いの過小評価された自己を癒やすための手段でもある。

車での長距離移動中、夫と私は、互いの好きなところを10個挙げて楽しんだことがある。この経験がある研究へとつながり、私たちは人々に「恋に落ちた理由は何か」と尋ねることになった。その際、相手のいいところを挙げる人もいたが、驚くほど多くの人が、相手が自分に好意をもっているとわかった瞬間と答えた。[3] 互いに惹かれ合っていること、拒絶されるリスクをそれほど負わずに関係を進めることができることに加え、相手からの好意は過小評価された自己を癒やしてくれる。

自分のよさは、誰かが気づいてくれてはじめて本当の意味で活かされる。あなたの資質は、自分をランクづけするためではなく、その資質を愛し、それをもっている自分を愛するためにある。

存在しないランキングを見る

深い愛情関係を常に脅かしているのは、存在しないランキングを見てしまう――とくに相手から見下されている、支配されていると感じてしまう――過小評価された自己の癖である。たとえばあなたは、絶対に返信してくれない男性に恋をしている。彼は「自分は誰に対しても返信しない」と言い、あなたもそれを知っているが、あなたは彼からのメールに返信する。彼はあなたを愛していると言い、その言葉も本気に聞こえるし、さまざまな方法で愛を示してくれる。それでも、あなたが彼と話したいと思って残した、愛あるメッセージに返信がないと、こちらからのアクセスを相手に制限されているように感じ、向こうの時間のほうが貴重なのではないか、向こうのランキングのほうが高いのではないかと思わざるを得なくなる。

相手の行動で、自分がランキングモードになってしまったらどうすればいいか？　まずは相手に確認することだ。自分の気持ちを伝えると共に、相手がどういうつもりか聞いてみよう。相手が態度を変えないようなら、せめて頻度を減らしてほしいと頼む。また、あなたの要望で諍いが生じたら、本章で後述する、衝突に対処するためのステップを実行するよう頼んでみよう。

自分が利用されていると感じたら

受け取るより与える機会が多いと、存在しないはずのランキングを見てしまうかもしれない。付き合いたてのころは、このふたつのバランスを取ろうと心がけている。しかしコミットメント（献身）とは、それが友情であっても、「よいときも悪いときも、病めるときも健やかなるときも」互いのために存在することだ。

長期にわたって相手から多くのことを求められると、利用されていると感じるようになるかもしれない。その感情を恥じて隠すべきではないが、ランキングを感じるという気持ちを直接伝えるのは避けたほうがいいだろう。直接的な発言は、相手に恥をかかせたり、非難などの自己防衛を発動させたりしてしまう。「こっちはやってほしいなんて言っていない。腹を立てるぐらいなら助けてくれなくてよかったのに」

過去に相手がしてくれたことをふり返ると、利用されている気持ちが払拭できることがある。それでも利用されている感覚が消えなければ、その状況について話し合おう。いちばんいいのは、「まだ私の助けが必要？」と聞いてみることだ。そうすると、自分が必要以上に手を貸していたことに気づくかもしれない。

あるいは自分が本当に必要とされていて、相手に感謝の言葉をかけられたとたん、ランキングの空気は消え去るかもしれない。そうならない場合は、自分の怒りを表明するべきだろう。ただし、次のような「I statement」で穏やかに伝えること。

「あなたの家に泥棒が入って以来、変な音がすると、私に来るよう連絡してきたよね。あなたの力になれてうれしかったし、あなたもすごく感謝してくれた。恐怖が和らいだって言ってくれて、本当によかったと思う。でも昨日の夜はじめて――こんなこと言うのは気が引けるけれど――少しだけ嫌だなって思った。翌日早起きして出社しなきゃいけなかったから。私もあなたには怖い思いをしてほしくないと心から思ってるけど、どうやったらあなたが安心して、私も睡眠時間を確保できるようになるかな?」

4つの思いやりのある言葉に注目してほしい。力になれてうれしかった、あなたも感謝してくれた、恐怖が和らいでよかった、いまでも怖い思いはしてほしくない。怒りを感じているのはいまだけだと必ず伝えること。人は、自分を助けてくれた相手が本当は助けたくなかったのでは、と思うとひどく恥ずかしさを覚える。相手の感謝とニーズをわかったうえで、こちらのニーズも伝えるといいだろう。

劣等感を覚えたら

競争心を抱いたり、相手の愛に値しないと思ったりすると、実際には存在しないランキングが見えることがある。自分は他人より賢くないし、人気もないし、精神的にも健全じゃないなどと思う。こうした心理状態がつづくと、不安のあまり失敗し、知らないうちに他人に自分を見くびらせてしまうといった悪い現実を招きかねない。

本書の目的は、こうした感情を軽減することだが、あなたはすでにやるべきことを知っている。そう、リンキングに切り替えるのだ。結局のところ、相手はあなたの愛を何より好ましく思っている。あなたは自分の愛に価値を見出せるだろうか？　たとえできない場合も、自分がどうしようもなく無価値だと思うのではなく、心のなかの無価値感を自分でもわかっている問題として話し合ってほしい。つまり、過小評価された自己にあなたの気持ちを代弁させてはいけないということだ。あなたを安心させる言葉がどれも信じられなければ、その劣等感を信頼できる誰かに相談するといい。

カップルが平等な関係を築く際の最大の障害のひとつは、収入の格差である[4]。障害になるかどうかは、収入が異なる理由と、それぞれの文化的視点による。以前は、女性は自分で稼がずに、専業主婦や母親業をするのがふつうだったが、これが平等の感覚を生むことはほとんどなかった。多くの文化では、「女性を頼る」男性は、女性に劣るだけでなく、まったく男らしくないとみなされている。あなたとパートナーのあいだに収入格差があるなら、こうした文化においては、いまでも互いをランクづけしないよう懸命に努力する必要があるだろう。

また、あなたがきわめてめずらしい、あるいは自分の文化では奨励されない気質をもっている場合も、相手に劣等感を覚えやすいかもしれない。通常の気質にはさまざまなバリエーションがある。そのひとつが第3章で触れた「敏感性」だが、ほかにも生まれつき気が散りやすい人もいるし、活動的、秩序型、すぐに飽きる、感情の起伏が激しい、感情を出さない、といった人々もいる。どの文化にも、好まれる気質とそうでない気質がある。かりにあなたの気質が自分の文化と合わなくても、それであなたが劣っているということにはならない。

関係が始まったばかりのころや、まだそれほど親しくない場合、違いや「奇抜さ」はときとして魅力的に映り、魅力の根拠となることさえある。一方が他方を、ある意味で補完しているのだろう。冷静なロジックを必要とする仕事をしている人は、ものすごく理不尽で、衝動的な人たちと休日を楽しむことが多い。一方で相手のほうは、問題が起きたときに冷静に対処してくれる彼らに感謝する。

しかし時間と共に、互いの違いは相手を悩ませ、あるいは不都合を生じさせる奇行となり、その欠点が明らかになっていく。あなたのほうが社会的に受け入れられにくければ、ふたり共あなたを問題視するだろう。自分の気質をよく知り、それが短所であると同時に長所でもあると納得したら、相手にも長所を強調して伝えよう。その際、相手の間違いを暗に指摘するような伝え方にならないよう注意しよう。

優越感を覚えたら

一般的に、何か立派なことをして優越感に浸るのは悪いことではないように聞こえるが、それもやはりランキングであるため、つながりを築くには有効でない。また、地図を読むのが得意だとか、人種偏見がないとか、そういう特定のことではなく、あらゆることに対して優越感を覚えているなら、それは相手を尊敬していないということで、尊敬していない相手を愛するのは難しい。あなたは愛を偽っていると感じたり、相手のために何でもしてあげなければと思ったり、この関係を断ち切りたいけれど相手を傷つけるからできないと感じているかもしれない。

自分を過小評価していると、優越感になど浸れないと思うかもしれない。だが、思い出してほしい。自分を過小評価するのは、ランキングモードに陥っているときなのだ。そのモードでは、立場を逆転させて優越感に浸るのは難しくない。誇張の自己防衛を用いているならなおさらだ。

誇張の防衛を用いているときは、劣等感を抱くたび「あの人には私がいてよかったな」などと思ったり言ったりする。あなたがいつも（パートナー以外の）誰かと自分を比較していても、こうした思考に陥ることがある。ランクづけをする習慣がある人は、自分が優位に立っていることがわかるとすぐにそれを主張し、自分のよく知る誰かの欠点を見つけ、自分にそれがないことに優越感を覚えてしまうのだ。

身近な人間関係においては、たとえ好意的なものであっても、比較の対象となるものはできるだけ排除してほしい。そして相手の好きなところに目を向ける。相手の現実的な点や欠点に見えるようなところは、それが相手の個性だと認め――個性はあなたにもある――人と違ってもかまわないと思えば受け入れやすくなる。ふたりがほかの人たちと一緒に出かける際は、ほかの人たちの欠点を自分に反映させないよう注意しよう。

諍いに対処する

つながりが深まるほど、時間やお金の使い方、共有物などをめぐって対立する可能性が高まっていく。また、こうした対立の結果は、ふたりの関係においてどちらが優位で、影響力をもっているかを示すことにもなる。負けたという感覚は、親密でない関係のときよりも、過小評価された自己を刺激する可能性がある。

一見諍いがないように見える場合

いつもどちらかが譲歩して諍いを起こさないようにしている場合はどうだろう？　そしてそれがあなたのほうだとしたら？　昔からのことで慣れっこだとしても、やはりやめたほうがいい。相手に譲る行為は、過小評価された自己を育ててしまう。さらにあなたのランクを下げることにもなり、これはふたりの関係における本来のリンキングにも影響を及ぼす。リンキングモードを維持したまま諍いを解決する方法を学ぶには、あなた自身のニーズを尊重する必要がある。そうしたほうがいいだろうと思っていつも譲るのではなく、その状況でどちらのニーズがより大きいかに応じて譲るか否かを決めてほしい。

自分を過小評価している人は、親密な関係のなかで非競争の自己防衛を用いることが非常に多い。どうせ言い負かされて恥をかくと思っていたり、こちらが勝つと相手に嫌われたり振られたりするかもしれないという恐怖を抱いているのだ。もしあなたがそうなら、そして多くの不平等が「愛ある」関係性のなかに紛れ込んでいるなら、一度だけでもランキングに参加して、この状況を正すべきだろう。互いに尊重し合えるよう、まずは「ここまではいいけど、これ以上は無理」といった自分の境界線を設け、これから紹介する諍いの対処法を用いてほしい。

エイヴリーの決断

エイヴリーとルイーザは結婚してまもなく40年を迎えるが、その間ほとんどの決断はルイーザが下してきた。エイヴリーは妻のほうが賢く、また彼女が自分を愛していることを知っていたので、この取り決めに満足していた。しかし、「愛している」と言う回数が多いからといって、親密な関係がリンキングに基づいているとはかぎらない。このケースでは、幼少期の経験のせいで非常に不安定だったルイーザが、エイヴリーが「ほかの人に走らないよう」ある程度コントロールする必要があったのだ。自分が年を取れば、必ず誰か若い女性が夫の目に留まるだろうと思っていた。

あいにくふたりとも、ランキングに基づく親密な関係がいかに危険かということに気づいていなかった。先日、エイヴリーは35年勤めた会社を解雇された。ルイーザはまだ元気で仕事も順調だったので、エイヴリーには「引退して、ゆっくりしてほしい」と望み、自分が支えると告げた。エイヴリーはその申し出に深い愛を感じ受け入れた。

数年前のリーダーシップ研修で、自分に芸術的な側面があることを知らされたエイヴリーは、引退後、写真を撮りはじめた。ルイーザもとくに異論はなかった。彼が自分の真の才能に気づき、本格的に写真の勉強をはじめるまでは。愛情深い妻は、強くこれに反対した。しかしどうしても写真の勉強がしたかったエイヴリーは、自分の決断を譲らなかった。

この時点で、ルイーザは鬼と化す。よくよく考えてみれば、エイヴリーはほとんどすべての事柄を彼女に譲ってきた。愛する人ができたらそうするものだと信じて。しかし、もう妥協するのは嫌だった。

やがてふたりは、カップルカウンセリングを受けに私の元を訪れたのだが、その際ルイーザはこう告白した。エイヴリーが受講したいと望むような講座では、私よりも芸術肌で、きれいな女性と出会うに決まっている、と。この告白は、最終的にふたりの絆を強めたが、もしエイヴリーが妻の支配的な行動の根本的な理由を理解できなければ、この諍いでふたりの結婚生活は終わりを迎えていたかもしれない。

妥協は自然に始まる

私たちの多くは、愛する人の思うとおりにさせてあげるのが礼儀であり思いやりだと家庭で学んできたし、私自身も、つながりを築くには相手のニーズをできるだけ満たすことだと述べてきた。自分を過小評価する気持ちが強い人にとってややこしいのは、それが相手に本当に必要なのか、ただ相手が欲しがっているだけかの見極めだ。

ニーズとは、通常、両者が真剣に求めていることを指す。ふたりのどちらかが病気になったり、仕事をしていなかったり、けがをしたり、何らかの危機に瀕している場合、そこに諍いは生じない。一方が与えればよく、「欲しいもの」はそれほど意味をもたないからだ。「欲しいもの」には感情的現実（emotional reality）がある。何かに引き寄せられ、それをたくさん、あるいは少しだけ求める。

諍いは、ふたりの人間が異なるものを求めたときに生じる。しかし自分を過小評価していると、自分の望みはそれほど重要ではないと考える。本当に必要なものでさえ、それをただの「欲しいもの」として手放してしまうのだ。

自分を過小評価してばかりいると、この種の混乱は容易に起こる。たとえば、あなたが誰かと急速に親しくなったとする。ふたりはたいていのことに同意し、そうでないときも、その違いを楽しめる。やがてふたりは一緒に暮らしはじめる。

ある夜、あなたはクラシックのコンサートに行きたいが、新しい恋人はクラシックに興味がない。ひとりで行ってもよかったが、相手はその夜、あなたと一緒にいたいという。これはうれしい言葉でもあるので、あなたはこう言う。「わかった。コンサートはそんなに大事なわけじゃないから」。そして結局、家で過ごす。しかしその夜、楽しく過ごしていた彼がやがてこう尋ねる。「どうしてそんなに暗いの？」自分でも気づいていなかったため口にしなかったが、あなたは悲しみにくれていた。何しろ、今日のコンサートはこの1年ずっと楽しみにしてきたものだったのだ。これが感情的現実の問題だ。

順調に愛を育み、ふたりは婚約する。あなたの生まれ故郷の西海岸で新生活をはじめ、彼もその生活を楽しんでいた。しかしニューイングランド育ちの彼は、やはりあなたと一緒にニューイングランドに戻りたいという。そこであなたは彼の希望どおりに引っ越すが、2年経ってもカリフォルニアが恋しくてたまらない。これも感情的現実だが、あなたはこれまで大半の問題に関して婚約者に従い、彼に自分の意見が通ると思わせてしまった。そのため、あなたが西海岸に戻ると言い出しても、あなたが2年前に差し出したものを、彼は提供してくれない。

あなたは落ち込み、不安を覚えるが、理由はよくわからない。実際、あなたは彼の愛を維持するために、それが必要だったかどうかはさておき、敗北を受け入れてきた。あなたには自分でつくりあげたランキングが見えていないし、いまは互いの欲望の相対的な強さを見極めるためにきちんと衝突するべきだということもわかっていない。あなたとパートナーの感情的現実を10点満点で表すなら、西海岸に戻りたいあなたの欲望は10点で、戻りたくないという相手の欲望は3点だ。

だが幸いなことに、あなたの婚約者も本書を読み、リンキングの関係に戻りたいと思ってくれた。しかしお互いに、彼の弁が立ち、説得力があり、論理的であることを知っている。それが、口論で彼と対等に渡り合うのが難しい理由のひとつなのだが、あなたは物事を公平にしなければならない。

もしお互いが相手に譲ったら？　結果はよくはならない。どちらも自分の希望を主張しないと関係は当たり障りのないものになる。一方、相手の希望をかなえようと決め、少なくとも耳を傾ければ、ふたりの関係から自分が拡大していくのを感じるだろう。ふだんとは違うことを試せて楽しいとすら思うかもしれない。

諍いの対処法

構造化された形式は、対等と愛を維持し、異なるものを欲するせいで生じる大きな諍いを収めてくれる。

1 自分の納得のいかない点を話すための時間をつくる うまくいく場合もあるが、基本的に一度の話し合いで解決するとは思わないでほしい（ただし、決断に期限があるときは、話し合いの開始時期を早めに設定すること）。ふたりとも休みで、ほかに気を取られない時間帯を選び、話し合いの合間に休憩時間を挟む。1時間ぐらい見ておけば疲れすぎることも、会話が尻切れとんぼになることもない。場所に関しては、屋外のほうが何かに邪魔されることなく互いに広い視野をもてるだろう。

2 順番に話す 問題の緊急性や重要性に合わせて、5分から10分ぐらいをめどに交代で話す。あなたが先に話す場合、諍いに関するあなた側の感情を述べる。正直に。遠慮や誇張はなしで。泣いてもかまわない。自分の欲しいものが手に入らないと、どんな気持ちになるかを伝えるのだ。それが感情的現実で、それらを考慮するには、互いの感情を知る必要がある。

3 この間、聞き手は口を挟まない　反論は決してせず、第7章の〈アチューンメントで「やるべきこと」と「やってはいけないこと」〉を実践する。この段階で東海岸（ニューイングランド）と西海岸（カリフォルニア）の選択に話を戻せば、パートナーはあなたの話に耳を傾けこう言うかもしれない。

「僕に話していた以上につらかったんだね。君が向こうに戻りたい理由は、西海岸が君の故郷で、気候が暖かいからだけじゃなかったんだ。あそこの自然や活気が恋しいんだね」

あなたは、冬があなたに与える影響について話す。ふたたび彼はあなたの言い分を理解し「ここはだいぶ北のほうだから日中でも暗いんだ。君にはこたえるよね」と言う。聞き手は──少しだけなら──メモを取って相手に応じてもかまわないが、メモを取ることで同調が妨げられないようにし、自分の順番が来るまでメモしたことを話してはいけない。

4 相手が話す　今度は、相手が故郷のことや、故郷に暮らすことについての気持ちを話す。あなたは口を挟まず耳を傾け、同調をつづける。自分の反応について、ここでも多少のメモを取っていいが最小限にとどめること。

5　相手にさらに2分与え、あなたの発言に対する相手の意見を聞く　「僕もカリフォルニアで暮らすのは楽しかったよ。君は僕が楽しんでなかったと思ってるみたいだけど」あるいは「四季のある暮らしが恋しくなるな。あと家族も。君もいろいろ恋しいだろうけど、僕だってそうなんだ。うちがどれだけ仲がいいか知ってるだろ?」

6　今度はあなたが2分もらって相手の発言に応じる　「あなたの家族のことは知ってる。私も自分の家族に会いたいけど、両親はカリフォルニアにいるし、だんだん年も取ってきてる。もうそんなに長く一緒に過ごせない」。この各自数分間の応答が、あなたたちに与えられたやりとりのすべてだ。高度にコントロールされたこのような議論には、自制心が求められる。

7　20分間各自で過ごす　ふたりとも話し終えたら、しばらくひとりで過ごしてほしい。自分の発言や相手の言い分をふり返ってみよう。お互いがどの程度それを欲し、必要としているのか考えてみる。「欲しい」と「必要」の違いはそれほど気にしなくていい。

8　戻ったらそれぞれの気持ちを確認する　戻ったときに、どちらかが、あるいは双方が心変わりをしていることがある。「たしかに、カリフォルニアに戻る頃合いかもね。僕は毎年秋になったらこっちに戻って家族に会うよ。紅葉も見られるし」。解決しない場合、2〜8のステップを繰り返すことになるが、その際、時間を短縮するといい。話す時間は各自5分、相手の発言に意見する時間は2分、ひとりでふり返る時間は15分。ただし、即答を求める議論に陥らないように。

9 いつまで経ってもらちがあかない場合はいったんやめる　もう一周つづけることはせず、別の日時を決めて、それまではこの件について話さないようにする。そうすることで諍いを特定の時間内に収め、あとはリンキングに注意を向けることができる。このプロセスをつづければ、いずれ問題解決の糸口が見つかるだろうし、少なくとも新たな方法で問題に対処できるようになる。

自己防衛が愛をだいなしにするのを防ぐ

第2章で学んだように、6つの自己防衛のうちひとつでも使っていれば、あなたはランキングモードに陥り、敗北や失敗がもたらす恥を避けようとしていることになる。深い関係性のなかで生まれる恥は一種独特なものがあり、自己防衛に関しても同様だ。

深い愛情は、互いのいちばん嫌な部分を見て、それでも愛が変わらないと確信してようやく始まると言っていい。これまで誰にも見せたことがない自分の欠点をパートナーに見られることを怖がると、恥は増す。しかし自分の「最悪な部分」が受け入れられれば、その恥は完全に霧散する。

しかしなかには、たとえそう思う必要はなくても、羞恥心がつきまといつづけるものがあるかもしれない。たいてい、それらはあなたの不安や感情のスキーマに関係しており、だからこそ、ほかの関係性より強く自己防衛を働かせてしまう。

相手に嘘をつくなど、あなたが本当に恥ずべき行為をしてしまった場合でも、これまでの経緯からそこには必ず理由があると認識するのは重要で、それによって恥は軽減される可能性がある。問題は、相反するふたつの要素の緊張感を保つことだ。あなたは愛されるべき人物であると同時に、取り組むべき問題も抱えている。どちらのあなたもそれぞれの弱点に対して思いやりを示せば、自己防衛の必要性は次第に感じなくなっていく。

不安定な愛着の影響を癒やす

不安定な愛着は長期的な人間関係にとって大敵だ。どちらも気づかないうちに、本来愛があるべきところにランキングが介在してしまうのだ。幼いころから親密な関係のなかに不安定な要素を見てきたあなたは、いまでも当然、無意識のうちに同じパターンを繰り返す。不安型の人は、自分は格下だ、相手に見捨てられてもしょうがない、見捨てられるのが怖いから自分の主張はできないと思っていたりする。回避型の人は、自分が本当はどれほど愛着を感じているかを悟られないよう（それは耐えがたいほどの自分の弱さを露呈するため）、主導権を握り、相手の上に立とうとする。

幸いにも、深い愛情関係は、不安定な愛着を癒やすのに最適な場所である。初期の愛着関係というのは、信頼する特別な誰かができるだけあなたに寄り添い、愛し、世話をするということだ。そのため、こうした初期の関係がうまくいかないと、大人になって親密な関係を築く段階が近づくほど不安になっていく。しかしこの関係がうまくいけば、次第に安心して過ごせるようになる。

ところが残念ながら、どちらかが死んだらこの愛すべき関係は終わりを迎えるのではないか、という新たな不安が生じる。この究極の別離には誰もが直面せざるをえない。一時的な別れでさえ、愛し合うふたりにはつらいだろう。物理的に近くにいたいと思うのは生来の感情的現実のひとつである。離れた場所で、互いの姿を見ることも触れることもできず、相手がどこにいるかも知らないというのはとてもつらい。私たちがこれほど頻繁に携帯電話を使うのも無理からぬことなのだ。

別れは愛の弊害であり、避けて通ることはできない。高い代償だが、誰もが分かち合うものである。悲しいかな、過去と未来の不安は互いを足がかりにして築かれる。回避型の人は、別れを思うと、さも自分にパートナーなど必要ないようにふるまおうとするが、これでは愛は育たない。不安型の人は、この関係がいつ終わるのかと考えすぎ、いま現在の愛を味わうことができなくなる。

親密な関係でつながりを保つために大切なのは、別れに対する苦悩を認め、互いに支え合うことだ。しかし自己防衛のせいでそれを認めることも、恐怖に気づくこともできない場合がある。私は回避型の不安を抱えていたとき――人は、安心、回避、不安の段階を行き来することがある――いつもより夫の出張が多いことを自分が完全に喜んでいると思っていた。

ある夕方、夫を空港に迎えに行く道すがら、彼が帰ってくることをちょっぴり残念にさえ思っていた。ところが、自分のほうへ歩いてくる夫の姿を見ると私は泣き出してしまった。あの夜、自分がどれほど夫を愛しているか、当時は否定していた感情的現実を理解したのだった。

つまり、不安を抱えていると、別れに対する恐怖が高まることでランキングが引き起こされるということだ。過小評価された自己のせいで、たとえ別れを決めたのがあなたのほうであっても、別れに対して無力感を覚える。これが自己防衛を引き起こし(私のケースでは誇張と最小化だった)、あるいは子どものころのように離れたくないと泣いて懇願したくなるのだが、そんなことをすれば自分のランクがさらに下がるような気がして結局黙り込む。その結果、私が夫に会って泣き出したように、無意識がそれを表現する方法を見つけ出すのである。

別れの前の口論

深い愛情関係のなかで一緒に暮らしている人たちは、旅行などで留守にする際に、自分が何をしているのか、その感情的現実に気づかないまま準備をすることがよくあるが、こうした状況は、深く、本能的なレベルで内面の混乱を引き起こすことがある。不安のあまり気持ちを口に出せないでいると、過小評価された自己が次のような会話をもたらすかもしれない。

スコット　きれいな服がない。明日は朝早く出かけるのに着ていくものがないよ（扉や引き出しを開閉する大きな音）。

ウェンディ　――私に洗っておいてほしかったってこと？

スコット　違う。そんなこと言ってない。忘れていた自分に怒っているんだ（この段階で怒鳴っている）。

ウェンディ　そういう陰険なやり方しないで。正直に言えばいいじゃない。洗っといてくればよかったのにって（彼女の声も大きくなる）。

スコット　思ってない。君はいつも僕を性差別主義者に仕立て上げようとするな。

ウェンディ　あなたのお母さんは洗濯してたでしょう。あなたにとって洗濯は女の仕事なのよ。私にも同じことを期待してるはず。

スコット　わかった、正直に言ってほしいんだな？　今晩、いますぐにでもここから出ていきたい。君の愚痴から逃れるためにね。

ウェンディ　どうぞ。そうしてくれたら本当にせいせいする。

ストップ。ここでいったん止めよう。どちらが出ていこうが、その決定に双方が同意しようが、親しい者同士は単純にお互いから離れたくないはずだ。しかしウェンディとスコットはどちらも不安定な愛着の過去をもつ。そのため、ふたりとも自分の気持ちを必要以上に抑え込み、それを隠すために自己防衛を発動している。スコットは、旅行の準備ができていないのは、彼女と別れがたいからだということに気づいていない。ウェンディは、スコットが自分を見捨てようとしていることに激高し、喧嘩をふっかけて彼を責めている。

ふたりとも、自分の親のようにはなりたくなかった。スコットの母親は彼が12歳のときに亡くなり、父親は「悲しみでおかしくなって」しまった。スコットの恐怖は——相手が二度と戻ってこない——死をめぐるもので、だから誰にも、自分にとって大切な存在（父や自分にとっての母のような存在）になってほしくないと思っている。先ほどの事例では、スコットは早めに出発して痛みを終わらせようとしている。まるでウェンディとの別れが、死別を意味するかのように。

ウェンディの父親は、母を置いて出ていった。ウェンディは父を失っただけでなく、母親も仕事に戻らざるを得なくなった。ウェンディは子ども時代の大半を、複数のベビーシッターと過ごしたりひとりで過ごしたりした。彼女の恐怖は、スコットが彼女の父親のようになることで、だから彼に見捨てられる前に自分が見捨てようと思っている。

また、母親が父親を引き留められなかったことから、どうしたら男の人を引き留められるのかと悩み、そんなことに悩まされる自分に腹を立てている。彼女にとって別れは、生きるか死ぬかの戦いに敗れることに等しい。

ではスコットとウェンディが、お互いの本当の気持ちを知りたいと思ったらどうすればいいだろう？　座って、深呼吸をして、次のような会話をすることだ。

スコット　僕たち、こんな喧嘩するなんてどうかしてるよ。
ウェンディ　だって、あなたが出かけちゃうから。私はきっと行ってほしくないんだと思う。
スコット　本当に？
ウェンディ　（泣き出す）うん。
スコット　（彼女に腕を回して）僕だって行きたくないよ。君から離れるなんて嫌だ。君のいないベッドで眠るのも嫌だし、君なしで食事をするのも全部嫌だよ。

ふたりはハグをして涙を流す。お互い電話をかける時間を決め、それから今後、ひとりが出かけるときは一緒に行けるよう、各自のスケジュールを調整することにする。

基本に立ち返る

次の言葉は、長期的なリンクの基礎となる感情的現実を表したものだ。「愛してる。あなたを失うのが怖い。あなたが死んでしまうのが怖い。あなたが愛してくれなくなるのが怖い。あなたが必要。あなたの愛が必要」。シンプルだが、これらの言葉は親密さの核心をついている。

深く愛し合っていれば、こうした感情をふたりで育み、「これらを示したら弱いと思われる」「否定すると相手が去ってしまう」という考えをふり払うことができるようになる。

愛する人が別れのつらさを認めた際の理想の応じ方を紹介する。「私も同じように怖い。私にもあなたが必要。離れるのは嫌。二度と会えなくなるんじゃないかと不安。連絡が取れるようにしておきたいし、そばにいてほしい」。もちろん、親密なふたりが毎回こうした言葉を用いる必要はない。

だが、愛する人がいるのにこうした感情を抱けない場合、あなたはほぼ間違いなく、それらがもたらす痛みから自分を守るために、あるいは弱い、しつこい、情けないと思われるのではないかという恐怖のために、自分の意識から感情を締め出している。ときには自分の感情を表してみよう。それによってつながりが強化され、互いの安心感が高まり、過小評価された自己を癒やす助けになるだろう。

感情のスキーマの裏にあるトラウマを癒やす

第3章で自分のなかにある感情のスキーマについて学び、第4章で親しくなった相手の感情のスキーマを特定し対処する方法を学んだ。ここでは、互いのそれを癒やすことを考えてみよう。過小評価された自己を手なずける最善の方法のひとつは（リンキングを修正するのにふさわしい）愛ある関係のなかで感情のスキーマに取り組むことだ。

親密な関係における感情のスキーマの欠点は、あなたと相手の感情のスキーマが絡まり合う可能性があるという点だ。親密な関係におけるスキーマが、劇的な、破滅的な様相を帯びる理由はここにある。

感情のスキーマの役割を無視すると、喧嘩が繰り返され、じょじょに派手で苦々しいものへと発展し、どちらか一方が、下手をすると何日も引きこもることになる。気持ちが打ちのめされ、取り返しのつかないせりふを吐き、新たなトラウマが生じる。絡み合ったスキーマが親密な関係にとって最大の脅威であることは間違いない。しかしそれに対処し、癒やすことができるようになれば、ふたりが一緒にいられる可能性も高くなる。

感情のスキーマが絡み合ってしまったら

私の夫は何かをするときに逐一実況のように話す癖があり、しかも教授という職業柄、ある程度の強調を交えて話す。ベッドメイキングやテントの設営など、何らかの調整が必要な作業をするたび「それはいま置いといて」「こっちに持ってきて」「ちょっと待って。まだ準備ができていない」といった言い方をしょっちゅうし、しかし彼にとってこれは命令というより考えていることが口をつくという感覚らしい。

たいていの場合、私は状況を把握しているのですでに置いていていたり、持ってきていたり、急がせないようにしたりしている。だから、彼がいちいち先のコメントをするたびにいらだちが募り、まるで自分が奴隷か、絶望的に間抜けな人間だとみなされ、命令されているような気分になる。私がそのことに腹を立てると、そんなつもりはいっさいない彼は、私の怒りに対してものすごく腹を立てる。実際に彼は、ふたりのあいだにいわゆるランキングがないことを誇りに思っているため、これは彼に対する侮辱なのだと言う。

私が過敏に反応するのは、まさに姉からそうした（自分が間抜けな人間であるかのような）命令や扱いを受けていたからだ。成長してから姉とふたりで過ごすことが多かった私は、それがとてもつらかった。

夫はひとりっ子で、優しい両親はめった彼を批判することはなかったが、しかしふたりがぶつかることはしょっちゅうで、結局、離婚にいたっている。彼にとって批判は、つらい出来事やそこにいたる口論を連想させる。だから私に批判されていると感じると、夫はこの結婚生活がうまくいってないと考える。つまり、私が彼の命令口調に文句を言って愛されていないと感じるときは、彼もまた同じように愛されていないと感じるのだ。

特定の感情のスキーマが重なる状況はめったにないものの、私たち夫婦のような親密な関係では、こうしたスキーマの衝突はトラブルを生む。幸いなことに、私たちはいまではもつれを解きほぐす方法を身につけたが、これはあなたにもできる。

愛情関係で感情のスキーマが現れたら

感情のスキーマの根源、トラウマを癒やすために「無垢」と取り組んだことを思い出してほしい。あの作業は、愛ある場所で何度も繰り返す必要がある。これまで「無垢」のためにしてきたことを、今度はあなたとパートナーのためにしてみよう。

まずは、第3章の終わりに触れた感情のスキーマの話をもう一度ふり返り、その際にスキーマについて自分がどんなメモを取ったのか読み返してほしい。誰かを深く愛すると、いずれあなたのスキーマの大半が誘発されることになる。

また、第4章の終わりで学んだ、誘発された他人の感情のスキーマに対処する方法も再読してほしい——議論をしない、リンキングをつづける、波風を立てないためだけに同意しない、同意にも批判にも取られかねないので黙ったままでもいけない。

とくに相手の自己批判が激しい場合は、黙っているより「あなたがそう思うのはよくわかる。でも……」と切り出し、相手の自己防衛に注意深く耳を傾け、反応を示すこと。その際、相手が何らかの恥を隠そうとしていることを忘れてはいけない。何より、一段落したら相手がかっとなった原因や、今後それを避けるにはどうしたらいいかを話し合ってほしい。

愛情関係のなかで感情のスキーマが発動したら、その関係にふさわしい、特別な対応が求められる。感情の爆発後に話し合う際は、第5章で学んだ「無垢」を助ける方法を参考に、愛する人に手を差し伸べよう。つまり、アチューンメントと理解を示すのだ。現在の要因（引き金と回避する方法）だけでなく、過去の要因も一緒に探る。そうすることでスキーマの背後にあるトラウマを見つけ出し、修正された感情のリンク――あなたの愛する人が過去に受け取るべきだった反応――を提供できるようになる。
「無垢」と学んだように、スキーマの再発を避けなければいけない、あるいは避けられると思ったら、無垢に異を唱えてもいい。そして相手が痛々しい記憶を信頼して打ち明けてくれたことに思いやりを示し、感謝する。

また、互いの感情のスキーマがどのように絡み合っているかを確認してほしい。批判的な母親のせいであなたは批判に敏感になってはいないだろうか？　完璧な父親のもとで育った彼女はあなたにどこか物足りなさを感じているのではないだろうか？　支配的な兄のせいであなたは人に支配されることに敏感になっていないだろうか？　これまで多くの偏見にさらされてきたことからパートナーは自分が支配的でいることを常に求めてはいないだろうか？

あなたが相手のなかに感情のスキーマをつくりだしている可能性もある。たとえば嫉妬に駆られて残酷な仕打ちをしたときなどだ。しかし自分の言動を認め、「こうすればよかった」「次からはこうする」と伝えれば、こうしたスキーマは癒やされていく。嫉妬という感情のスキーマのせいで深刻なダメージを受けたあるカップルは、互いを裏切らない、もしどちらかが裏切った場合は24時間以内に白状する、という契約を交わした。この取り決めには疑念と非難を終わらせる意味合いもある。

感情のスキーマは、思いやりをもって、できるだけ客観的に扱わなければならない。これは重要な愛の行為であり、英雄的行為である。というのは、ふたりとも過去の育児放棄、虐待、別離などのトラウマから生じる強烈な恐怖に直面している可能性があるからだ。どちらかが感情のスキーマを生み出した出来事を思い出すたびに――100回思い出せば100回とも――もう一方は相手に同調する必要がある。

誰かを愛すると、あなたのアチューンメントは自然にリンキングを修正する方向へと進み、「もっと違っていたら」「助けてあげられたら」など、癒やしの感情や思考が自然に湧き上がってくる。相手があなたほどうまくアチューンメントできないときは、あなたが手本となるか、本書を渡して読んでもらうといいだろう。

互いの感情のスキーマに対処するのは至難の業のように思える。たしかにそうだ。しかし、それらに「対処しない方法」を苦労してでも身につけられれば、もっと楽(ラク)になるだろう。あなたなら、どうする？　どんなにすばらしい恋愛関係であっても、必ず何らかの問題を抱えている。私たちの多くはそれを知らされていないが、重要な関係性において私たちが望む親密さには、驚くほどの努力が求められる。とくにあなたが過小評価された自己に悩まされているなら、こうした愛がなければうまく生きていくのは困難だろう。だから、これは愛の労働だと言っていい。

学んだことを実践する

1 第7章の「重なり合う円」の演習をふり返り、あなたのもっとも深い愛の関係性について考えてほしい。本章で学んだことを適用すると円の重なりは大きくなるだろうか？

2 ふたりが近づきすぎて不安になったことはあるだろうか？　これがなぜランキングの問題になりうるのか、その理由を考えてみよう。コントロールされるのが怖いから？　相手を失うと立ち直れないから？「自分のニーズや欲しいものは相手とは違う」ということを明確にするために境界線が必要だと感じているから？

3 相手を完全に愛せるように、いまも残っている障害について本章の内容を復習しながら考えてみよう。当てはまる障害を書き出し、準備ができたらそれについて相手と話し合おう。

4 わくわくするような、斬新で挑戦的なアクティビティーを一緒に計画し、すてきな時間を過ごそう。

第9章
過小評価された自己からの脱却

Breaking Free from the Undervalued Self

私たちはここまで、過小評価された自己を癒やそうと取り組み、あなたは確実にその目的に近づきつつある。しかし、本能に組み込まれたものを癒やすにはどうしたらいいだろう？

本書のはじめに、私たちはそれぞれ過小評価された自己をもっていると述べた。敗北に反応する全般的な自尊心があるのは当然だし、敗北は誰もが経験することだからだ。あなたに内蔵された保守的な反応、生き残ることを第一に設計されたそれは、必要以上に自己価値を下げることで、さらなる敗北（あるいは恥ずべき行動）からあなたを守っている。これにより、少なくともしばらくは、誰かに何かを挑むことなく、過小評価された自己に責任を転嫁できる。

これはランキングの状況に対処するための本能の一部である。もちろん、つながりを築きたいという強い本能も存在し、これがランキングの本能に勝ることがあるのはすでに承知のとおりだ。

リンキングに切り替えられないことが多いと感じるなら、それは全般的な自己価値の低さがちょっとした敗北の結果のせいではなく、繰り返し敗北した経験やトラウマになるほどの敗北、感情的に打ちのめされ、無力や恥を伴う耐えがたい敗北によるものだからだろう。こうしたケースでは、第6章で説明した「保護者／迫害者」の防衛が働き、ランキングモードから抜け出せなくなっている可能性が高い。

これらのトラウマは癒やすべきものであり、身体的な傷と同じく、心の傷も癒やすことができる。しかしいずれの場合も、適切な条件が必要だ。すでに明らかなように、癒やすためには、あなたの内面でも相手の内面でも、リンキングの修正が行われなければならない。

誰もが過小評価された自己を抱えているのは事実であり、過小評価された自己が敗北に対して過剰に反応することで生じたダメージを癒やすことができるのもまた事実だ。癒やしの途中でも、かつての古傷に気づくように、過小評価された自己がいかに物事を歪める傾向があるかということを意識できるようになるだろう。

進歩の兆候

これまでつけてきた記録を読み返し（記録をつけていない人は、本書を読みはじめてから思い返してきた自分の人生をふり返り）、進歩した点を書き出してみよう。次の項目に

「はい」か「いいえ」を書き込むとわかりやすいだろう。

1 社会的にも仕事においても、自分を過小評価しているという理由でチャンスを逃すことが少なくなった。

2 相手や自分のなかで行われているのがランキングかリンキングか、以前よりわかるようになった。

3 自分をランクづけすることが減り、ランクづけが役に立たないときや、実際に生じていない状況でランキングを勝手に見出すことがなくなった。

4 明らかに負けそうなときや、勝てるとわかっているときは勝負せず、ランクを競う際は正しく自己評価しているので、ランキングを楽しめるようになり、成功することも増えた。

5 自分を以前より親しみやすくなったと感じ、人からもそう言われる。

6 仲良くなりたいと思っていた人と以前より距離が縮まった。

7 自己防衛をあまり使っていない。

8 感情のスキーマにとらわれる時間が少なくなった。

9 以前は人間関係に不安を感じていたが、いまは、少なくともひとつの人間関係においては安心感が増している。

10 保護者／迫害者がいる場合、その存在を自覚し、以前より干渉されることが少なくなった。

11 長期的な親密関係にある場合、愛が増え、ランキングが減った。

12 以前より幸福を感じる。数々の研究によると、現実的に自分を肯定することは、幸福の最大要因であると考えられている。[1]まだそう思えなくても、あなたはその途上にいる。

さらなる進歩が見られるようになると、恐怖心に駆られた選択ではなく、自分の意思で本当の選択ができるようになる。そのときこそ、私たちは岐路に立つ。

愛と権力の岐路

本書の構想の時点から私は、ランキングとリンキング、愛と権力の岐路、というイメージを抱いていた。私の願いは、本書の旅路が終わるころ、岐路に立たされたあなたがランキングによって仕方なく物事を選ぶのではなく、その瞬間に必要なものに応じて自分の道を選べるようになっていることだ。専門的なスキルがあれば、ランキングとリンキング、愛と権力、ふたつのうちどちらを用い、ふたつをどの程度混ぜ合わせればいいのかがわかるだろう。

あなたがいま、自由につながりや愛を築き、同時に個人の境界を守るためにランキングを使いこなせていることを願う。境界を守るのは、長い目で見れば、つながりを築くのに非常に大切なことだ。また、あなたが競争を楽しみ、公平さとスポーツマンシップに則ってベストを尽くし、さらには競争相手とつながりを築くことを願っている。

同じように、あなたの強いつながりが、分相応な高い地位を引き受ける自信を与えてくれることを願っている。子どもや学生、患者など、あなたの力によって助けられる人々とつながるために、高い地位だからこそ発揮できる権力を用いてほしい。そして、ランキングがあなたのつながりや愛する意義を支え、他人にどれほど圧力をかけられようと自分の信念を貫けるようになってほしい。

さらには、より大きな集団、あるいは国家間で、ランキングの現実や境界を守る必要性を否定することなく、リンキングを用いるよう働きかけることも可能なはずだ。あなたはきっと、人々がすべての愛と権力をもつ神に惹かれる理由を理解する。なぜなら私たちは、このふたつの力が最終的に調和することを感じ取っているからだ。

ここまで多くの希望を述べてきたが、最後にもうひとつだけ言っておきたい。それはリンキングとランキングの最適なバランスを見つけるまで本書の取り組みをやめないでほしいということだ。ここで紹介したアイディアを実践するたびに、あなたのリンキングのスキルは上がり、過小評価された自己とそれによって不必要に生み出されたランキングから解放されるだろう。

もちろんリンキングは、あなたの気分をよくするだけのテクニックではない。リンクすること、つまりひとつになることは、生命そのものの核である。単細胞生物がつながって単純な動物になり、単純な動物がつながって複雑なものになり、それら多くの動物が集団を形成して助け合っている。

いずれのケースも互いに惹かれ合い、理解し合い、助け合ってきた。これは私の定義するところの愛だ。いま私たちのなかには平和と善意のもと、あらゆる生物とのつながりを目指す人がいる。きっとリンキングは私たちと共に、ますます強く、強力な形となって進化していくだろう。

本書はそろそろ終わりを迎える。しかし、この旅路を共有してきた私たちは、いまもつながっている。本書を執筆中、あなたはずっと私の心のなかにいた。想像しかできなくとも、たしかに存在する友人として。だから最後の言葉を記したら、あなたに会えなくなると思うと寂しい。それでも最後のページまで共にたどり着けたことを祝いたい。あなたの奥底に存在する自己が価値やランクを比較する秤（はかり）から解放され、あなたのつながりが強いものになりますように。

謝辞

私をいつも支えてくれる夫のアートに感謝する。本書を捧げる相手はすぐに決まった。

また、エージェントのベッツィー・アムスターにもお礼を言いたい。当時は風変わりにしか思えなかった本を、私がそれしか書きたくないと言うと、その必要はなかったのに信じてくれた。

そして、この扱いにくい題材が何度も練り直されるあいだに、編集者のトレイシー・ベハーが私を信じる役を引き継いでくれた。重要な部分では、会社のサポートと共にフリーランス編集者のアンジェラ・ケーシーが手を貸してくれた。すべてを語りたい私に対し、読者がすべてを理解できるかどうか、彼女が確認してくれた。

最後に、当初は権力について書こうと思っていた私に、(本人の希望で名前は伏せるが)愛と権力に関する本にしたほうがいいのではと提案してくれた人がいた。そのおかげで、すべてが一変した。

付録Ⅰ　優秀なセラピストを見つけるには

この重要な作業をはじめるにあたっては、まず友人、医療関係者、精神医療の専門家に、知り合いのセラピストで自分に紹介できそうな人がいるかどうかを尋ねてみよう。実際のセラピーのようすを教えてくれる人がいれば、とくに注意して話を聞くといい。精神疾患がカバーできる保険に入っていて、病院のリストがあれば、あなたがセラピストを紹介してほしいと思っている人物にそのリストを見せること。しかし、保険プランに参加すると不利な点もあるため、優秀なセラピストがこうしたリストに載っていないことも多い。

あなたが小さな町に住んでいて、やむをえない場合をのぞいて、親しい友人がすでにかかっているセラピストのもとには行かないほうがいい。さらに重要なのは、セラピストをしている友人や親戚に治療してもらわないようにすることだ。パートナーがセラピーに通っている場合、決して同じセラピストにかからないようにしてほしいし、そうするよう勧めてくるセラピストには注意してほしい。また、推薦してくれた人への義務感から、特定のセラピストにかからなければと思う気持ちにも注意が必要だ。

あなたが望むセラピーに通う余裕がなかったら

評判のいいセラピーを受ける金銭的余裕がない場合、お金を節約するためだけに、無免許の人や、まともな訓練を積んでいない人を頼ってはいけない。ほかの面で高くつく可能性がある。たとえ料金が高くても、最高の治療を求めてほしい。それだけの価値があるはずだ。優秀なセラピストの治療なら、治療回数が少なくてすむかもしれないし、人生が大きく変わって、お金を稼ぐ能力が身につくかもしれない。

セラピーの料金が高いのはどうしてか？　訓練費、間接費、専門職過失責任保険、生死の責任を負うストレスに加えて、優秀なセラピストは大半のケースでリフレクション（熟考）とコンサルテーション（諮問）が求められるため、週にせいぜい20時間ほどしか患者への対応ができないからだ。アメリカでは、多くのセラピストはスライド制（所得に応じて料金が変動する制度）を採用しているので、患者の25％から50％は、通常料金をはるかに下回る金額で治療を受けている。あなたの状況と、支払い能力を伝えよう。もしあなたが話をしたセラピストが安い料金を提示できなければ、低価格で診てくれる同業者がいるかどうかを尋ねてみよう。インターンや駆け出しのセラピストなら引き受けてくれるかもしれないし、彼ら／彼女らが最善の選択肢になる可能性もある。

また、セラピストを養成する学校や専門機関に、インターンや低料金の病院、その他、低価格でセラピーを受けられる方法を尋ねてみるのもひとつの手だ。インターンは経験が乏しいかもしれないが、熱意と最新のテクニックに関する情報をもっている。最高レベルのライセンスを取得するには通常、数千時間の経験と熟練セラピストの指導を受け、本物の専門家の技術と知識を受け継ぐ必要がある。個人的に訓練を積みたいと考えているインターンを見つけ、この人だと思えば、そのままセラピーをつづけてみよう。

あなたの好み

男性がいいか女性がいいか？　もちろん、あなた次第だ。どちらのほうが落ち着くだろう？　男性と女性、どちらのロールモデルや視点を必要としている？　感情の深い部分を探るには、関係が良好だったほうの親と同じ性別を選ぶといい場合がある。

どんなタイプのセラピストを探すべきか？　セラピストは、意識的で合理的な手法を用いる人から、無意識に目を向ける人、あるいは治療の際に無意識がどう作用するかに焦点を当てる人などに大別できる。認知行動療法や対人関係療法はおおむね合理的だ。眼球運動による脱感作および再処理法（ＥＭＤＲ）などは中間に位置し、これは突然の死に直面した場合など、最近のトラウマ治療などに用いられるが、トラウマの記憶を回復したり、その他の一般的な目的で使用したりするセラピストもいる。感情焦点化療法とゲシュタルト療法も意識と無意識の中間に位置し、これらは感情に働きかけることを目的としているが、無意識を体系的に掘り下げるものではない。

精神分析、ユング分析、そして（ハインツ・コフートが提唱した）自己心理学と呼ばれるものは、セラピーや夢に現れる無意識にアクセスしようと試みる治療の代表格だ。その目的は、必要に応じて子ども時代までさかのぼり、あなたが躓（つまず）いたところを特定し、そこからはじめることにある。このアプローチは、不安定な愛着や保護者／迫害者を抱いている場合、または合理的なアプローチを試みたがうまくいかなかった場合などに適している。

ユング派のアナリスト（ユング研究所の訓練を経て公式に認定された人）や、ユング派の心理療法士（ユング派の手法で訓練を受けたが、いずれのユング研究所にも属していない人）もまた、夢などを用いて心の奥底にいる自己や、特定の心理状態がもたらすさまざまなアーキタイプシンボルにアクセスする。ユング派にとって、すべてのセラピーの究極の目的は、個性化、つまり単なる意識的な自我だけでなく、精神的観点から理解を深め、それぞれの人生における独自の目的とより調和した人生を送ることにある。

認知療法、対人関係療法、ＥＭＤＲ、感情焦点化療法、ゲシュタルト療法、精神分析療法、ユング派療法、自己心理学療法など、特定の方法を希望するなら、それぞれの手法を教えている機関に問い合わせてみるといい。そのような機関が住んでいる場所から遠くにあったとしても、近くにいるセラピストを紹介してもらうことはできる。ただし、セラピストのスキルや人格より前記の手法を優先させないこと。むしろ、できるだけ優秀なセラピストを見つけ、その人の手法が自分の状況に向いているかどうかを考慮したほうがいい。実際、たいていのセラピストは守備範囲が広く、あなたにとって最善のアプローチを提供できるし、効果に応じてアプローチ法も変えられる。本書をもち込み、具体的にどこがよかったかを説明してもいいかもしれない。優秀なセラピストなら、あなたの助けになりそうなものなら何でも興味を示すだろう。

予約をして最初の治療を受ける

セラピストのリストができたら、ウェブサイトを見てみよう。長距離ドライブをする前に、自分が通いやすい場所にあるかどうかをあらかじめ確認するのだ。決定する前に少なくとも2、3箇所は見られるよう、手が空いたときに診療時間を電話で調べておく。最初のセッションで料金がかかるかどうか（たいてい有料）も含めて、料金を確認する。支払いに問題があればその旨を伝える。おそらく料金に関する話し合いに応じてくれるはずだ。あまり話す時間はないかもしれないが、できるだけ電話で質問しておくといい。

ただし、大半のセラピストは、最低でも1時間ほど一緒に過ごして互いの相性を確認したいと思っているので、ひとまず予約をしてみよう。一緒に作業をするためには、互いに気に入る必要がある。双方にピンとくるものがなければならないのだ。

最初のセッションでは、診療所の場所を探す時間が必要だ。心理療法の予約は医療機関とは異なり、通常、時間どおりに始まる。支払いの小切手、保険証、紹介状などを用意しておくこと。また、各セラピストとの最初のセッションの予約は間隔を空け——セラピストを決める前に、あなたはふたり以上のセラピストに会うことになっている——少なくとも1日はずらしてほしい。セッションで感情が高ぶった場合は、じっくり考え、回復する時間を取ること。最初のセッションで、そのセラピストがどこで訓練を積み、どのくらい現場で働き、どのような専門をもっているかを尋ねる。そしてどこかのタイミングであなたの比較的深刻な問題を話し、相手が自分にとって有益なアドバイスをくれるかどうかを見極める。

夢分析をしたければ、最近の夢、繰り返し見る夢、不快な夢について話してみよう。あるいはセラピストのほうが、あなたに自分の話をするよう促したり、目標やそれを達成する方法を尋ねたりするかもしれない。最初の1時間ほどは気軽に構えてようすを見ながら、しかしこちらの質問にはきっちり答えてもらおう。あなたはお客さんなのだ。

自分の経験をふり返る

セラピストに会ったあと、こう自問する。「セッションから何か得たものはあるだろうか？ また行きたいと思うほど引き込まれただろうか？」おそらくセラピストは、親切で親身になってくれただろう。相手はそういう訓練を受けているので、その資質があったからといって特別なわけではない。かりにそれすらなかった場合、そのセラピストのもとへは戻るべきではない。

また、ほかのセラピストとの面談をやめて自分のもとへ通うよう強制するセラピストや、相手のニーズがあなたのニーズの妨げになると感じるようなセラピストもやめたほうがいいだろう。たとえばそのセラピストは、セッションの最中に電話に出たり、あなたに自分の話を聞かせたり、自分の才能を必要以上に印象づけようとしたりしなかっただろうか？

何人かのセラピストに会ったら、数日おいて自分の印象を整理しよう。そうしないと、最後に会った人物に強い印象を抱いてしまうかもしれない。人柄をおおいに反映する待合室や診察室の雰囲気など、細かいところも見逃さないようにしよう。また、あなたの夢に対するそれぞれのセラピストの反応にも注意してほしい。

長期間セラピーに通うつもりなら、いちばん気に入ったセラピストのもとで4〜6回ほどセッションを受け、その時点で効果について話し合うことをあらかじめ決めておくといい。次回のセッションに備え、急なキャンセルのときはどうなるか、料金の値上がりの頻度はどれくらいかなど、診療所の方針をはじめ、セラピストに聞きたいことを考えておくといいだろう。相手の対応をどう感じただろうか？ セッションではおもに自分の問題を深く掘り下げ、どうなるかようすを見てみよう。

繰り返しになるが、決断には時間をかけてほしい。これは、今後のあなたの人生を左右するかもしれないのだ。

決定したら

心を決めたら、選んだセラピストのやり方に従ってみよう。浮き沈みがあっても自分の選択を信じ、よくないときは話し合う。正直であることが何より大切だ。気に入らないことがあれば相手に伝える。こうした話し合いのあと、セラピーが飛躍的に進展することは多い。性的な親密さや友情を求められたり（これは明らかに倫理に反する）、守秘義務違反をされたり、あるいは境界を維持できないなど、よほどのことがないかぎり、理由を話し合うことなくやめてはいけない。また、よさそうに聞こえるかもしれないが、セラピストが無料であなたに会おうとしたり、セッションの長さに一貫性がなかったり、相応の理由なく診療室の外で会おうと提案したりするのはよくない。

夫婦カウンセリングのように、担当の心理療法士から別の心理療法士を紹介される場合をのぞいて、一度に複数のセラピストにかかるのもお勧めしない。患者とセラピストの関係は学びの場であり、ふたりのあいだに生じた難題を別のところにもち込んで回避すると、学べることが減ってしまう。カップルセラピーと個人セラピーで同じセラピストにかかるのも避けたほうがいいだろう。カップルセラピストにとっては、ふたりの関係性こそがクライアントであり、彼らの最大の目標はその関係を修復することなので、個人で同じセラピストにかかると利益相反になってしまうのだ。

リンキングが始まり、愛に変わる場所

セラピーには何らかのランキング——リンキングを促すための権力——がつきまとうが、あなたと担当のセラピストは相性がよく、いいつながりを築いているはずだ。個人的に、とくに

不安定な愛着を癒やすことに特化したセラピーでは、愛の経験が必要になってくる。しかし、セラピーで生じる愛はセラピストのニーズを満たすものではない。あなたがそこにいる理由は、料金を支払って、誠実にまじめに取り組むためだけでなく、私が第4章で述べた「甘え」を経験するため、他者の思いやりを存分に浴びるためでもある。とくに子ども時代にそうした経験が少なければ、なおさらだ。

友人でユング派アナリストのエレン・シーゲルマンが、セラピストの愛の役割について明確にしてくれたことに感謝したい。彼女は自著のなかで、大半のセラピストは一連の治療の最中に「ほとんどの患者に対して深く、自然な愛情を感じるようになる」と書いている。[1] ポイントは「自然」だ。愛は誠実でなければならず、作為的なものでも、患者をいい気分にさせるためだけのものであってもいけない。愛の役割を強調するのはシーゲルマンだけではない。現代心理療法の偉大な創始者のひとり、カール・ロジャーズは、セラピストの「無条件の肯定的受容」が心理療法での癒やしとなる、というシンプルなアイディアに基づいて仕事をしている。[2]

いまも昔も、心理療法士のなかには、せいぜい歯医者が患者に対するのと同じぐらいの気構えで――プロとしての距離を保ち、良好な協力関係を築ける程度の温かさで――患者に接するよう教えられる人もいる。しかし私たちがここまで学んできた（職業上の境界線を守ったうえでの）リンキングや愛は、患者が安心して感情のスキーマを探索し、安全な愛着を身につけ、親密な関係のなかで得られるかぎり最高の経験をし、過小評価された自己を癒やすためになくてはならないものである。

付録Ⅱ　トラウマチャート

子どもの時代のトラウマチャート

1	2	3	4	5	6	7	8
子ども時代のトラウマ	4歳未満	12歳未満	ほとんど／まったく助けがなかった	2回以上発生	同時に複数発生	人生を左右する甚大な影響	落ち込み／羞恥を感じた

大人になってからのトラウマチャート

1	2	3	4	5	6	7
大人になってからのトラウマ	まだ「世間知らず」のころに起こった	2回以上発生	同時に複数発生	ほとんど／まったく助けがなかった	人生を左右する／波及効果	敗北感／羞恥を感じた

Activities and Marital Satisfaction: Causal Direction and Self-Expansion versus Boredom," *Journal of Social and Personal Relationships* 19 (1993): 243-54.

3. A. Aron, D. G. Dutton, E. N. Aron, and A. Iverson, "Experiences of Falling in Love," *Journal of Social and Personal Relationships* 6 (1989): 243-57.
4. P. Schwartz, *Peer Marriage: How Love Between Equals Really Works* (New York: Free Press, 1994)（ペッパー・シュワルツ『結婚の新しいかたち――アメリカの夫婦57組の生活』明石書店、2003年）

第９章　過小評価された自己からの脱却

1. P. Hills and M. Argyle, "Happiness, Introversion-Extraversion and Happy Introverts," *Personality and Individual Differences* 30 (2001): 595-608.

付録Ⅰ　優秀なセラピストを見つけるには

1. E. Y. Siegelman, "The Analyst's Love: An Exploration," *Journal of Jungian Theory and Practice* 4 (2002): 19.
2. Carl Rogers, *On Becoming a Person: A Therapist's View of Psychotherapy* (Boston: Houghton Mif 255fl in, 1961)（カール・ロジャーズ『ロジャーズが語る自己実現の道』岩崎学術出版社、2005年）

第６章　「内なる批判者」と「保護者／迫害者」に対処する

1. D. Kalsched, *The Inner World of Trauma: Archetypal Defenses of the Personal Spirit* (New York: Routledge, 1996)（D・カルシェッド『トラウマの内なる世界――セルフケア防衛のはたらきと臨床』新曜社、2005年）
2. 保護者／迫害者の防衛を発動しやすい患者について、カルシェッドはつぎのように述べている「彼らは非常に聡明かつ繊細で、その繊細さゆえに、人生の早い段階で急激な、あるいは積み重なった感情的トラウマを抱えて苦しんでいた」同上、11-12.
3. Johnson, *Inner Work.*

第７章　リンキングを通じて関係性を深める方法

1. A. Aron, D. Mashek, and E. N. Aron, "Closeness, Intimacy, and Including Other in the Self," in *Handbook of Closeness and Intimacy*, ed. D. Mashek and A. Aron (Mahwah, NJ: Erlbaum, 2004), 27-42.
2. A. Aron, D. G. Dutton, E. N. Aron, and A. Iverson, "Experiences of Falling in Love," *Journal of Social and Personal Relationships* 6 (1989): 243-57.
3. E. Aronson and V. Cope, "My Enemy's Enemy Is My Friend," *Journal of Personality and Social Psychology* 8 (1968): 8-12; J. Strough and S. Cheng, "Dyad Gender and Friendship Differences in Shared Goals for Mutual Participation on a Collaborative Task," *Child Study Journal* 30 (2000)：103-26.
4. D. G. Dutton and A. Aron, "Some Evidence for Heightened Sexual Attraction under Conditions of High Anxiety," *Journal of Personality and Social Psychology* 30 (1974): 510-17.
5. S. L. Gable, H. T. Reis, E. A. Impett, and E. R. Asher, "What Do You Do When Things Go Right? The Intrapersonal and Interpersonal Benefits of Sharing Positive Events," *Journal of Personality and Social Psychology* 87 (2004): 228-45.
6. A. Tesser, "Toward a Self-Evaluation Maintenance Model of Social Behavior," in *Advances in Experimental Social Psychology*, vol. 21, ed. L. Berkowitz (New York: Academic Press, 1988), 181-227.

第８章　親密な関係性を維持する

1. A. Aron, C. C. Norman, E. N. Aron, C. McKenna, and R. Heyman, "Couples Shared Participation in Novel and Arousing Activities and Experienced Relationship Quality," *Journal of Personality and Social Psychology* 78 (2000): 273-83; A. Aron, M. Paris, and E. N. Aron, "Falling in Love: Prospective Studies of Self-Concept Change," *Journal of Personality and Social Psychology* 69 (1995): 1102-12.
2. Aron et al., "Couples Shared Participation"; C. Reissmann, A. Aron, and M. Bergen, "Shared

1999), 89-111.

10. 「感情のスキーマ」という用語は、現在心理学のさまざまな場面で使われているが、これはひどく感情的な出来事に関する思考や記憶が、一般的知識や最初に激しい感情を生み出したのと類似の状況において、強い感情を喚起する認知構造を表すものである。A. Neumann and P. Philippot use the term in "Specifying What Makes a Personal Memory Unique Enhances Emotion Regulation," *Emotion* 7 (2007): 566-78. My use of it here is most similar in details to Carl Jung's idea of the"complex" as found in C. G. Jung, "A Review of the Complex Theory" in vol. 6 of *The Collected Works of C. G. Jung*, ed. W. McGuire (Princeton, NJ: Princeton University Press, 1971).

第４章　リンキングで過小評価された自己を癒す

1. M. W. Baldwin, "Priming Relational Schemas as a Source of Self-Evaluative Reactions," *Journal of Social and Clinical Psychology* 13 (1994): 380-403.
2. M. Mikulincer and D. Arad, "Attachment, Working Models, and Cognitive Openness in Close Relationships: A Test of Chronic and Temporary Accessibility Effects," *Journal of Personality and Social Psychology* 77 (1999): 710-25.
3. M. Mikulincer and P. R. Shaver, "Attachment Theory and Intergroup Bias: Evidence That Priming the Secure Base Schema Attenuates Negative Reactions to Out-Groups," *Journal of Personality and Social Psychology* 81 (2001): 97-115.
4. T. Pierce and J. Lydon, "Priming Relational Schemas: Effects of Contextually Activated and Chronically Accessible Interpersonal Expectations on Responses to a Stressful Event," *Journal of Personality and Social Psychology* 75 (1998): 1441-48.
5. M. Mikulincer, O. Gillath, V. Halevy, N. Avihou, S. Avidan, and N. Eshkoli, "Attachment Theory and Reactions to Others' Needs: Evidence That Activation of a Sense of Attachment Security Promotes Empathic Responses," *Journal of Personality and Social Psychology* 81 (2001): 1205-24.
6. A. Thorne, "The Press of Personality: A Study of Conversations between Introverts and Extraverts," *Journal of Personality and Social Psychology* 53 (1987): 718-26.
7. T. Doi, *The Anatomy of Dependence* (Tokyo: Kodansha, 1973)（土居健郎『「甘え」の構造』講談社インターナショナル、2001年）

第５章　「無垢」とつながる

1. C. G. Jung, *Jung on Active Imagination*, ed. J. Chodorow (Princeton, NJ: Princeton University Press, 1997); R. A. Johnson, *Inner Work: Using Dreams and Active Imagination for Personal Growth* (New York: HarperOne, 1986); H. Stone and S. Stone, *Embracing Ourselves: The Voice Dialogue Manual* (Novato, CA: New World Library, 1989).

Psychological Review 109 (2002): 3-25.

3. D. Kierstead, P. D'Agostino, and H. Dill, "Sex Role Stereotyping of College Professors: Bias in Students' Ratings of Instructors," *Journal of Educational Psychology* 80 (1988): 342-44.
4. L. A. Rudman, M. C. Dohn, and K. Fairchild, "Implicit Self-Esteem Compensation: Automatic Threat Defense," *Journal of Personality and Social Psychology* 93 (2007): 798-813.

第３章　自分を低く評価する過去の理由

1. J. Bowlby, *Attachment and Loss,* vol. 2: *Separation: Anxiety and Anger* (New York: Basic Books, 1973)（J・ボウルビィ『母子関係の理論２（分離不安）』岩崎学術出版社、1991年）
2. Sloman and Gilbert, *Subordination and Defeat.*
3. R. Janoff-Bulman, "Characterological versus Behavioral Self-Blame： Inquiries into Depression and Rape," *Journal of Personality and Social Psychology* 37 (1979): 1798-1809.
4. L. A. Rudman, J. Feinberg, and K. Fairchild, "Minority Members' Implicit Attitudes: Automatic Ingroup Bias as a Function of Group Status," *Social Cognition* 20 (2002): 294-320.
5. M. Guyll and K. A. Matthews, "Discrimination and Unfair Treatment: Relationship to Cardiovascular Reactivity among African American and European American Women," *Health Psychology* 20 (2001): 315-25.
6. E. N. Aron, *The Highly Sensitive Person* (New York: Broadway Books, 1997)（エレイン・N・アーロン『敏感すぎる私の活かし方――高感度から才能を引き出す発想術』パンローリング、2020 年）; E. N. Aron and A. Aron, "Sensory-Processing Sensitivity and Its Relation to Introversion and Emotionality," *Journal of Personality and Social Psychology* 73 (1997): 345-68.
7. J. Kagan, *Galen's Prophecy: Temperament in Human Nature* (New York: Basic Books, 1994). Kagan uses the term "inhibitedness";「敏感性」や「内気」等に関する動物研究はいまでは多すぎて引用できないが、一部のレビューはエレイン・アーロン、アーサー・アーロンの「感覚処理感受性（Sensory Processing Sensitivity)」の345頁を参照されたい。また以下の論文でも理論全般に関する興味深い議論がなされている。 A. Sih and A. M. Bell, "Insights for Behavioral Ecology from Behavioral Syndromes," in H. J. Brockmann, T. J. Roper, M. Naguib, K. E. Wynne-Edwards, C. P. Bernard, and J. C. Mitani, *Advances in the Study of Behavior,* vol. 38 (San Diego: Academic Press, 2008), 227-81.
8. E. Waters, S. Merrick, D. Treboux, J. Crowell, and L. Albershein, "Attachment Security in Infancy and Early Adulthood: A Twenty-Year Longitudinal Study," *Child Development* 71 (2000): 684-89.
9. 具体的には、母親が語る子ども時代の話が支離滅裂だと、それがどんな内容であれ、子供は不安を感じるという研究結果があり、これは母親の愛着関係に関する「内的作業モデル」に基本的な乱れがあることを示唆している。 I. Bretherton and K. A. Munholland, "Internal Working Models in Attachment Relationships: A Construct Revisited,"in J. Cassidy and P. R. Shaver, *Handbook of Attachment: Theory, Research, and Clinical Applications* (New York: Guilford,

York: Hemisphere, 1986); A. Aron, E. N. Aron, M. Tudor, and G. Nelson, "Close Relationships as Including Other in the Self," *Journal of Personality and Social Psychology* 60 (1991): 241-53.

14. A. Aron, E. N. Aron, and D. Smollan, "Inclusion of Other in the Self Scale and the Structure of Interpersonal Closeness," *Journal of Personality and Social Psychology* 63 (1992): 596-612.
15. L. Tiger, *The Pursuit of Pleasure* (New York: Little, Brown, 1992).
16. B. H. Raven, J. Schwarzwald, and M. Koslowsky, "Conceptualizing and Measuring a Power/Interaction Model of Interpersonal Influence,"*Journal of Applied Social Psychology* 28 (1998): 307-32.
17. B. H. Raven, "Power Interaction and Interpersonal Influence," in Lee-Chai and Bargh, *Use and Abuse of Power: Multiple Perspectives on the Causes of Corruption* (Philadelphia: Psychology Press, 2001), 217-40.
18. A. Y. Lee-Chai, S. Chen, and T. L. Chartrand, "From Moses to Marcos: Individual Differences in the Use and Abuse of Power," in Lee-Chai and Bargh, *Use and Abuse of Power*, 57-74; I. H. Frieze and B. S. Boneba, "Power Motivation and Motivation to Help Others,"in Lee-Chai and Bargh, *Use and Abuse of Power*, 75-89.
19. E. Sober and D. S. Wilson, *Unto Others: The Evolution and Psychology of Unselfish Behavior* (Cambridge, MA: Harvard University Press, 1999).
20. C. Boehm, *Hierarchy in the Forest: The Evolution of Egalitarian Behavior* (Cambridge, MA: Harvard University Press, 2001).
21. S. Chen, A. Y. Lee-Chai, and J. A. Bargh, "Relationship Orientation as a Moderator of Social Power," *Journal of Personality and Social Psychology* 80 (2001): 173-87.
22. E. S. Chen and T. R. Tyler, "Cloaking Power: Legitimizing Myths and the Psychology of the Advantaged," in Lee-Chai and Bargh, *Use and Abuse of Power*, 241-61.
23. E. Viding, R. James, R. Blair, T. E. Moffitt, and R. Plomin, "Evidence for Substantial Genetic Risk for Psychopathy in 7-Year-Olds," *Journal of Child Psychology and Psychiatry* 46 (2004): 592-97; T. E. Moffitt, A. Caspi, H. Harrington, and B. J. Milne, "Males on the Life-Course-Persistent and Adolescence-Limited Antisocial Pathways: Follow-up at Age 26 Years," *Development and Psychopathology* 14 (2002): 179-207.
24. P. Zimbardo, *The Lucifer Effect: Understanding How Good People Turn Evil* (New York: Random House, 2007)（フリップ・ジンバルドー『ルシファーエフェクト――ふつうの人が悪魔に変わるとき』海と月社、2015年）

第２章　低いランクを否定するために用いる6つの自己防衛

1. R. Mendoza-Denton, G. Downey, V. Purdie, A. Davis, and J. Pietrzak, "Sensitivity to Status-Based Rejection: Implications for African American Students' College Experience," *Journal of Personality and Social Psychology* 83 (2002): 896-918.
2. A. G. Greenwald, M. R. Banaji, L. A. Rudman, S. D. Farnham, B. A. Nosek, and D. S. Mellott, "A Unified Theory of Implicit Attitudes, Stereotypes, Self-Esteem, and Self-Concept,"

参考文献

はじめに

1. J. V. Wood, W. Q. E. Perunovic, and J. W. Lee, "Positive Self-Statements: Power for Some, Peril for Others," *Psychological Science* 20, no. 7 (2009): 860-66.

第１章　ランキング、リンキング、過小評価された自己

1. R. Eisler and D. Loye, "The 'Failure' of Liberalism: A Reassessment of Ideology from a New Feminine-Masculine Perspective," *Political Psychology* 4 (1983): 375-91; J. Sidanius, B. J. Cling, and F. Pratto, "Ranking and Linking as a Function of Sex and Gender Role Attitudes," *Journal of Social Issues* 47 (1991): 131-49.
2. L. Sloman and P. Gilbert, *Subordination and Defeat: An Evolutionary Approach to Mood Disorders and Their Therapy* (Mahwah, NJ: Lawrence Erlbaum, 2000).
3. 同上
4. *Diagnostic and Statistical Manual of Mental Disorders*, 4th ed. (Washington, DC: American Psychiatric Association, 1994)（『DSM-Ⅳ精神疾患の診断・統計マニュアル』医学書院、1996年）; J. P. Tangney and K. W. Fischer, *Self-Conscious Emotions: The Psychology of Shame, Guilt, Embarrassment, and Pride* (New York: Guilford, 1995).
5. P. Zimbardo, *Shyness: What It Is, What to Do about It* (Reading, MA: Addison-Wesley, 1977)（フリップ・G・シンバルドー『シャイネス』勁草書房、1982年）
6. K. S. Kendler, J. M. Hettema, F. Butera, C. O. Gardner, and C. A. Prescott, "Life Event Dimensions of Loss, Humiliation, Entrapment, and Danger in the Prediction of Onsets of Major Depression and Generalized Anxiety," *Archives of General Psychiatry* 60 (2003): 789-96.
7. S. S. Dickerson and M. E. Kemeny, "Acute Stressors and Cortisol Responses: A Theoretical Integration and Synthesis of Laboratory Research," *Psychological Bulletin* 130 (2004): 355-91.
8. N. I. Eisenberger, M. D. Lieberman, and K. D. Williams, "Does Rejection Hurt? An f MRI Study of Social Exclusion," *Science* 302 (2003): 290-92.
9. A. J. Elliot and A. Moller, "Performance-Approach Goals: Good or Bad Forms of Regulation?" *International Journal of Educational Research* 39 (2003): 339-56.
10. E. Berscheid and H. T. Reis, "Attraction and Close Relationships," in *Handbook of Social Psychology* (4th ed.), ed. S. Fiske, D. Gilbert, and G. Lindzey (New York: McGraw-Hill, 1998), 193-281.
11. F. P. Morgeson and S. E. Humphrey, "The Work Design Questionnaire (WDQ): Developing and Validating a Comprehensive Measure for Assessing Job Design and the Nature of Work," *Journal of Applied Psychology* 91 (2006): 1321-39.
12. H. E. Fisher, "Lust, Attraction and Attachment in Mammalian Reproduction," *Human Nature* 9 (1998): 23-52.
13. A. Aron and E. N. Aron, *Love and the Expansion of Self: Understanding Attraction and Satisfaction* (New

著者　エレイン・N・アーロン　Elaine N. Aron

心理療法士、心理学者。カリフォルニア大学バークレー校卒業。トロントのヨーク大学で修士号、パシフィカ大学院大学で深層心理学の博士号取得。サンフランシスコ・ユング研究所で学び、1992年から感覚処理感受性を研究。1996年にHSP（ひといちばい敏感な人）理論を発表。HSPおよび親密な関係の社会心理学に関する学術論文も多数発表。夫とともに一般向け・専門家向けのワークショップでも活躍。著書に『敏感すぎる私の活かし方』（パンローリング）、『ひといちばい敏感な子』『ひといちばい敏感なあなたが人を愛するとき』（ともに青春出版社）など多数。

訳者　片桐恵理子　Eriko Katagiri

英語翻訳者。愛知県立大学日本文化学科卒業。訳書に『敏感すぎる私の活かし方』『小児期トラウマと闘うツール』（ともにパンローリング）、『ビスケットとクッキーの歴史物語』（原書房）、『HOW TO DECIDE 誰もが学べる決断の技法』（サンマーク出版）などがある。

装丁＋本文デザイン　Keishodo Graphics
校正　麦秋アートセンター
翻訳協力　リベル

自分を愛せるようになる
自己肯定感の教科書

2021年12月10日　初版発行

著　者　エレイン・N・アーロン

訳　者　片桐恵理子

発行者　菅沼博道

発行所　株式会社CCCメディアハウス

〒141-8205

東京都品川区上大崎３丁目１番１号

電話　販売　03-5436-5721

　　　編集　03-5436-5735

http://books.cccmh.co.jp

印刷・製本　株式会社新藤慶昌堂

ISBN978-4-484-21112-1

落丁・乱丁本はお取替えいたします。